经济学基础

主　编　张　彬　赵龙祥
副主编　张丽娟
参　编　张明星　刘文辉　苗　冰　王宇

电子工业出版社
Publishing House of Electronics Industry
北京·BEIJING

内 容 简 介

本书主要介绍微观经济学和宏观经济学两部分，微观经济学部分主要包括供求理论、价格理论、弹性理论、消费者行为理论、生产者行为理论和市场理论；宏观经济学部分主要涉及 GDP、CPI、通货膨胀、失业及财政政策和货币政策等知识。

全书借助生动有趣的案例串联经济学知识点，从日常生活中具体的经济现象出发，由浅入深、循序渐进地拉近学生认知与经济学知识之间的距离。通过分析经济现象，解读现象背后的经济学原理，并运用经济规律尝试分析消费者消费、生产者生产以及政府决策等实际问题，提升学生认识问题、分析问题和解决问题的能力。

本书配有工作手册，通过动脑想、动手做、动手画、案例收集、同步训练等不同类型题目引导学生观察生活、多思勤问，帮助学生掌握各模块知识和应用原理。

本书既可作为职业技术类院校财经类相关专业的基础课教材，也可供从事经济管理工作的企事业人员及社会读者作为自学读物或参考资料。

未经许可，不得以任何方式复制或抄袭本书之部分或全部内容。
版权所有，侵权必究。

图书在版编目（CIP）数据

经济学基础 / 张彬，赵龙祥主编. —北京：电子工业出版社，2023.5

ISBN 978-7-121-45666-4

I. ①经… II. ①张… ②赵… III. ①经济学—教材 IV. ①F0

中国国家版本馆 CIP 数据核字（2023）第 094197 号

责任编辑：王志宇
印　　刷：河北虎彩印刷有限公司
装　　订：河北虎彩印刷有限公司
出版发行：电子工业出版社
　　　　　北京市海淀区万寿路 173 信箱　邮编　100036
开　　本：880×1 230　1/16　印张：11.5　字数：315 千字　插页：32
版　　次：2023 年 5 月第 1 版
印　　次：2025 年 7 月第 6 次印刷
定　　价：45.00 元

凡所购买电子工业出版社图书有缺损问题，请向购买书店调换。若书店售缺，请与本社发行部联系，联系及邮购电话：（010）88254888，88258888。
质量投诉请发邮件至 zlts@phei.com.cn，盗版侵权举报请发邮件至 dbqq@phei.com.cn。
本书咨询联系方式：（010）88254523，wangzy@phei.com.cn。

前言

经济学与经济生活紧密相连，本书以生活中的经济现象为切入点和逻辑主线，通过案例串联经济学知识点，打破经济学理论学习的固有框架，创新性实践"生活是学习经济学最好的课堂，应用是学好经济学最好的评价"的经济学教育理念，实现"听—学—用"的有效教学循环。

本书具有以下特点。

1．实用性。本书关注应用性，突出引导性，注重理论和实践的结合，体现经济理论和生活现象的联系，通过分析、解读经济现象蕴含的经济学原理，在激发学生学习兴趣的同时，提高学生解决问题的实践能力。

2．思想性。本书作为联结新时代中国特色社会主义经济发展成就与经济学基本原理的"桥梁"，将"四个自信"、"家国情怀"和"经世济民"等思政元素融入课程，引领学生形成实事求是的世界观、为人民服务的人生观和与时俱进的价值观。

3．创新性。本书打破传统的教材编写体例，借助生动、丰富的案例和故事展开各模块的学习，打破经济学理论学习的固有框架，启发学生归纳现实经济社会中的经济规律，在原理应用中思考并培养经济学思维方式。

本书由北京商贸学校张彬、赵龙祥担任主编，张丽娟担任副主编，张明星、刘文辉、苗冰、王宇参编。

由于编者水平有限，书中难免有不足之处，恳请读者提出宝贵意见，以便我们及时更正。

编　者

目 录

模块一　走进经济学 1
　　任务一　经济学的诞生——稀缺和欲望 2
　　任务二　像经济学家一样思考——从微观到宏观 7

模块二　谁在左右着价格 12
　　任务一　欲望的经济体现——需求和需求定理 13
　　任务二　厂商的力量——供给与供给定理 24

模块三　价格的平衡术 33
　　任务一　供求的较量——均衡价格及其变动 35
　　任务二　看得见的手——价格政策 43

模块四　神奇的价格弹性 53
　　任务一　打折的魔力——需求弹性 55
　　任务二　明智的企业——供给弹性 66

模块五　消费背后的学问 71
　　任务一　为什么"第一口最香"——基数效用论 72
　　任务二　把钱花在刀刃上——序数效用论 79

模块六　拒绝"拍脑门"决策 90
　　任务一　"多多"真的"益善"吗——生产 91
　　任务二　千万别忽略我们放弃的选择——成本 101

模块七　垄断还是竞争 114
　　任务一　认清你的位置——市场和市场类型 115
　　任务二　为什么商贩无力改变价格——完全竞争市场 119
　　任务三　都是垄断惹的祸——完全垄断市场 126

任务四　几个人说了算——寡头垄断市场···137
　　任务五　为什么广告满天飞——垄断竞争市场···141

模块八　读懂宏观经济，看懂经济热点···148
　　任务一　财富的衡量标准——GDP··150
　　任务二　牵动人心的指数——CPI···153
　　任务三　不值钱的钱——通货膨胀···156
　　任务四　找不到工作的毕业生——失业···160
　　任务五　取之于民，用之于民——财政政策···165
　　任务六　牵一发而动全身——货币政策···170

参考文献···175

模块一

走进经济学

学习目标

◎**知识目标：**

理解稀缺性和机会成本，了解经济学研究的基本问题，了解经济学的研究方法。

◎**能力目标：**

能够用稀缺性分析简单经济问题；

能够从机会成本的角度进行分析和选择；

能够辨别现实生活中的微观与宏观经济问题。

◎**素养目标：**

关心生活中的经济现象，关注经济生活。

故事导入

古时候，齐国有一个年轻姑娘长得非常漂亮，不少人来向她提亲。

一天，东边的一户富贵人家派人来提亲，说："我家公子虽然长得丑一些，可是家财万贯，嫁给他能享一辈子福啊。"西边的一户穷苦人家也求人来提亲,说:"他家里虽说穷一些,不过那后生相貌英俊,而且善良又忠厚。"

姑娘的父母犯起难来,嫁给富家吧,嫌人长得丑;嫁给穷家吧,又怕闺女受苦。老两口没个主意,只好去问闺女。

母亲说:"闺女呀,提亲的人家你都知道了,你自己拿主意吧。"

父亲说:"同意东家就露出左臂;同意西家就露出右臂。"

姑娘淡淡一笑,也不搭话,慢慢地露出左臂,接着又露出右臂。

老两口惊讶地问:"这是怎么说?"

姑娘慢条斯理地说:"我愿意到东家去吃饭,到西家去居住。"

你认为是什么原因导致姑娘面临选择时难以决断?现实生活中,你是否也像故事里的姑娘一样,经常遇到各种各样的选择?古人云:"鱼和熊掌不可兼得。"资源稀缺性与欲望无限性之间的永恒矛盾是经济学研究的出发点,如何合理配置和充分利用稀缺的资源来满足人类无穷的欲望是经济学要解决的问题之一。

任务一 经济学的诞生——稀缺和欲望

▶ 案例1-1-1

关于水资源短缺问题

水,一个沉重的话题。我国是世界上13个贫水国家之一,人均水资源拥有量2 300吨,为全球人均拥有量的1/4。城市缺水状况更为严峻:全国660多座城市中有380座城市缺水,128座城市严重缺水,每年城市缺水量达58亿立方米,由此损失的工业产值达2 300亿元。随着城市人口的增加,水资源的缺口也越来越大。素有"东方水都"之称的上海,三面临水,头上还顶着"一盆"太湖水,其人均水资源拥有量大大高于全国平均水平。可近些年由于苏州河和黄浦江一些河段受污染,导致该城市水厂取水口"节节败退"。每到枯水季节,太湖流入黄浦江的水量减少,加上受潮水顶托,黄浦江下游的污水和东海咸潮上溯,造成上海向江浙两省"借水"吃的窘境。

(资料来源:《读者》)

案例思考

1. 除水资源以外还有哪些资源面临短缺的状况？人类应如何应对这一问题？
2. 你认为这种短缺问题是绝对的还是相对的？是否所有物品都存在短缺和不足？

水资源之所以会受到珍爱，就在于它们的稀缺性。资源的稀缺性决定了它们的价值，换句话说，稀缺资源就是财富。正是由于资源稀缺性的存在，才出现了商品价值高低的问题，这也是人们常说的"物以稀为贵"。

绿色经济是以市场为导向；以生态、环境、资源为要素；以产业经济为基础；以科技创新为支撑；以经济、社会、生态协调发展为目的；以维护人类生存环境，科学开发、利用资源和协调人与自然关系为主要特征的一种新的经济形态。"节能减排"不仅是当今社会的流行语，更是关系人类未来的战略选择。低碳生活是一种经济、健康、幸福的生活方式，它不会降低人们的幸福指数，反而会使我们的生活更加幸福。日常生活中有哪些助力低碳绿色生活的举手之劳呢？

请大家围绕资源问题，探讨发展绿色经济和倡导低碳生活方式的必要性。

知识百宝箱

一、资源

资源是指能够直接或间接地满足人类需要的物品。有些物品对人有用但无须花费代价购买，叫作非经济资源，例如阳光、空气等，可以自由取用；有些物品必须支付一定代价才能获得，叫作经济资源，如土地、矿产、资金等。

经济资源包含劳动力、土地、资本和企业家才能四类，也称"生产四要素"。劳动力是指人类在生产过程中体力和智力的总和。土地不仅仅指一般意义上的土地，还包括地上和地下的一切自然资源，诸如土地本身、空间场所、矿产、森林、水域等。资本可以表示为实物形态和货币形态，实物形态又被称为投资品或资本品，如厂房、机器、动力燃料、原材料等；

资本的货币形态通常被称为货币资本。企业家才能指企业家组织生产、经营管理、努力创新和承担风险的能力总和。

二、资源的稀缺性

人类每一天都在消耗着各种各样的资源，包括有价格的、没价格的。这些资源的消耗满足着人类各种各样的欲望。然而人类的欲望是无穷无尽的，旧的欲望满足了，新的欲望就会产生，而资源却并非取之不尽、用之不竭的。所以，相对于人类的无穷欲望而言，资源总是有限的。在经济学中，这种资源的有限性就被称为稀缺性。

案例1-1-2

渔夫和金鱼的故事

从前，有个渔夫和他的老婆住在海边的破草房里，他们家里只有一个破木盆。一天，渔夫捕鱼没有任何收获，突然，他捞起了一条金鱼。金鱼哀求，只要将它放回大海，它就可以满足渔夫的所有要求。渔夫没有提任何要求就把金鱼放回了大海。

渔夫回到家中，对老婆讲了金鱼的事情。老婆听了训斥他："为什么不要一个新木盆呢？"第二天，渔夫呼唤金鱼并对它说："我的老婆让我要一个新木盆。"金鱼点头答应，而愿望真的实现了。于是渔夫的老婆越来越贪婪，她让渔夫向金鱼要来了官殿，当上了皇后。最后还想让金鱼来当仆人，这次金鱼什么都没说，游走了。渔夫从海边回来，一切都消失得无影无踪，面前还是那间破草房，渔夫的老婆坐在草房前用破木盆洗着衣服。

（根据普希金童话《渔夫和金鱼》改编）

案例思考

1. 描述渔夫的老婆对金鱼的要求是怎样变化的。为什么会有这样的变化呢？
2. 人类的欲望具有哪些特征？你如何看待？
3. 你认为人类的欲望能否完全得以满足？

思路点拨

人类每一天都在消耗着各种各样的资源，永无止境地追求更多、更大的享受。人类的欲望是无穷无尽的，旧的欲望满足了，新的欲望就会产生。问题在于怎么来满足人类无止境的欲望？

 **知识百宝箱**

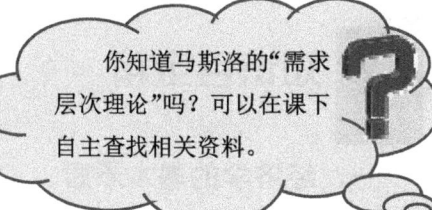

你知道马斯洛的"需求层次理论"吗？可以在课下自主查找相关资料。

一、欲望

欲望是指主观心理上的一种缺乏的感觉和求得满足的愿望。

二、欲望的特征

欲望具有如下两个显著特征。

（1）无限性。当一种欲望得到满足时，另一个新的欲望就会产生，人的欲望永远没有完全满足的时候。

（2）层次性。人的欲望是无限的，但又有轻重缓急之分，可以分为不同的层次。

了解人类欲望的特征，可以帮助我们更好地理解经济学研究的基本矛盾。

▶ 案例 1-1-3

"大炮与黄油"问题

经济学家们爱谈论"大炮与黄油"问题。"大炮"代表军用品，是维护国家安全必不可少的；"黄油"代表民用品，是提高一国国民生活水平所必需的。假定一个社会用其全部经济资源（劳动力、土地、资本、企业家才能）只生产"大炮"与"黄油"，在技术条件和资源总量保持不变的情况下，所遇到的矛盾是，如果想多拥有一些"黄油"，则必须以放弃一些"大炮"为代价；同样，如果想得到更多的"大炮"，则必须以放弃更多的"黄油"为代价，正如所谓的"二者不可兼得"，这也就产生了在"大炮"和"黄油"的生产组合中进行选择的问题。

案例思考

1. 生产"大炮"和生产"黄油"之间存在怎样的关系呢？
2. 你认为一个国家到底应该多生产"大炮"还是多生产"黄油"？为什么？

思路点拨

任何一个国家都希望有无限多的民用品和军用品，这就是需要的无限性和多样性。但是，生产它们所必需的资源是稀缺的。稀缺性是指任何一个社会用于生产"大炮"与"黄油"的资源总是有限的，任何一个社会都要决定生产多少"大炮"与"黄油"。在资源既定的情况下，"多"生产若干单位的"大炮"，就要"少"生产若干单位的"黄油"。权衡"得失"与"利弊"，做出"选择"。每个社会都需要解决"大炮与黄油"的问题。

知识百宝箱

经济学研究的基本矛盾

一、经济学的基本矛盾

经济学是探索一个社会如何组织以有效利用资源的学科，也是研究稀缺资源在各种可供选择的用途之间如何进行分配的学科。

无论社会还是个人，稀缺性都是普遍存在的。选择了一个选项，通常就不得不放弃另一个选项，为了合理安排有限的资源，就面临在诸多选项中进行抉择的问题。资源的稀缺性和欲望的无限性是人类社会的基本矛盾，经济学的产生就是要研究如何解决这个矛盾的。

二、生产可能性曲线

在既定的资源条件和技术水平下，社会产品的总量有一个确定的最大值，为了增加某种商品的数量就不得不减少其他商品的数量。假设社会只生产"大炮"和"黄油"两种商品，只生产"大炮"可以生产6门，只生产"黄油"可以生产10吨，如果两者都生产，那么就存在多种数量的不同组合，"大炮"和"黄油"最大产量的组合见表1-1。

表1-1 "大炮"和"黄油"最大产量的组合

组 合	"大炮"（门）	"黄油"（吨）
A	6	0
B	4	7
C	2	9
D	0	10

根据表1-1中数据，我们可以描点绘图，如图1-1所示，图中 AD 曲线表示在资源和技术既定条件下所能达到的两种产品最大产量的组合，称为生产可能性曲线或生产可能性边界。

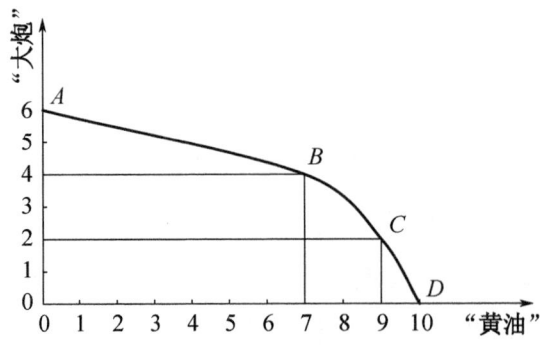

图1-1 生产可能性曲线

三、机会成本

生产可能性曲线 AD 表明,要多生产"大炮"就必须减少"黄油"的生产,反过来,要多生产"黄油"就必须减少"大炮"的生产。例如,从 B 点到 C 点表示黄油产量要从 7 吨增加到 9 吨,社会生产的大炮数量就必须从 4 门减少到 2 门,也就是说,在资源一定的情况下,只有减少"大炮"生产才能腾出资源多生产"黄油",这个放弃的 2 门"大炮"就是增加 2 吨"黄油"的代价或成本。

经济学中把将一定的资源用于某种产品生产时所放弃的用于其他用途可能得到的最大收益,称为生产这种产品的机会成本。这个概念我们将在后面的模块做具体的介绍和讲解。

四、资源配置和资源利用

经济学研究一个社会如何配置自己的稀缺资源,这就是我们经常说的**资源配置问题**,即如何利用有限的资源生产出最多的产品,最大限度地满足人们的需要。资源配置问题是微观经济学要解决的基本问题。

一方面,由于人类社会资源稀缺,因此要进行经济选择和资源配置来满足人类的欲望;另一方面,稀缺的资源未能得到充分的利用,具体表现为还存在大量失业人口,某些国家的国民生产总值下降等。如图 1-1 所示,在 AD 线内任意一点,表示在现有技术和资源条件下所能达到的产量,但有大量资源未被充分利用或被浪费了;在 AD 线外任意一点,则表示在现有技术和资源条件下所达不到的产量,然而人类不满足于生产可能性边界,还希望生产出更多的产品。这就是**资源利用问题**,即人类社会如何更好地利用现有的稀缺资源去生产更多的商品,这也是宏观经济学要解决的基本问题。

任务二 像经济学家一样思考——从微观到宏观

▶ 案例 1-2-1

观一叶可否知秋

从微观现象能否简单推导出宏观结论?萨缪尔森在他的经典教科书上曾打过一个精辟的比方。他说,好比在一个电影院看电影,有人被前面的人挡住了视线,如果他站起来的话,他看电影的效果将会改善。因此,站起来就微观而言是合理的。但是,如果大家都站起来的话,则大家看电影的效果都不能得到真正的改善,站着和坐着的效果是一样的,不过是增加了一份"折腾"的成本而已。这个例子说明，在微观上合理的事情在宏观上未必合理，在个体上是理性的事情在总量上未必理性。

可见微观行为与宏观结果可能是背离的，那么如何以"一叶而知秋"的思路处理微观现象和宏观结论呢？

1. 微观经济学与宏观经济学的主要内容各是什么？
2. 微观经济学与宏观经济学有哪些区别与联系？

微观经济学和宏观经济学是密切相关的，微观经济学是宏观经济学的基础，整体经济的变动产生于千百万个体的决策，不考虑相关的微观经济决策而去理解宏观经济的发展是不可能的。然而在微观上合理的事情在宏观上未必合理，在个体上是理性的事情在总量上未必理性。微观经济学和宏观经济学仍然是两个不同的领域。

学习经济学的意义和方法

微观经济学和宏观经济学

经济学的研究对象是资源配置和利用，所以经济学的内容分为两大子领域：微观经济学，主要研究资源配置问题；宏观经济学，主要研究资源利用问题。

微观经济学（Microeconomics）是以单个经济单位为研究对象，通过研究单个经济单位的经济行为和相应的经济变量单项数值的决定来说明价格机制如何解决社会的资源配置问题。微观经济学研究在市场经济中个体决策单位（如消费者、资源拥有者和企业）的经济行为。它的着眼点是"个体"，而不是"总体"。因此，微观经济学也被称为"个量经济学"。

微观经济学集中分析稀缺资源的配置问题，包括三个方面。

（1）生产什么和生产多少。人们首先要确定的是生产的种类和数量，这个问题实质上包括生产什么品种、生产多少、什么时间以及什么地点生产四个方面的问题。由于资源的稀缺性，社会不可能同时生产出满足人们所有需要的产品和劳务，人们必须抉择先生产哪些产品，生产多少。

（2）如何生产。一个经济系统必须决定采用什么样的生产方法或资源配置方式来生产预期水平和构成的产品。如何生产包括以下几个方面，其一，由谁来生产；其二，用什么资源生产；其三，用什么技术生产；其四，用什么样的组织形式生产，怎样生产。

（3）为谁生产及如何分配，是指决定生产成果的分配，即谁来享有生产出来的产品，以及如何分配给不同的个人和家庭。根据什么原则、采用什么机制进行分配，分配的数量如何把握等。

宏观经济学（Macroeconomics）以整个国民经济为研究对象，研究政府、社会等国民经济整体对资源的利用、经济总量及其变化，分析经济活动的现象及规律，来说明资源如何得到充分利用。宏观经济学是研究宏观经济总量的一门学科。宏观经济总量（或称宏观经济变量）主要包括国民收入及其增长、价格总水平、就业与失业、利率水平和国际收支等，因此，宏观经济学又被称为"总量经济学"。

宏观经济学是从经济整体运行的角度研究资源是否得到了充分利用，包括以下三方面问题。

（1）就业问题。为了考察劳动力这一生产要素是否得以充分利用，人们非常关注失业率这一指标。

（2）经济周期和经济增长。在资源既定情况下为什么产量有时高、有时低？通过观察分析经济运行状况，研究经济周期，研究如何实现经济持续稳定增长，是各国政府面临的主要经济问题。

（3）物价水平。物价水平不仅是宏观经济学关心的问题，也与我们的生活息息相关，通常用通货膨胀率、消费者价格指数（CPI）等指标来衡量物价水平。

拓展阅读

> 微观经济学与宏观经济学是经济学的两个组成部分，它们的研究内容是不同的，但它们之间又存在密切的联系。
>
> 第一，微观经济学与宏观经济学是互相补充的。微观经济学所研究的是，以社会资源的充分利用为前提，解决资源如何达到最优配置的问题；宏观经济学所研究的是，在社会资源已获得合理配置的条件下，资源如何达到充分的利用。它们是从不同的角度分析社会经济问题，两者是互相补充的，共同组成经济学的基本原理。
>
> 第二，微观经济学是宏观经济学的基础。整个国民经济是由单独的、个别的经济单位组成的，个别的经济单位是整个国民经济的基础，所以微观经济学就成为宏观经济学的基础。

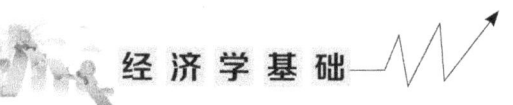

案例 1-2-2

经济学的主要研究方法

现在上至国家领导人、下至普通老百姓都非常关心我国的 GDP 和人均 GDP，因为这两个数字前者代表一个国家的综合国力，后者反映老百姓生活的富裕程度。

从实证角度看，这些数字的统计归纳过程就是实证分析的过程，如果对某些数据有怀疑，还可以重新检验。具体数字是客观的，在统计过程中不涉及道德问题，只回答是什么。

从规范分析的角度来研究，在我国目前的情况下应确定一个合理的经济增长率，确定一个反映人民生活水平达到小康的标准。为了实现这一目标，国家就要制定相应的产业政策、货币政策和财政政策。其中涉及了道德问题，不同人站在不同角度得出的结论是不一样的。有人认为经济增长率提高是好事；有人认为经济增长太快是坏事，应放慢经济增长。这些都是主观的判断，无法检验。

1. 你认为这两类研究方法各自具有什么特点？
2. 这两类研究方法有哪些区别与联系？

你是否感觉第一种分析依据客观数据资料，就像科学家研究论证一样，而第二种分析则像是政策顾问提出的判断和建议？那么这两种分析方法各自有什么特点？它们之间的区别和联系是什么？

 **知识百宝箱**

经济学的研究方法

经济学的研究方法有许多，如边际分析与最优分析、实证和规范分析、均衡和非均衡分析、静态和动态分析、流量和存量分析、总量和结构分析等。这里重点介绍实证分析和规范分析。

实证分析不带任何价值判断，只对经济现象、经济行为或经济活动及其发展趋势进行客观分析，得出一些规律性结论。实证分析描述经济现象"是什么"以及社会经济问题实际上是如何解决的。例如，"2022年4月中国居民消费价格同比上涨2.1%"，这就是一个实证分析，因为它表述的是一个事实。

规范分析以一定的价值判断为基础，提出一些分析和处理问题的标准，作为决策的前提和制定政策的依据。它研究的内容没有客观性，其结论也无法通过事实来直接检验。规范分析研究经济活动"应该是什么"以及社会经济问题应该怎么解决。例如，"中国应提高出口退税率以缓解出口企业的压力"，这是基于一定的价值判断提出解决问题的办法，所以是规范分析。

模块二

谁在左右着价格

 **学习目标**

◎ **知识目标：**

理解需求和供给的含义，灵活掌握影响需求和供给的因素；深刻理解需求和供给曲线；领会需求和供给定理。

◎ **能力目标：**

能够描述、解释和分析生活中的供给和需求现象；

能够绘制需求和供给曲线；

能够区分需求和需求量以及供给和供给量变动引起曲线的不同变化。

◎ **素养目标：**

培养学生的经济学思维，学会利用所学知识分析身边的需求和供给现象；学会"货比三家"，购买"物美价廉"的商品，合理并理性消费；培养学生初步具备经营管理人员的基本素养，遵守法规，合理定价。

 **故事导入**

2022年，冬奥会在北京顺利召开。冰墩墩（Bing Dwen Dwen）作为本届冬奥会的吉祥物，

将熊猫形象与富有超能量的冰晶外壳相结合,头部外壳造型取自冰雪运动头盔,用彩色光环做装饰,整体形象酷似航天员。造型设计美观,外形活泼、可爱,符合大多数人的审美。冰墩墩也象征着冬奥会健儿坚韧不拔的意志和鼓舞人心的奥林匹克精神。大家亲切地称之为"墩儿墩儿",它也一度被大家追捧,在奥林匹克官方旗舰店上架后,很快被抢购一空,线下门店也需要排队数小时才能抢到,甚至达到"一墩儿难求"的状态。那句:"我只是想要一只冰墩墩啊,可是冰墩墩一墩难求啊"的歌词,也火遍了网络。"冰墩墩"一时之间成了"顶流"。

因此,为了满足大众对冰墩墩的需求,春节期间,冰墩墩加工厂加班加点进行生产,厂长的电话也一度被"打爆"。后来,市面上增加了很多"冰墩墩"。

上述案例体现了经济学中比较基本的概念:价格、需求、供给以及它们之间的关系。

任务一 欲望的经济体现——需求和需求定理

案例 2-1-1

打折的智能手机

9月份刚开学,小明发现手机不能正常使用了。于是,他逛了很久线下手机店,就为了买一部心仪的手机。对比了几家手机营业网点,又在网上浏览了很久,但是由于喜欢的款式和机型价格较贵,手里的生活费不能支持他这个月置换新手机,因此,他迟迟没有购买。

后来,小明跟同学们诉说了自己的困惑,也跟朋友们获取了一些购买手机的渠道、意见和建议。同宿舍的同学就在讨论,马上国庆就会有折扣,并且涉及很多品牌。其他同学也分享自己的生活经验:"双十一"价格更实惠,能等的话,可以等到"双十一","双十一"线上购买是全年优惠力度最大的,有的手机能便宜几百到上千元,还有很多礼包赠送(比如延保)等。

小明决定先用自己的旧手机,并把想要购买的手机款式提前放进了购物车。撑到了"双十一",果真价格便宜了不少,而且,他手里的生活费也攒够了,"双十一"当天就和同宿舍想要换手机的几个同学一起线上购买了。

1. 描述生活中决定购买需求能否实现的类似案例。
2. 结合案例以及实际生活经验,你觉得仅仅有强烈的意愿购买某种商品,但是资金不足,能否构成需求?或者,你现在有足够的资金,然而对商品并不感兴趣,又能否构成需求呢?

同学们,通过上述案例,我们能够发现,其实我们身边有很多类似的情况。比如,你喜欢某双鞋子,但是如果价格超出你的预算,即使你很想购买,你也可能会放弃;换种情况,如果你不喜欢这款鞋子,假设你手中有足够的现金,你也不会购买。

因此,从上述案例中,我们可以分析出是否构成需求必不可少的两个因素:

(1) 消费者是否有意愿购买;

(2) 消费者是否有能力购买。

也就是说,需求探讨的是消费者愿意且能够购买的商品数量。仅凭其中一个因素,无法构成和决定商品需求。

那么,同学们,到底什么是需求呢?又是什么影响了你的需求呢?在购买过程中,你会"货比三家"吗?比如购买羽绒服时,质量和款式相同的情况下,你如何决定购买哪个商品呢?

大家有过不少购物体验,甚至每天都在消费。作为消费者,在自己需要购买商品时,同学们要能够做到"货比三家"、合理消费。在购买质量好的商品时,也要关注商品的价格。

以后,同学们如果自主创业,那么,作为厂商和企业家,也要学会将心比心,做良心卖家和产品。通过消费者对需求的变化,以及"货比三家"的态度,在能力范围内,给消费者更多增值政策,用高品质+附加值留住消费者和客户。

知识百宝箱

需求是指人们在某一特定的时期内和一定的价格条件下，消费者对某种商品或服务愿意且能够购买的数量。

需求的构成要素如下：

（1）消费者愿意购买（有购买意愿）；

（2）消费者能够购买（有支付能力）。

需求也是指在一定的时期内，在不同的价格水平下，消费者愿意并且能够购买的商品数量，即价格和其需求量之间的"价格-数量"组合关系。

比如，如果你生活在寒冷的北方，冬天你想要买一件羽绒服御寒过冬，那么你会在自己经济能力承受范围内选择一款。此时你既有购买羽绒服的意愿，也有支付能力，就构成了需求。

但是，如果你有存款，能够支付得起一件羽绒服，不过你生活在三亚，是常年不需要穿羽绒服的，那么你也不会购买羽绒服。也就是说，你有能力购买，但是你不需要，这种情况下就不能构成需求。

同理，如果你生活在北方，冬天需要一件羽绒服，但是你没有经济能力来支付和购买，通俗来讲就是：钱不够，买不了。那么即使你有购买意愿，但是没有支付能力，这种情况下也不能构成需求。

▶ 案例 2-1-2

疫情期间的生活

2020年，突如其来的一场疫情，打乱了所有人的生活节奏和生活秩序。居家办公、居家隔离成了这个时代的"代名词"。大量企业因无法正常运行而宣布破产，职工失业、物价上涨。小红的父母在疫情期间，不幸失去了工作，这也就意味着，小红父母的收入会降低，那么，一家人的生活水平就会降低。父母收入降低后，生活费用总支出势必要减少，因此，会在很多商品上减少支出。小红特别爱吃橙子，之前每周小红的父母都会去超市给她购买新鲜的橙子，补充必需的维生素和营养；可父母失业后，隔半个月才购买一次橙子。

与此同时，小红的同学小明，父母在疫情期间换了一份收入更高的工作，为了提高全家人的免疫力，小明父母每天合理搭配、均衡营养，加大了维生素和蛋白质的摄入量，购买了更多水果，尤其是橙子、猕猴桃等维生素含量较高的水果。

小红感慨地跟小明说了句:"哎,生活水平要看父母的收入啊,我要快快长大,帮父母分担。"

▶ 案例 2-1-3

"汉堡、比萨"和"汽油、汽车"

很多同学喜欢吃汉堡,有的同学喜欢吃比萨。那么,如果你在饥饿的时候,发现汉堡突然涨价了,从 18 元涨到了 30 元,那么你可能就不会购买汉堡了,而去购买比萨。

如果人们听说最近汽油价格大幅度下降,那么大家会增加汽车购买量,由于汽车的需求量增加,从而汽油的需求量也会大幅度提升。

▶ 案例 2-1-4

爱吃辣的川渝消费者

很多同学喜欢重庆和成都是因为那里的美食,尤其是辛辣爱好者,更是对四川青睐有加。琳琅满目的美食,吸引了一批又一批游客。尤其是四川的火锅、红油抄手、担担面、串串香、酸辣粉、钵钵鸡、辣子鸡、宜宾燃面等,颇受好评。四川的大多数消费者相较于其他地区而言,更喜欢辛辣食物,为什么他们如此钟爱这些辛辣食品呢?

众所周知,四川属于盆地地形,常年湿气较重,当地的人们需要经常食用一些辣椒或者花椒、麻椒,祛除体内的湿气,即使在炎热的夏天,辛辣食品也是很多人餐桌上必不可少的食物。有一种说法:四川人民喜欢吃辣,平时很多菜里都会放一些辣椒,堪称"无辣不欢"。

但是,也有很多地区的人"谈辣色变",一点辣都不能吃,吃完辛辣食物易上火、脸部起痘、口腔溃疡,甚至部分消费者还会引发肠胃炎等。

因此,受消费者偏好(地域、个人口味、爱好等)的影响,大部分四川人民或其他地区爱好辛辣食品的消费者会更多地食用和购入辛辣食品;而一些不爱吃辣的消费者,对于辛辣火锅、麻辣香锅等食品的需求量就会大幅减少,有些人的需求量甚至为"0"。

▶ 案例 2-1-5

三孩政策——三孩儿来了

2020 年,我国出生人口数为 1 202.1 万人,再创历史新低。2021 年 5 月 31 日,为了应对我国人口老龄化问题,中共中央政治局召开会议并指出,为进一步优化生育政策,实施一对夫妻可以生育三个子女政策及配套支持措施。人口问题直接决定着国家未来十年、二十年社会的发展和走向。

因此，我们国家为了让每个家庭减轻教育的负担，提出了"双减"政策，减轻每位父母的压力。

案例思考

未来我国的人口结构发生变化，或者年龄特征发生变化，某些产品的需求是否也会发生改变？比如，对于母婴用品等产品、幼儿园的需求量会增加吗？

案例2-1-6

"双十一"的狂欢

每年的"双十一"是我们的购物狂欢节。大家会在"双十一"的时候，将放进购物车的心仪商品赶紧收入囊中，"双十一"也在不断地改进购物机制，2020年，"双十一"从10月中下旬就开始了。11月11日0时至24时，天猫累计成交额突破4982亿元，京东累计成交额突破2715亿元。同学们，你们今年"剁手"了吗？

如果你在国庆节期间，想买一双鞋子，但意外得知"双十一"会打折，那么你还会急于在国庆节期间购买这双鞋子吗？很显然，你不会。

案例思考

1. 你认为影响我们对于某种商品日常需求的因素有哪些？
2. 请分析以上每个案例，具体是什么因素对需求产生了影响？
3. 请根据以上几个不同案例，自行总结影响需求的几个因素。

思路点拨

请同学们根据案例，结合生活中自身实际情况，分析上述给定的几个案例都是从哪方面影响需求的。也就是说，分析每个案例中具体是什么因素对需求构成了影响，从而分析是哪些因素影响了需求。

参考回答如下。

案例2-1-2体现的是"收入水平"这个因素对需求的影响。疫情期间，小红的父母失去工作，导致家庭收入水平下降，那么他们家的生活水平也会受到影响，可能平时购买水果或者某种商品的数量就会减少。而小明的父母收入水平提高，那么生活水平提高的同时，自然购买水果或者其他商品的数量就会增加。也就是说，需求会受收入水平的影响。

案例 2-1-3 体现的是"相关产品的价格"这个因素对需求的影响。互补品和替代品（定义详见下页"小常识"）的价格变化，也会引起某种商品的需求变化。比如，汉堡和比萨互为替代品，如果你饿了，只是想填饱肚子果腹，那么，汉堡涨价了，你会去选择购买没涨价的比萨，因此，当另外一种替代品价格变化时，会影响某种商品的需求；另外，汽油和汽车这对缺一不可的互补品中，如果其中汽车价格直线下降，那么汽车的需求量会变大，而汽油的需求量也会随着变大。所以说，当互补品和替代品这种相关产品价格发生变化时，我们的需求也会发生变化。

案例 2-1-4 体现的是"消费者偏好"这个因素对需求的影响。川渝地区的消费者因环境等因素，相较于其他地区，会大量食用、购买辛辣食品，比如酸辣粉、麻辣火锅、麻辣香锅等食物。而其他地区不能吃辣的消费者，则不会购买此类辛辣食品。再比如，有的同学爱吃榴梿，有的同学不爱吃，那么爱吃的就会多买一些，需求量就会大，不爱吃的就不会购买，需求量就会少。因此，"消费者偏好"这个因素也会影响某种商品的需求。

案例 2-1-5 体现的是"人口结构"这个因素对需求的影响。我国人口老龄化比较严重，因此，老年人相关产品的需求量就会大一些，比如老年人钙片、降三高药类等。但是，现在我国实行三孩政策，人口结构可能会发生转变，母婴用品的需求可能会增加，如奶瓶、奶粉、婴幼儿爽身粉等。因此，人口结构这个因素也会引起需求的变化。

案例 2-1-6 体现的是"预期未来的价格"这个因素对需求的影响。如果你想要购买的某种商品，预期在未来一段时间涨价或者降价，那么也会影响这种商品的需求。

知识百宝箱

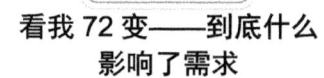

看我 72 变——到底什么影响了需求

影响需求的因素包括如下方面。

1. 消费者的收入水平

当消费者的收入水平较高时，他的购买能力也相对较强，愿意并且能够购买更多商品。

2. 相关产品的价格

如果两种商品互为替代品（如汉堡和比萨），那么其中一种商品价格升高，会引起这种商品的需求量下降，另外一种商品的需求量增加；如果两种商品是互补品（如汽车和汽油），那么其中一种商品的需求量增加，也会引起另外一种商品的需求量增加。

> **小常识**
>
> 替代品也就是功能基本相似，可以互相替代的两种商品。比如，汉堡和比萨，你饿了，可以买一个汉堡，也可以买一张比萨，它们之间就是替代品的关系（尤其是在汉堡涨价的情况下，你更愿意去购买比萨）。汉堡和比萨即互为替代品。
>
> 互补品是指需要与另外一种商品一起使用或者消费的商品。比如，汽车和汽油即为互补品，因为没有汽油，汽车也无法行驶。

3. 消费者偏好

消费者喜欢或者不喜欢某种商品，也会直接影响这种商品的需求。比如，很多人喜欢吃辣火锅，也有很多人吃不了辣，那么消费者的喜爱或者偏好会直接影响辣火锅和清汤火锅的需求。

4. 人口结构

人口结构也是影响需求的一个因素。像上述案例中提到的三孩政策落实后必定会引起消费者对母婴用品需求的增加，对幼儿园的需求也会增加。那么，人口结构也会影响需求。

> 同学们，你们生活中还有类似案例吗？

5. 预期未来的价格

在日常生活中，当我们想要购买某种商品时，若知道它在未来几天或者一段时间内会打折，我们都会等到打折时再购买，那么打折时大家对于这种商品的需求就会增加。而如果我们想要购买的商品未来几天会涨价，我们也会提前进行购买，那么我们对于涨价后的商品需求就会降低。

▶ 案例2-1-7

打折的橙汁

小米特别爱喝橙汁，为了补充维生素，她妈妈经常会购买橙汁给小米。临近元旦了，很多超市对很多商品打折销售。小米看到了超市的海报，其中橙汁在打折。于是，临近元旦前，小米就兴高采烈地和她的家长去超市采购橙汁了。

小米常喝的橙汁原价15元，她每周喝一大瓶，进超市一看，挂牌上面标注的价格是9.9元一瓶，小米直接冲向了橙汁摆放区。

案例思考

1. 如果你是小米的话，你会不会购买？而且，会不会多囤几瓶呢？
2. 你认为小米这次购买橙汁的数量会比平时多还是少？
3. 请分析小米购买量变化的原因。

思路点拨

请你体会，如果你是小米，平时喜欢喝橙汁，看到超市橙汁打折了，从15元降到9.9元，那么你会购买或者囤货吗？

知识百宝箱

一、需求曲线

根据小米家采购橙汁的情况进行统计，橙汁的需求表见表 2-1，表中列出了橙汁需求量与价格之间的关系。

表 2-1 橙汁的需求表

价格（元/瓶）	小米家需求量（瓶）	市场需求量（瓶）
10	1	5
8	3	10
6	5	15
4	7	20
2	9	25
0	11	30

下面以小米家需求量为例，我们对上述表格数据进行描点作图，个别需求曲线如图 2-1 所示。

需求曲线：将需求表中商品的不同价格与需求量之间的组合在平面直角坐标系中表示，得到的一条曲线。通常以横轴（X 轴）表示需求量 Q，以纵轴（Y 轴）表示价格 P，这种表示商品价格与需求量之间关系的曲线，称为市场需求曲线，如图 2-2 所示。

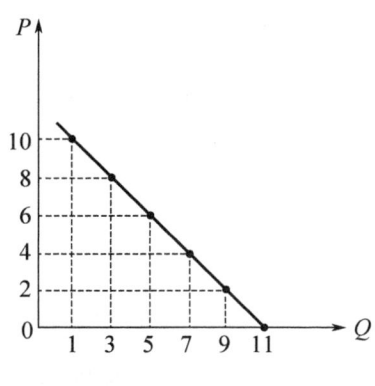

图 2-1　个别需求曲线

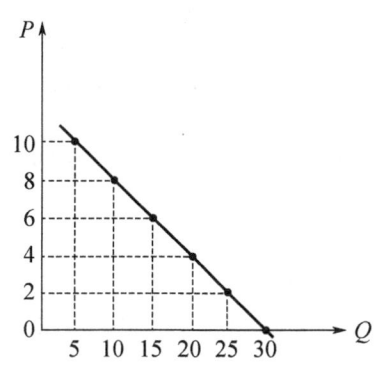

图 2-2　市场需求曲线

二、需求定理

如图 2-2 所示，一般情况下，需求曲线是一条向右下方倾斜的曲线，这就表示，商品价格与消费者需求量之间存在反向变动的关系。也就是说，当商品价格下降时，需求量增加；当商品价格上涨时，需求量减少。

需求定理：当影响商品需求量的其他因素不变时，商品的需求量会随着商品价格的上涨而减少，随着商品价格的下降而增加，这种反方向变化关系在经济学中被称为需求定理。

> 同学们，请大家自行举例画一下需求曲线。
> 你们发现了生活中不符合需求定理的特殊案例吗？

特殊商品 1：吉芬商品（特殊的低档商品）

吉芬商品（Giffen Goods）是一种比较特殊的低档产品，并且是可以被替代的，它随着价格的上涨，需求量会增加；随着价格的下降，需求量会减少，即它随着商品价格变化，需求量同升同降。也就是说，一些比较低档的生活必需品，比如大米、面粉，在物质生活比较贫乏的年代，它们本身的价格不是很高，但当它们的价格不断上涨时，肉类和蛋类价格不变，人们怕后期米、面价格涨得越来越高，就会大量囤货，价格越涨越买；但是，当大米和面粉的价格下降，而肉类和蛋类价格不变时，大家会减少一些米、面的购买量，也会少量购入一些肉类和蛋类，即价格越高，越争相购买；价格越低，大家反而减少购买量，这也就是吉芬商品的需求曲线呈现出向右上方倾斜的特殊情况的原因。

特殊商品 2：炫耀性商品（特殊的高档商品）

与吉芬商品不同的是炫耀性商品。炫耀性商品是一种比较昂贵的高档商品，人们觉得价格越高越要购买，以显示身份和社会地位。炫耀性商品也不遵循需求定律，需求曲线的斜率为正。

以上两个案例是比较特殊的两类商品，供同学们参考学习。也希望大家能理性消费，不能仅仅为了彰显自己的身份和地位，就花重金购买一些生活中不需要的炫耀性商品。

▶ **案例 2-1-8**

神奇的核桃

如果权威的营养学家说：多吃核桃极大可能会增强人们大脑的营养，经常吃的话，大脑变灵活、记忆力增强的可能性会增加 40%左右，记忆力减退的人群多吃核桃的话，记忆力恢复的概率会增大 30%左右。并且，盘核桃也能很大程度上预防老年痴呆。那么，人们对核桃的需求量会不会增加呢？答案是：当然会。

同学们，我们知道，刚刚学过的需求曲线是由无数个点组成的。这无数个点代表的是需求表中不同的价格-需求量之间——对应的关系。那么，你们思考过，什么情况下这个点会离坐标轴近一些，什么情况下这个点会离坐标轴远一些吗？

根据需求表可以看出：当商品价格越低时，需求量越大，这个点会在需求曲线上不断向右下方移动；反之，当商品价格越高时，需求量越小，这个点会在需求曲线上不断向左上方移动。也就是说，需求量的变化是由商品本身价格变化引起的，且需求量的变化在需求曲线中表现的是点的移动。

而商品价格不发生变化，其他非价格因素发生变化时，也会引起需求量的变化，表现的是需求曲线整体向左或者向右移动。

知识百宝箱

一、需求的变动

需求的变动：当商品本身价格不变时，由于消费者偏好、收入、人口等其他非价格因素的变动引起的变化，称为需求的变动。

而需求的变动，在平面直角坐标系中，表现为需求曲线整体向左或者向右移动，如图2-3所示。

需求曲线向左移动表示需求减少，表示在核桃价格一定时，即商品价格不变时，消费者偏好或收入减少等其他非价格因素引起需求的变动；相反，需求曲线向右移动则表示需求增加，即商品价格不变时，消费者偏好或收入增加等其他非价格因素引起需求的变动。

二、需求量的变动

需求量的变动：当商品非价格因素不变，而商品本身价格发生变化引起的变化，称为需求量的变动。

而需求量的变动，在平面直角坐标系中，表现为需求曲线上点的移动，如图2-4所示。

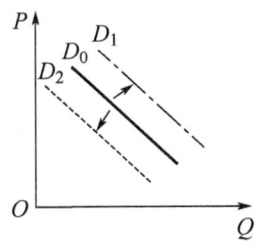

图2-3 需求的变动

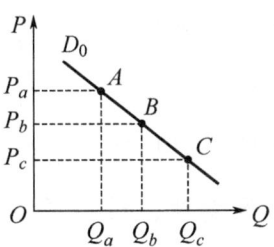

图2-4 需求量的变动

当价格上涨时，需求量会从 B 点移动到 A 点，需求量减少；反之，会移动到 C 点，需求量增加。

同样，通过案例"神奇的核桃"我们也可以分析得出：

假设核桃其他因素不变，只是本身价格发生变化，会引起需求量的变化，在图形上表现为一条直线上的点的移动，如图2-5所示。

在核桃价格一定时，增加对核桃的偏好和需求，人们会购买更多的核桃，用图形来表示，核桃的需求曲线会整体向右平行移动，如图2-5所示。

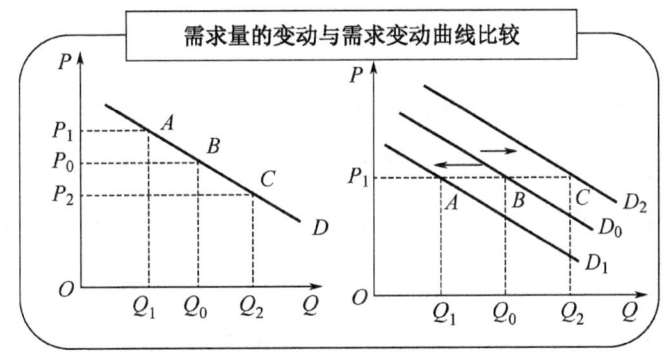

图2-5 需求量的变动与需求变动曲线比较

任务二 厂商的力量——供给与供给定理

▶ 案例 2-2-1

房地产中的捂盘

捂盘销售，是房地产中的一种销售策略。很多同学看到这儿，会有疑问，为什么开发商有房子不卖，非要"捂着"呢？其实，它是指房地产开发商将手中较好的房子留着不卖，等有相对较高的价位之后，再进行销售，以便赚取更多利润。没有哪个房地产开发商会舍不得把房子拿出来卖，实现"落袋为安"是房地产开发商的目的。

但是，捂盘销售属于违法行为。2021年12月，某市住建局联合市发展改革委员会、市市场监督管理局，召集了当前群众反映价外加价、捆绑销售、捂盘惜售等违规销售行为较多的8家房地产开发商，进行了一次严肃的集体约谈，要求各企业提高政治站位，严格执行房地产调控政策，对群众反映的上述违法违规行为要立行立改。下一步，某市将深入持续开展房地产整治工作，加大对房地产市场违法违规行为的查处力度，重点打击违规价外加价、变相加价销售、捂盘惜售等违规行为，对违法违规销售行为实施联合惩戒，顶格处罚。

案例思考

1. 假如你作为房地产开发商，看到楼盘价格不断攀升，你会投入开发吗？
2. 你认为，作为生产者，需要具备哪些素养？

思路点拨

同学们，通过上述案例可以了解到：假如你作为生产者、厂商或者老板，在生活中需要给消费者提供商品或者劳务，那么上述案例中的"捂盘"现象是否能构成供给？"捂盘"的房地产开发商是能够出售楼盘的，但因为不愿意出售，要等到价格高的时候再销售，那么此时就不能构成供给。如果另外一个开发商愿意出售，但无奈的是，没有楼盘和房源，那么此时也无法构成供给。

因此，从上述案例中，我们可以分析出是否构成供给必不可少的两个因素：

（1）生产商是否愿意出售或提供某种劳务；

（2）生产商是否有能力出售或提供某种劳务。

也就是说，供给探讨的是生产者愿意且能够出售或提供某种劳务的问题。仅凭其中一个因素，无法构成和决定供给。

很多同学毕业以后希望自主创业，并且积极响应国家"大众创业、万众创新"的精神和口号。前一节我们作为消费者，希望买到物美价廉的商品，本节我们从生产者角度来进行分析。

今后，同学们如果自主创业，无论作为生产厂商还是企业家，首先要做到遵纪守法，"君子爱财，取之有道"，我们一定要通过合理、合法的手段获取财物。学会将心比心，做良心卖家和产品。能够根据市场上供给的变化，合理定价，不能漫天要价，确保让自己的企业长青。

 **知识百宝箱**

隐形的右手——供给

供给是指厂商或企业在一定时期内，在各种可能的价格水平下，愿意并且能够出售或提供的某种商品或者劳务数量。

在此，供给的概念强调两个方面：

第一，厂商在可以获得利润的预期下愿意向市场提供产品，是供给概念的基础；

第二，企业在规模、技术允许的条件下所具有的生产能力，是供给概念的直接保证。

案例 2-2-2

果茶的价格

想必同学们都喝过果茶，并且很多同学因为它良好的口感而争相购买。它就是把新鲜瓜果与茶一起制成的饮料，不同的果茶口味，有着不同的功效。

假设我们要开一家果茶店，我们拥有生产果茶的技术、设备和资源，并且可以从生产和销售过程中获取利润。那么我们作为生产者，期初肯定会制订相关的生产和销售计划，比如果茶的价格和每天的生产量、销售量。

果茶的价格是影响供给量的一个决定性因素，当果茶价格提高的时候，我们销售果茶是有利可图的。作为生产者，我们就会雇用更多的人、购买更多的原材料来扩大果茶的供给量。

相反，当果茶价格降低的时候，我们再销售果茶是没有利润空间的，甚至会亏损。那么就会减少生产，甚至不生产果茶了，供给减少为零。

同学们，是什么因素导致果茶的供给增加或减少呢？

▶ 案例2-2-3

果茶的成本

受疫情影响，很多餐饮等企业相继宣布破产了，经济整体出现下滑趋势，原材料、人工费的成本都在增加。同学们，请继续思考：如果果茶的市场价格不变，但是你生产果茶的原材料以及人工等费用增加了，会减少生产果茶的利润空间，那么，你生产或者销售果茶的积极性会降低吗？此时，你会增大果茶的生产量还是会减少果茶的供给量？

▶ 案例2-2-4

果茶和咖啡们

如果一项研究表明：咖啡具有提神功能，并且长期喝咖啡有助于提升人体免疫力。人们一定会趋之若鹜地争相购买咖啡，此时咖啡价格大涨。但是同一时期，果茶的价格不变，咖啡的价格上涨，作为生产者，你会把果茶店改为咖啡馆吗？你会多销售咖啡，减少果茶的供给量吗？

▶ 案例2-2-5

被预言的果茶

有段时间喜茶降价了，而且是在其他品牌（类似牛乳饮品）涨价的情况下降价的。但是，如果通过精确的计算和精准的分析，预计未来果茶的价格会大涨，你会加大果茶的生产量吗？

▶ 案例2-2-6

果茶黑科技

假如你掌握了一项黑科技，能够在同等原材料用量的情况下，提升果茶的生产量。比如，原来生产1杯果茶的原材料现在可以生产出3杯，那么，你是否会增大对果茶的生产量呢？

案例思考

1. 作为生产者，你从厂商的角度出发来分析，影响厂商对某种商品的供给因素有哪些。
2. 请分析以上每个案例，具体是什么因素让生产者对供给产生了影响。
3. 请根据以上几个不同案例，自行总结影响供给的几个因素。

思路点拨

请同学们根据已知案例，带入情境、换位思考，如果你是生产者，分析每个案例中具体是什么因素让你们对供给产生了影响，从而分析哪些因素会影响供给。

根据案例2-2-2，我们能够分析出，果茶本身的价格会影响我们作为生产者的供给。如果我们生产果茶，那么果茶的价格越高，作为生产者，就越愿意生产更多的果茶进行销售，因为，我们的利润相对来说更大了。当然，反过来也是成立的。比如，我们自己销售的果茶一直在降价，那么我们就不愿意生产更多的果茶供给消费者了。因此，商品本身的价格会影响供给。

根据案例2-2-3，我们能够分析出，生产成本会影响供给。比如，我们生产果茶，果茶的原材料价格不断上涨，果茶销售价格不变的话，会导致我们的成本增加，利润减少，甚至没有利润。也就是说，卖一杯果茶，我们并不挣钱。那么我们也不愿意继续生产了。因此，商品的生产成本会影响供给。

根据案例2-2-4，我们能够分析出，替代品和互补品价格变化会影响供给。如果咖啡的功效比较多，且它的价格和利润不断上涨，很多人趋之若鹜地争相购买咖啡，不来购买果茶了，那么我们也不愿意再生产果茶了。或者果茶机以及修理果茶机的价格在不断上涨，作为果茶的互补品价格上涨，导致果茶利润降低，我们也不愿意继续生产果茶了。因此，替代品与互补品的价格变化也会影响供给。

根据案例2-2-5，我们能够分析出，厂商的预期会影响供给。如果你作为生产者，预计未来果茶价格会大涨，那么你会不会生产更多的果茶来供给消费者？显然我们会。因为预期果茶价格上涨，我们可以提前囤原材料，等到价格上涨后，再加大果茶供给量，来获取更多利润。

根据案例2-2-6，我们能够分析出，厂商的技术进步程度也会影响供给。如果，恰巧，你掌握了一项生产果茶的"黑科技"，你的生产技术进步了，原来生产1杯果茶的原材料，在保证果茶质量和消费者健康的前提下，现在可以生产3杯，但是价格还是以前的价格。那么你是会加大生产力度的。因为厂商都是追求利润最大化的，当我们有更大的利润空间时，你会加大自己的供给。因此，厂商的技术进步也会影响供给。

请同学们根据上述几个案例，思考一下，还有其他因素会影响供给吗？

赶紧动动你聪明的大脑吧。

知识百宝箱

影响供给的因素

1. 商品本身的价格

根据案例可以看出，商品本身销售价格越高，我们越愿意生产更多产品；反之，亦成立。

2. 生产要素的价格（成本因素）

当生产产品的成本不断上涨，但销售价格保持不变时，意味着我们的利润空间会越来越小，因此，我们生产的产品数量会减少；反之，亦成立。

3. 替代品和互补品价格

当我们生产的果茶替代品——咖啡价格上涨时，我们会愿意生产更多的咖啡，而不愿意再生产果茶了，从而减少了果茶的供给量。

4. 厂商的预期

如果我们预计未来果茶会涨价，那么，我们会提前囤货，等到果茶价格上涨时，再进行销售。

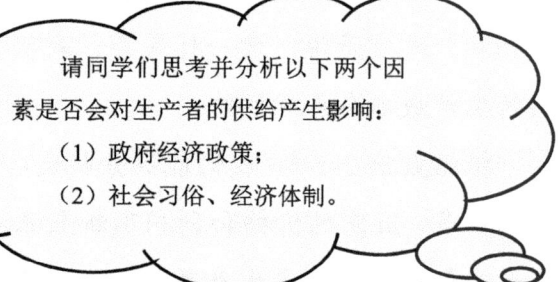

请同学们思考并分析以下两个因素是否会对生产者的供给产生影响：
（1）政府经济政策；
（2）社会习俗、经济体制。

5. 厂商的技术进步程度

如果我们掌握了一项"黑科技"，原来生产1杯果茶的原材料现在能够生产3杯，那么果茶的供给量也是在增加的。

▶ 案例2-2-7

果茶涨价了

依然以果茶为例，当所有其他因素不变时，比如相关商品的价格、预期未来的价格等都不变，只是价格发生改变，果茶在不同价格时对应的供给量将发生怎样的变化？例如，开始果茶10元/杯，那么市场上的供给量是50杯/天，很多商家看到果茶很受欢迎，并且价格可持续上涨，纷纷来投资果茶，当价格变成30元/杯时，供给量会怎样变化？

1. 你作为厂商和生产者，如果果茶价格从 10 元/杯涨到了 30 元/杯，那么你的供给量会增加还是减少？
2. 请分析供给量变化的原因。

同学们，假定你现在是生产者，自己生产的产品——果茶涨价了，你一定会加大果茶的生产量和供给量。

那么，每个不同的价格都会对应不同的供给量，当商品价格上涨时，供给量变化会怎样在坐标轴上体现呢？根据数据，将每个点标在直角坐标系中，会有怎样的变化呢？

 **知识百宝箱**

一、供给曲线

根据给定的果茶案例以及表 2-2 中的数据，我们可以看出，将在不同价格下厂商提供的数量一一对应的关系反映在坐标平面内，就可以得到供给曲线。

果茶价格与供给量关系表（供给表）见表 2-2。

表 2-2 果茶价格与供给量关系表

价格（元/杯）	个别供给量（杯/天）	市场供给量（杯/天）
10	50	100
15	75	150
20	100	200
25	125	250
30	150	300

供给曲线：将供给表中商品的不同价格与供给量之间的组合在平面直角坐标系中表示，得到的一条曲线。通常以横轴（X 轴）表示供给量 Q，以纵轴（Y 轴）表示价格 P，这种表示商品价格与供给量之间关系的曲线，称为供给曲线。个别供给曲线和市场供给曲线分别如图 2-6 和图 2-7 所示。

劳动供给曲线解析

供给曲线能够客观反映当其他影响生产者销售计划的因素不变的时候，某种商品的供给量与价格之间的关系。

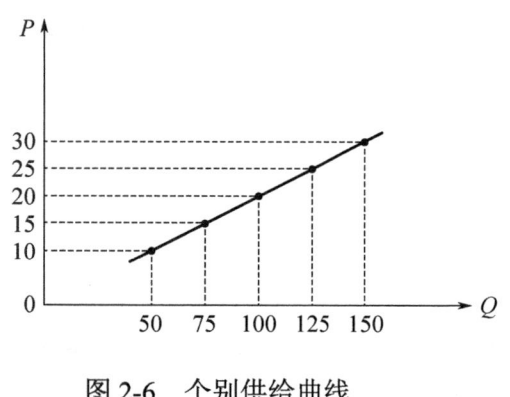 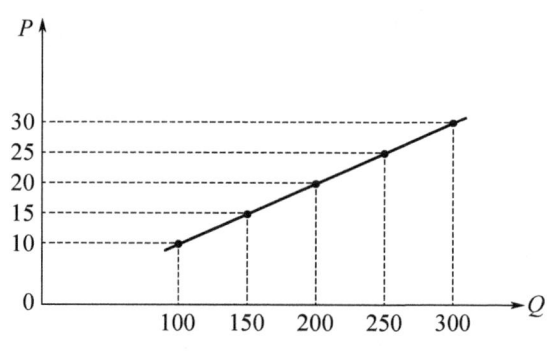

图 2-6　个别供给曲线　　　　　　图 2-7　市场供给曲线

二、供给定理

一般情况下，供给曲线是一条向右上方倾斜的曲线。很多时候为了方便，便画成了直线。供给曲线上每个点都代表价格和供给量之间一一对应的关系。通过供给曲线可以得知：当果茶价格上涨的时候，供给量就会增加；当果茶价格降低的时候，供给量肯定就会减少了。

同学们，我们首先根据价格-供给量变化，统计供给表，再由供给表数据作出供给曲线。根据供给曲线的变化，可以进一步分析，得到供给定理。

供给定理：当影响商品供给量的其他因素不变时，商品的供给量会随着商品价格的上涨而增加，随着商品价格的下降而减少，这种经济学现象称为供给定理。

▶ 案例 2-2-8

很多同学喜欢吃柑橘类水果，且柑橘类水果种类比较多，因为柑橘类水果富含维生素，日常生活中选择性也比较多，在超市比较常见的有橘子、芦柑、橙子、砂糖橘等。并且通过研究表明，柑橘类水果在一定程度上有促进消化、增加食欲的功效，因此部分品质比较好的水果价格也很高。那么你作为水果摊的老板，会加大柑橘类水果的供给量吗？

 案例思考

1. 根据上述学习的供给曲线与供给定理，你会加大柑橘类水果的供给量吗？
2. 当商品价格本身发生变化，供给曲线会怎么变化呢？
3. 如果价格本身未发生变化，而农业生产技术提升了，曲线又会怎么变化呢？

思路点拨

同学们，刚刚学过的供给曲线是由无数个点组成的，那么，这无数个点代表的是供给表中不同的价格和供给量之间一一对应的关系。你们思考过什么情况下这个点会离坐标轴近一些，什么情况下这个点会离坐标轴远一些吗？

根据供给表我们可以看出：商品价格越低，供给量越小，这个点离坐标轴越近；反之，商品价格越高，供给量越大，这个点会在供给曲线上不断向右移动，离坐标轴越远。也就是说，供给量的变化是由商品价格变化引起的，且供给量的变化在供给曲线中的表现是点的移动。

当商品价格不发生变化，其他非价格因素发生变化时，会引起供给的变化，表现的是供给曲线整体向左或者向右移动。

知识百宝箱

一、供给的变动

供给的变动：当商品本身价格不变，由厂商的生产技术等其他非价格因素的变动引起的变动，称为供给的变动。

在平面直角坐标系中，供给的变动表现为供给曲线整体向左或者向右移动，如图 2-8 所示。

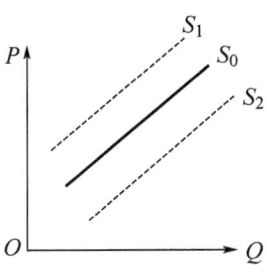

图 2-8 供给变动曲线

图像向左移动表示供给减少，即商品价格不变时，厂商的生产技术下降等其他非价格因素引起供给减少；相反，如果向右移动则表示供给增加，即商品价格不变时，厂商的生产技术上升等其他非价格因素引起供给增加。

二、供给量的变动

供给量的变动：商品非价格因素不变，而商品本身价格发生变化引起的变动，称为供给量的变动。

供给量的变动，在平面直角坐标系中表现为供给曲线上点的移动，如图 2-9 所示。

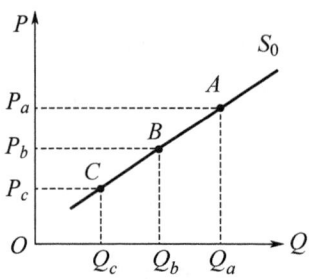

图 2-9　供给量变动曲线

当价格上涨时，供给曲线上的点会从 B 点移动到 A 点，供给量增加；反之会移动到 C 点，供给量减少。

模块三

价格的平衡术

学习目标

◎ **知识目标：**

了解市场均衡、均衡价格和均衡数量的概念，理解两种主要价格政策。

◎ **能力目标：**

能够描述、分析和解释市场均衡状态下价格形成的过程；

能够分析均衡价格变动的步骤；

能够运用均衡价格变动规律分析经济生活中的具体案例。

◎ **素养目标：**

引导学生关注经济生活，观察生活中的市场均衡现象，体察价格理论的魔力，深刻理解价格政策，培养经济思维，学会辩证地认识和分析经济现象和经济行为。

故事导入

一剪寒梅服装店位于某市较为繁华的街区，顾客来店里购买服装时，经常出现"讨价还价"的场景。

某天，店里来了一位顾客，顾客指着一件衣服问："老板，请问这件衣服怎么卖？"老板答:"280元,品牌商品,要不要?"那位顾客犹豫了一下说要先看看,老板说:"别看了,绝对是好衣服,给你优惠点,270元。"顾客吃惊道:"这也叫优惠啊?"老板好像有些不好意思:"你要诚心买,240元拿走,怎么样?"没想到顾客听完哈哈笑了起来,老板就问:"笑啥呀,难道嫌贵?"顾客:"何止是贵,简直是贵得离谱!"老板:"哪有,看你是本地人,就220元吧。"顾客沉默地看着他,老板:"你不会还嫌贵吧,我最多只挣你几块钱。"顾客:"不是,我没有说贵,这件衣服值这个价钱。"老板:"您真有眼光,给您包起来?"顾客赶紧说:"慢着,衣服是好衣服,只是到月底了,没剩多少钱了。"老板:"那还有多少钱啊?"顾客:"140元。"老板:"天哪,你开玩笑,我会赔死的,再添10元吧。"顾客:"没得添,我很想给你160元,可我心有余力不足呀!"老板:"好吧,交个朋友,你给140元就可以。"没想到顾客说:"我不会给你140元的,我还要留10元的车费。"老板:"车费?这和你买衣服有什么关系?"顾客:"当然,我来自很远的地方,我必须坐长途汽车回去,车费10元。"老板:"你肯定在骗人!"顾客笑道:"我从成年以后再也没有骗过人,相信我。你看长得也不是骗人的脸啊。"老板:"虽然我看不出来你的真诚,但我认赔了,算你130元好了。"顾客:"等等,我还要补充一点,我还没有吃早饭,我很饿。"老板:"天哪,你太过分了,你在耍花招。"顾客:"相信我,我很真诚。如果再不吃饭的话,我会昏倒在你面前。"老板:"我真是倒霉,遇到你这样的滑头。一会儿要坐车,一会儿又要吃早饭。一会儿不会还有其他要求吧?"顾客:"你太小瞧我了。相信我,我没有要求了。"老板:"相信你?最后一次?"顾客:"是的,相信我。"老板:"好吧,痛快些,120元。"顾客:"我这就给你钱"。老板:"快些!"顾客:"等等,这里的颜色有点不对劲啊。"老板:"没有问题,这是故意做旧的,符合今年的流行趋势。"顾客:"是吗,怎么看起来很像旧裤子,怪怪的。"老板:"我告诉你,你可以侮辱我的人格,但不要侮辱我的衣服。这是真东西。"顾客静静地等待中,老板:"好吧,我给你看我的进货单,请看,这批货是几天前刚刚进的货,进货单位是某某服装厂,这怎么能是旧衣服呢?"顾客:"对不起,是我误会了,天哪,看我发现了什么,进货价竟然每件只有50元。"老板着急地解释:"这是没有上税前的价钱,缴税后每条成本价是80元。"顾客:"你在撒谎,你以为我是傻瓜吗,这就是缴税后的价格。这条裤子只值50元,可你……"老板:"嘿嘿……做生意嘛,你要知道我每天的门面房租金上千元呢,不赚钱我吃什么!"顾客捂着胸口:"你心太黑啦!"老板:"嘿嘿,60元行不?让我赚点。"顾客:"钱是小事,但你的行为深

深伤害了一个消费者的心灵。"老板:"有那么严重?"顾客气愤地说:"难道你认为欺骗行为不严重吗?再发展下去,可就是诈骗,就是犯罪!"老板:"太夸张了吧,这样,你消消火,我55元卖给你,就赚5元,行吧?"顾客:"我不喜欢双五的数字。"老板无奈地说:"那就54元吧。"顾客:"我很迷信,有一个4,就是'死'的意思,不吉利。"老板:"天哪,53元没有毛病吧?"顾客:"好吧,成交!"

看了这么一场精彩的"讨价还价"戏码,大家感觉如何呢?顾客在购买商品时总喜欢挑三拣四、讨价还价,这到底是为什么呢?从这个场景买卖双方的行为中,你能得到哪些启示呢?

通过对本模块知识的学习,你将对"价格是如何形成的"建立较为清晰、直观的感受,让我们用多维的视角看一下价格理论的魅力。

任务一 供求的较量——均衡价格及其变动

案例 3-1-1

菠菜的价格因何这么高?

2021年菠菜成了蔬菜界当之无愧的网红,北京新发地蔬菜批发市场价格走势显示,9月,菠菜最低价格为1.5元/斤,但"十一"以后,菠菜批发价格一度达到11元/斤,涨了633%。

菠菜价格为何上涨如此明显?

"北京售卖的菠菜主要来自山东,但之前受雨水浸泡,多数烂到了地里,只剩大棚里面的。"丰台区一位蔬菜批发商如是说。

"好点的菠菜早早就被预订了,最低6元/斤。今年雨水较多,前段时间气温又低,有的大棚都进了水,蔬菜都没长好,更别说菠菜了。"一位山东商贩告诉记者,"10月后卖的菜都是7、8月种下的,长30~50天,就可以卖了,但之前下大雨,不少菜地受涝了,菜都烂在地里。"该商贩补充道。

一般来说,菠菜都是在冬季大量上市的,现在还是刚刚上市阶段,但是最近降温之后,吃火锅的人一下子增多了不少,菠菜的市场需求量也随之水涨船高。

食品行业分析师表示,此次蔬菜价格上涨,除去天气因素,供需关系、上下游产业链整体的成本增加,也是推高"菜篮子"价格的重要因素;但随着冬季的来临,大棚蔬菜将会大范围生产和供应，未来蔬菜价格将趋向平稳。

10月26日，记者实地走访北京新发地蔬菜批发市场了解到，市场内很难见到菠菜的影子，只剩少部分商户有菠菜可以售卖，批发价3.5～4元/斤，但大多品相不佳。此外，记者还看到，为了买到更加便宜的菜，不少市民甚至拉着推车到批发市场来采购。

相比较而言，耐储运的蔬菜价格基本上保持稳定，价格波动的幅度较小，比如洋葱、马铃薯、冬瓜、南瓜、萝卜、番茄、姜、蒜等。

北京作为蔬菜供应输入型城市，根据季节不同，蔬菜供应种类也不同。10月后，蔬菜供应地由北向南移动，但此次降雨、低温天气影响到了北方相关地区蔬菜生长，影响了蔬菜供应。

1. 在日常生活中，大多数商品价格时有波动，请分享一下你观察到的事例。

2. 通过案例进行分析，你认为菠菜价格是如何形成的？

3. 你认为影响价格的因素有哪些？

在现实经济生活中，商品价格上下波动是常见的经济现象，消费者时常会根据商家的调价节奏来决定购买的时机。一般情况下，菠菜价格适当波动在市场经济活动中是十分正常的现象，2021年的这次价格波动比较大，才引起大家强烈的关注。

从中能够看到，需求和供给无论哪一方面都不能单独地决定市场价格，市场价格是在需求和供给相互影响、共同作用下形成的。

经济学从来不是高岭之花，它所研究的经济现象与经济行为均来源于日常生活，影响消费者购买商品决定的因素是多元的，但其中价格因素在影响消费者决策中的地位不可撼动。所以，学习经济学不能脱离生活实际，一定要理论联系实际，勇于探索，科学认识商品价格与供给和需求的关系，正确理解与分析商品价格的形成和变动的基本规律，提高参与经济活动的自主性和实践能力。

请大家列举身边的例子，一起探讨价格、供给、需求等相关因素之间的关系，增强理论联系实际的能力。

知识百宝箱

一、市场均衡

在现实经济生活中，需求和供给不是孤立地和市场价格发生关系的，而是在两者的博弈、相互影响、共同作用下形成市场价格的。

经济学借用了不少其他学科的概念，其中"均衡"就借用了物理学中有关均衡的概念，一般指经济体系中有关变量在一定条件的相互作用下所达到的相对静止的状态。与物体的运动一样，经济体系中一个特定经济单位也同样受到来自不同方向的各种经济力量的制约。

我们在学习经济学知识的过程中，习惯使用坐标图辅助我们更好地理解相关知识，如图 3-1 所示，从图中可以看到，向右上倾斜的供给曲线，与向右下倾斜的需求曲线，两者于坐标图中相交，其实就是将之前学过的供给曲线与需求曲线绘制在一个坐标图中，两条曲线相交于 E 点，E 点的意义非同一般，在经济学里有着丰富的含义，即 E 点代表买卖双方（供给方与需求方）在某一价格水平 P_E 下完成了 Q_E 数量商品的交易。E 点称为均衡点，其所对应的价格 P_E 是均衡价格，对应的数量 Q_E 称为均衡数量。

供给曲线与需求曲线相交于一点（E 点），在这一点上需求方愿意而且能够购买的商品数量正好与供给方愿意而且能够出售的商品数量相等，这时市场出清，称为**市场均衡**。

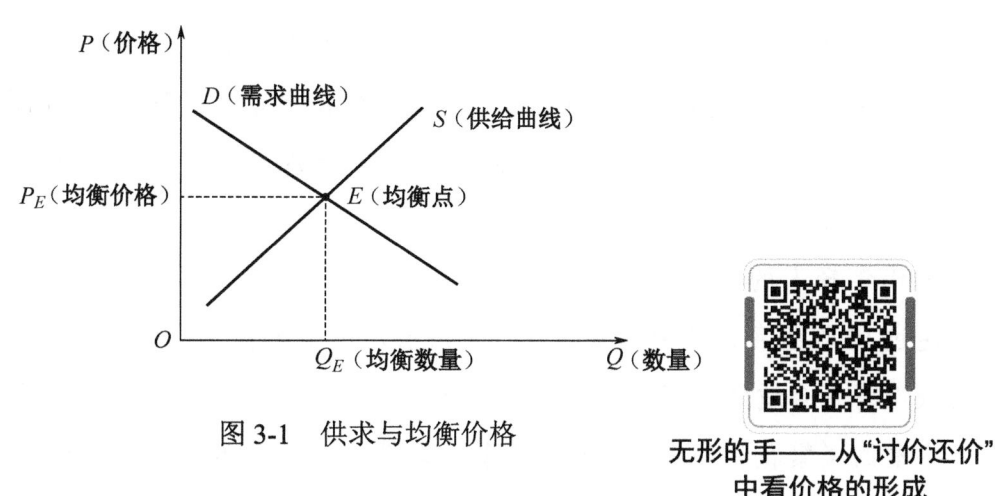

图 3-1 供求与均衡价格

无形的手——从"讨价还价"中看价格的形成

二、均衡价格和均衡数量

均衡价格是指一种商品需求价格等于供给价格，需求量等于供给量，如图 3-1 所示，就是某种商品的需求曲线和供给曲线相交时对应的价格。均衡价格对应的商品数量就是均衡数量。

在菠菜价格这个案例中,菠菜价格曾高达 11 元/斤,同样售罄,这就是当时的均衡价格。

综上所述,我们知道均衡价格是在生产者之间、消费者之间、生产者与消费者之间博弈中形成的,是由供给和需求共同决定的。在均衡价格上,意味着生产者不愿意扩大或减少供给量,消费者也不愿意减少或增加需求量,市场处于均衡状态。

但是,这种均衡状态是永久的吗?只要对现实生活有一定观察,大家都能觉察到均衡状态不是永久不变的,均衡是市场经济的必然趋势,但不是静态的和永恒的,它是一种暂时的、动态的平衡。市场形势瞬息万变,供给和需求随时可能出现变化,这时均衡状态也随之被打破,但不用担心,新的均衡将会出现,新的均衡价格也随之形成。

▶ 案例 3-1-2

生产企业的新模式

一天,大头儿子和小头爸爸正在观看奥特曼大战各种怪兽的表演,现场观众爆满,和奥特曼的合影券一度被"黄牛"炒到 500 元/张。表演结束后,他们看到不少消费者会前去后台的购物区买奥特曼玩具、牙刷以及笔记本,还有带多种音效且可以发光的奥特曼打怪兽的"装备",这些玩具非常受小朋友青睐,整整一面墙的玩具一上午就售空了,玩具价格在 100~300 元/个不等。

相关调研结果显示,品牌"心价比"消费中,提升消费者对于品牌的体验与文化价值至关重要,从 20 世纪 60 年代开始便不断推陈出新的奥特曼系列,这一 IP 重新唤醒了消费者"守护地球"的儿时梦想。IP 则是撬动消费者情感的重要支点,目前,哪些 IP 仍具有强大召唤力?《2021 天猫服饰 IP 白皮书》数据显示,2020 年天猫服饰 IP 授权商品销售额增长率达到 60%。米奇、漫威、宝可梦、哆啦 A 梦等美日经典 IP 势头强劲;在国产 IP 中,故宫博物院、敦煌研究院等博物馆文创 IP 占据半壁江山。同样,这些数据从侧面勾画了当代年轻人的文化审美生活。

通过 IP 挖掘可以研究消费者内心更深层次的情感需求,对于不同的品牌、产品而言,选择关联性高且合适的 IP 联名更为重要。比如,近两年来,咖啡市场的黑马——永璞咖啡联名的金宇澄的《繁花》和村上春树的书籍,均为文艺青年的"入门必读"书籍,其中"猫、音乐、美食"是村上春树书籍中多次提到的元素,消费者通过购买行为来体现自己所认同的价值与态度。

1. 请大家结合自身情况，从多维的视角分析奥特曼系列玩具为什么受欢迎。
2. 根据价格理论，分析使新经济模式成功的可能因素有什么。

数字经济时代，很多企业已开始探索新的发展模式。消费者几乎每天都在消费，买到物美价廉的商品是消费者最朴素的追求，但我们都清楚，时代不同了，人们的消费观念已经发生了很大的变化，在影响消费者的诸多因素中的地位是有变化的。

大家可以向家庭中不同代际的亲人询问，了解一下不同时代成长起来的家庭成员消费观念是否一致，如果不一致，那么区别主要在哪里呢？家庭消费的均衡点在哪里呢？是否关注价格、供求等影响消费的因素？

学习经济学需要观察经济生活中买卖双方的行为，也需要结合实际情况具体分析。一方面我们需要保持对经济生活的兴趣和敏感性，另一方面我们要学习一定的经济学理论知识，这样才能更好地做到理论联系实际，才能更加深刻地认识经济现象背后的本质和规律。这也是学好经济学的必经之路。

请大家围绕"我身边的新事物"开展讨论，探讨生活中的新供给、新需求与新消费等现象以及可能对我们的生活产生的影响。

知识百宝箱

我们对均衡变动分析如下。

了解了上述知识，接下来我们进一步分析供给与需求如何共同影响市场均衡，市场均衡又是如何影响商品价格以及成交商品数量的。

分析某个事件如何影响市场均衡，可以按以下三个步骤进行：

首先，确定该事件是使供给曲线位移，还是使需求曲线位移，又或是使两种曲线同时位移；

其次，确定曲线是向左移动，还是向右移动；

最后，通过供求曲线图来观察这种移动如何影响均衡价格和均衡数量。

按照上述步骤我们来分析一下供给与需求不同变动情况产生的效果。

第一类情况：供给不变、需求变动。

以疫情期间的口罩为例，初期，疫情突然暴发，口罩的需求大增，大家纷纷抢购口罩，口罩供给显得捉襟见肘起来。那么，假定口罩供给不变，需求增加，我们试着分析一下这种情况是如何影响市场均衡的。

还是利用坐标图来辅助我们认识均衡的变动，如图 3-2 所示，为了预防病毒，大家对口罩的需求大增，需求曲线右移，均衡点由原来的 E 点移到 E_1 点。这时我们发现均衡价格上涨了，均衡数量也增加了。

当然，还存在供给不变、需求减少的情况，如图 3-3 所示。

当供给不变、需求减少的时候，需求曲线左移，均衡点由原来的 E 点移到 E_2 点，均衡价格下降了，均衡数量也减少了。

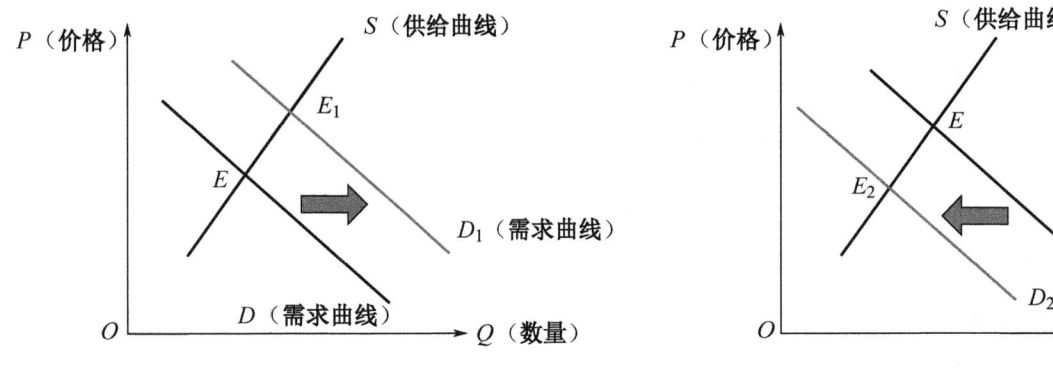

图 3-2　供给不变、需求增加　　　　　图 3-3　供给不变、需求减少

第二类情况：需求不变、供给变动。

假定口罩的需求在增长到一定程度后保持不变了，这时候因为前期需求大增导致很多企业（如比亚迪、格力等）纷纷加入生产口罩的队伍，口罩的供给量大幅度提升，那么这种需求不变、供给增加的情况，将如何影响均衡的变动呢？

这种情况下需求不变、供给增加，供给曲线右移，新均衡点移到 E_1 点，如图 3-4 所示，均衡价格下降，均衡数量增加。

如果口罩需求不变、供给减少，均衡如何变动呢？

这种情况下需求不变，因供给减少，将导致供给曲线左移，新均衡点移到 E_2 点，这时均衡价格上涨，均衡数量减少，如图 3-5 所示。

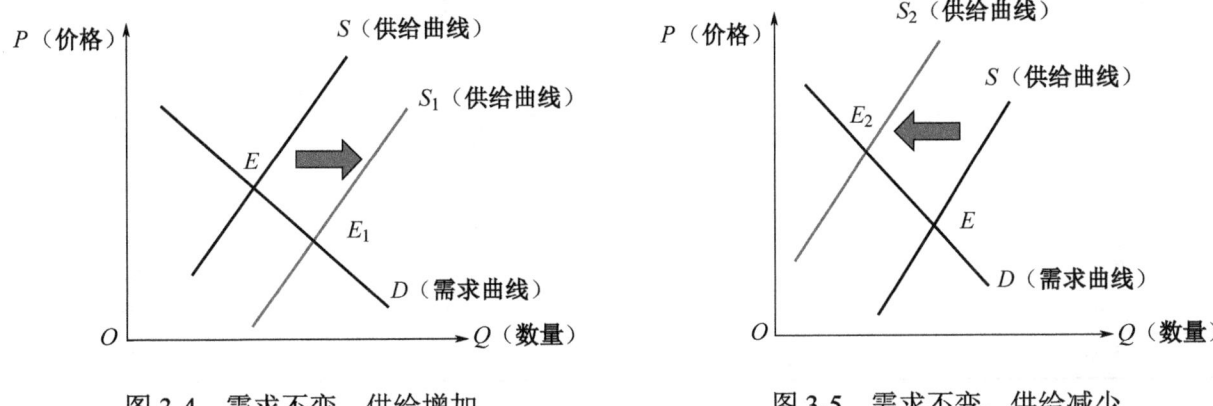

图 3-4　需求不变、供给增加　　　　　图 3-5　需求不变、供给减少

第三类情况：供给和需求同时变动。

假定预估疫情还需要很长时间的防控，口罩是必不可少的防疫物资之一，那么存在需求和供给同时增加的情况，这种情况下均衡数量无疑是增加的，均衡价格的变化就要看供给与需求移动的相对大小。如果需求增加的幅度大于供给增加的幅度，均衡价格提高，如图 3-6 所示；如果需求增加的幅度小于供给增加的幅度，均衡价格反而下降，如图 3-7 所示；说明供给与需求同时增加的情况下，均衡数量一定是增加的，均衡价格是不确定的，根据情况可能上涨，也可能下降。

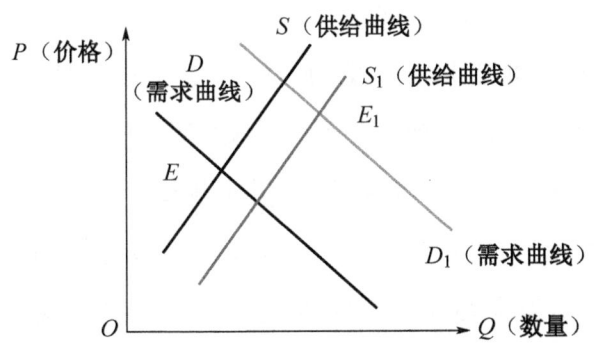 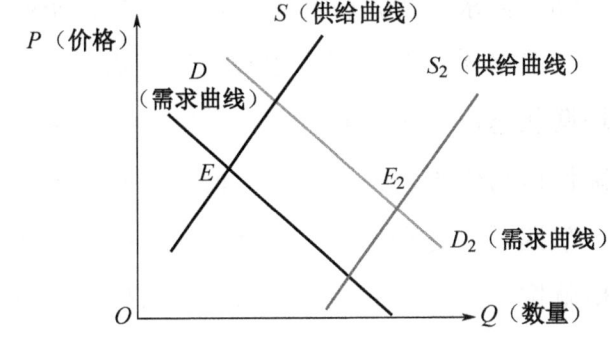

图 3-6　需求增加的幅度大于供给增加的幅度　　　图 3-7　需求增加的幅度小于供给增加的幅度

除此之外，供给和需求还存在同时减少、分别增减等变动的情况，按照上述情况的分析思路，大家可以尝试对这几种情况进行分析，并通过坐标图辅助理解，你将发现神奇的均衡价格的变动规律。

综合上述几种情况，供给和需求的变动对市场均衡的影响可归纳为表 3-1。

表 3-1 供给和需求的变动对市场均衡的影响

供 给	需 求	均衡数量	均衡价格
不变	增加	增加	上涨
不变	减少	减少	下降
增加	不变	增加	下降
减少	不变	减少	上涨
增加	增加	增加	不确定
减少	减少	减少	不确定
减少	增加	不确定	上涨
增加	减少	不确定	下降

从表中可以得出如下结论：

（1）供给不变，需求增加，均衡数量增加，均衡价格上涨；

（2）供给不变，需求减少，均衡数量减少，均衡价格下降；

（3）需求不变，供给增加，均衡数量增加，均衡价格下降；

（4）需求不变，供给减少，均衡数量减少，均衡价格上涨；

（5）需求与供给同时增加，均衡数量增加，均衡价格不确定；

（6）需求与供给同时减少，均衡数量减少，均衡价格不确定；

（7）需求增加，供给减少，均衡数量不确定，均衡价格上涨；

（8）需求减少，供给增加，均衡数量不确定，均衡价格下降。

一般来说，买卖双方也称供给与需求，成交的一刹那非常有魔力，能让买卖双方处于一种均衡状态，这是一种理想的状态。在市场均衡状态下，均衡价格和均衡数量同方向变动，均衡价格与供给反方向变动，而均衡数量与供给同方向变动，这被称为**供求规律**。

掌握了上述知识，大家应该已经知道价格是如何形成的了。作为影响经济最敏感的因素，价格就像一只无形的手指挥着市场有序地运行，吸引着无数生产者和消费者进行生产和交易，让我们的生活充满生机和活力。

拓展阅读

均衡理论是经济学常用的理论和分析方法之一，可分为一般均衡理论和局部均衡理论。

1. 一般均衡理论是"局部均衡理论"的对称理论，是着眼于整个经济的商品和生产要素的价格及供求量决定的一种经济理论和分析方法。19世纪末，由瑞士的瓦尔拉斯首倡。该理论认为各种经济现象均可表现为数量关系，这些数量之间存在着非常密切的联系，在整个经济体系的两大市场（商品市场和生产要素市场）上，一切商品及生产要素的价格与供求都是互相联系、互相影响和互相制约的。一般均衡是指在承认供求与市场上各种商品价格和供求关系存在相互关系和相互影响的条件下，所有市场上各种商品的价格与供求的关系或均衡状态。一般均衡理论的代表人物是瓦尔拉斯。

2. 局部均衡理论是在假定其他市场条件不变的情况下，孤立地考察单个市场或部分市场的供求与价格之间的关系或均衡状态，而不考虑它们之间的相互联系和影响。局部均衡理论的代表人物是马歇尔。

任务二 看得见的手——价格政策

案例 3-2-1

再谈"谷贱伤农"

这里的谷是指粮食，有这样一种经济学现象：在农业生产活动中，粮食大丰收的年份，农民的总收入没增加反而减少了。这种现象被称为"谷贱伤农"，叶圣陶先生著述的《多收了三五斗》也描述着相似的场景。可见，"谷贱伤农"是令人头疼几千年的问题。

从理论上来说，提高粮价能够使农业从业者得到更多回报，有助于调动农业从业者生产、销售的积极性。然而，全球化与随之而来的城市化加剧，粮价上涨带来了一系列蝴蝶效应，如种子、化肥和相关工业产品等的涨价，依然增大了农业从业者的生活成本，结果还是我们不想面对的"谷贱伤农，不贱亦伤农"。全球化的一面是全球市场繁荣所带来的空前盛世，另一面是发展中国家及其人民所面临的困局和迷惘，我们很难准确定性全球化究竟意味着什么。对于富人来说，食品涨价只是增加一些支出；而对于穷人来说，食品涨价却意味着生活水平下降，更有可能面临饿肚子的窘境。

"谷贱伤农"在我国历朝历代都是难以妥善解决的困局，在全球化时代有了新的内容。数字化已经变成中国经济的重要驱动力，无接触经济迅猛发展，农产品市场该有一个新的输出口了。目前，大数据在农产品流通领域的利用率低，推进农业"大数据+流通"，能够有效实现资源整合，最大化地优化农产品流通结构，提高农产品的流通效益，很大程度上减少"谷贱伤农"情况的出现。

案例思考

1. 遇到"谷贱伤农"的情况，通常采取哪些政策？
2. 阅读案例后，你认为在新时代生活的我们有哪些方法解决"谷贱伤农"的困局？

思路点拨

根据"谷贱伤农"原理，很多国家都制定了补贴措施或者农业保护措施，以保护国家农业从业者的积极性，同时保障粮食的安全，并使本国在农产品国际贸易中处于有利地位。

我国政府对粮食也实施一定的支持和保护措施，目前的粮食直补、农资综合补贴、农机具购置补贴、粮食最低收购价、政策性农业保险等均属于此；除此之外还不断发展特色农业。总的来讲，政府干预粮食市场是国内主流意见，但从长远看，是否利于我国粮食产业的健康发展还有待商榷。

针对我国目前农业发展现状，要保证农民的经济利益，提高农民的收入水平，确保粮食安全，避免"谷贱伤农"事件的发生，就需要掌握新时代的特点，打破固有思维，利用科技力量，拓展新的渠道，梳理、调整农村产业结构，加强以农产品为原材料的产品的创新以及农产品品牌的树立等。

思政渗透

通过案例的阅读和分析，大家可以直观感受到经济现象和经济行为就在我们周围，意识到国家实施的大多数经济政策离我们并不遥远，甚至时时刻刻在影响着我们的生活水平，这就需要我们去观察和思考，只有这样我们才有可能抓住事物的本质，并学以致用。

请大家提前查阅相关资料，围绕生活中实施的价格政策展开讨论，以期对价格政策有进一步的了解。

知识百宝箱

有形的手——政府的价格政策

在上一节我们知道，在市场经济中有一只"看不见的手"在指挥我们的经济活动，使得供给和需求达到均衡，这只手称为"价格机制"。价格就像市场的红绿灯，很多信息都是通过价格机制来反映和传递的，如果你发现商品价格提高了，可能商品超额需求或供给不足；如果你发现商品价格降低了，可能商品需求不足或超额供给。在价格机制的自发作用下，市场达到均衡，资源得到合理利用。

这只"看不见的手"常有指挥失灵的时候，因而历史上每隔十年就要发生一次影响恶劣的经济危机，如 2008 年的金融危机。大家也可能听过或看过"某地白菜、马铃薯成堆、成片烂在地里"这样的新闻，疫情期间大家经历过医用口罩价格猛涨和回落的跌宕起伏，这些均是价格机制指挥失灵的表现。当价格机制失灵的时候，就会呼唤政府这只"有形的手"来帮助，政府利用限价和税收等手段来弥补市场失灵造成的损失，调节市场趋向均衡。这种常规操作有利于减少"无形的手"的盲目性，在一定程度上符合社会的整体利益。

针对不同情况，政府通常会实施最低价格与最高价格两类限价政策，下面一起来了解和分析一下最低价格。

最低价格也称支持价格或地板价格，是指政府为了支持某一行业或某种商品的生产而规定的保护价格，也就是说，该商品的交易只能在政府为其规定的价格之上进行。

实施最低价格的目的很明确，就是支持某一产业的发展或保护生产者的利益，确保粮食安全。我国与大多数国家一样，对农业采取最低价格政策，以保护农民种粮的积极性，支持农业生产和提高农民收入水平，保障粮食安全。

虽然我国采取了很多措施，但"谷贱伤农"事件在生活中还是时常发生，最低收购价政策被认为是解决"谷贱伤农"问题的有效措施之一。如图 3-8 所示，以玉米为例来分析最低价格政策是如何稳定农业生产、保护农民收入以及调节农业结构，并使之适应市场需求变动的。

在没有实施最低价格政策的情况下，玉米交易的均衡点在图 3-8 中的 E 点，即在均衡价格 P_E 水平下，全部玉米以数量 Q_E 出清；然而，在实施最低价格政策的情况下，玉米是在新价格 P_1 水平下成交的，我们会发现，在这种价格水平下，生产者（供给方）积极性较高，愿意生产（或销售）Q_S数量的玉米，但在同样价格水平下，消费者（需求方）的购买意愿不是很大，只愿意购买Q_D数量的玉米，这样就出现了产品过剩的问题，Q_S-Q_D即过剩的数量。由此可见，实施最低价格后的结果较为复杂，有待进一步观察和分析。

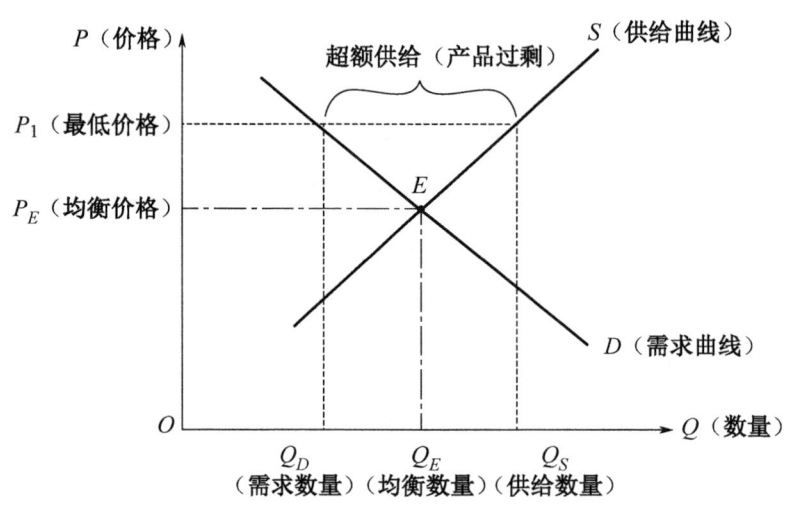

图3-8　最低价格

疫情期间，口罩等防护用品的缺口很大，我国政府出台了一系列政策保障防疫物资的供给，并承诺政府托底收储，这其实也是特殊时期实行的价格保护政策。实践证明，建立政府的收购和储备系统，寻求出口是解决商品过剩的有效方法。

当然，事情往往都具有两面性，最低收购价这种措施也不是完美无瑕的，实施保护性的政策也可能带来不良后果。因实施最低收购价政策，成交价格都是高于均衡价格的，在刺激生产的同时，消费的需求受到一定抑制，超额供给会导致产品过剩。如果出现政府监管不到位和收购不及时等情况，就会导致变相降价或黑市交易。

该政策的适用范围是有限制的，并不适用于所有领域的商品，一般只适宜在粮食等少数农产品上实行。我国的最低工资标准制度，相当于人力资源领域的最低限价。

▶ 案例3-2-2

成品油价格按机制上调

根据国家发展和改革委员会国内成品油价格调整要求，按照成品油价格形成机制，本市汽、柴油最高零售价自2022年1月29日24时起，每吨分别提高310元和300元；89号汽油由每升6.94元调整为7.18元，提高0.24元；92号汽油由每升7.42元调整为7.67元，提高0.25元；95号汽油由每升7.90元调整为8.16元，提高0.26元；0

号柴油由每升 7.11 元调整为 7.37 元，提高 0.26 元（具体价格见表 3-2）。各成品油零售企业可在不超过最高零售价格的前提下，自主制定具体零售价格。本市汽、柴油最高批发价格，合同约定由供方配送到零售企业的，按照最高零售价每吨扣减 300 元确定；合同未约定配送的，按照最高零售价每吨扣减 300 元和运杂费（最高零售价格的 1%）确定。

各成品油经营单位要严格执行国家成品油价格规定，实行明码标价，在明显位置公布油品价格，切实维护成品油市场稳定。消费者可通过 12345 平台举报价格违法行为。

北京市发展和改革委员会
2022 年 1 月 29 日

表 3-2　北京市汽、柴油价格表

品　名	最高批发价格		最高零售价格	
	配　送　制（元/吨）	非 配 送 制（元/吨）	（元/吨）	（元/升）
89 号汽油	9 250	9 155	9 550	7.18
92 号汽油	9 823	9 722	10 123	7.67
95 号汽油	10 396	10 289	10 696	8.16
0 号柴油	8 220	8 135	8 520	7.37
-10 号柴油	8 731	8 641	9 031	7.82
-20 号柴油	9 157	9 063	9 457	8.19
-35 号柴油	9 498	9 400	9 798	8.48

注：以吨为单位的保留到元；以升或公斤为单位的保留到分，分以下四舍五入。

（资料来源：北京市发展和改革委员会，2022 年 1 月 29 日）

1. 如何理解最高批发价和最高零售价？
2. 生活中，你发现还有哪些最高价格？

北京市发展和改革委员会规定的最高批发价和最高零售价，是政府在实施限制价格，来稳定经济平稳发展。从总体来说，政府实施限制价格的频率还是比较高的，如果你注意观察经济生活，或从媒体的相关报道中，都能感受到"有形的手"的力量。

知识百宝箱

在生活中，存在很多"限行"、"限号"、"限高"和"限价"等词汇，这些词汇与最高限价有着千丝万缕的关系，我们已经了解了什么是最低价格，现需要进一步了解另一类限价政策，那么什么是最高价格呢？

最高价格也称限制价格或天花板价格，是指政府为了限制某些生活必需品的物价而规定的低于均衡价格的最高价格。或者说该商品的交易只能在政府为其规定的最高价格之下进行。

通过各种途径，我们能了解到某企业因产品或服务价格过高被约谈的新闻事件报道，从经济学的视角来分析一下什么是最高价格政策。

在没有实施最高价格政策的情况下，正常应该在平衡点 E 处交易，如图3-9所示，意味着买卖双方在均衡价格 P_E 水平下，全部产品或服务以数量 Q_E 出清；然而，在实施最高价格政策的情况下，某产品或服务是在新价格 P_1 水平下成交，但我们会发现，在这种价格水平下，生产者（供给方）对生产的兴趣不高，只愿意生产（或销售）Q_S 数量的产品或服务，但同样价格水平下，消费者（需求方）的购买意愿很强烈，愿意购买 Q_D 数量的产品或服务，这样就出现了产品短缺的问题，Q_D-Q_S 即为短缺的数量。由此可见，实施最高价格的结果不确定能否达到预期效果。

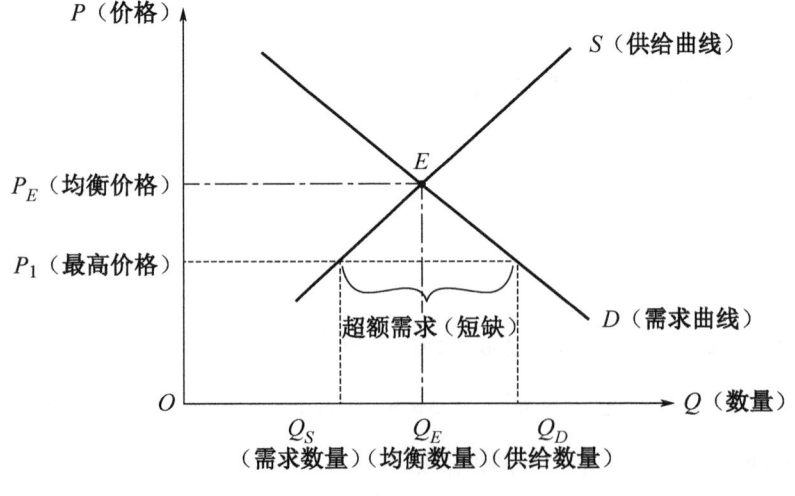

图3-9　最高价格

实施最高价格一般是为了保护消费者利益或降低某些生产者的生产成本，以达到稳定某领域经济生活的目的，一般包括行政措施和再分配措施，如补贴、配给制，实行凭票定量供应等。

采用最高价格政策同样可能带来一些后遗症，因实行高限价，交易价格要低于均衡价格，因此会刺激消费，限制生产，导致供给减少、需求增加，市场呈现短缺状态。人们购物时出现严重排队现象，依然买不到就是供给不足的表现。当政府监管不力就更加雪上加霜，可能会出现黑市高价交易，如各种黄牛号、票；如果管理不当，还会滋生腐败等社会法律和伦理问题。这也是一些反对政府干预市场的经济学家反对限制价格的原因。

最高价格政策的运用要有一定的限制，一般是在战争或灾害等特殊时期应急使用，因该政策严重影响价格机制的正常运行，只宜短期或在局部地区实行，不应长期使用。但也有一些国家对某些生活必需品长期实行限制价格政策，如委内瑞拉长期对必需品、美国对租房市场都实行限制价格政策。

最高价格比较适合运用的范围包括：社会公益事业、公共服务领域和自然垄断行业等。如水、电等基本生活用品。

其实，经济学家对政府价格政策是持不赞同态度的，但政府都不可避免地在某些领域实行该政策，主要出于有利于社会公平、保证民生、维护社会安定的目的。同时也应该对其可能引起的不良后果予以重视。

知识链接

北京市人力资源和社会保障局关于调整北京市2021年最低工资标准的通知

京人社劳发〔2021〕77号

各区人力资源和社会保障局、北京经济技术开发区社会事业局，各人民团体，中央、部队在京有关单位及各类企、事业等用人单位：

按照国家有关要求，经市委、市政府批准，对我市最低工资标准进行调整。现将有关事宜通知如下。

一、我市最低工资标准由每小时不低于12.64元、每月不低于2 200元，调整到每小时不低于13.33元、每月不低于2 320元。

下列项目不作为最低工资标准的组成部分，用人单位应按规定另行支付：

（一）劳动者在中班、夜班、高温、低温、井下、有毒有害等特殊工作环境、条件下的津贴；

（二）劳动者应得的加班、加点工资；

（三）劳动者个人应缴纳的各项社会保险费和住房公积金；

（四）根据国家和本市规定不计入最低工资标准的其他收入。

二、综合考虑本市降低社会保险费率和调整社保缴费基数等因素，非全日制从业人员小时最低工资标准确定为25.3元/小时，非全日制从业人员法定节假日小时最低工资标准确定为59元/小时。以上标准包括用人单位及劳动者本人应缴纳的养老、医疗、失业保险费。

三、实行计件工资形式的企业，要通过平等协商合理确定劳动定额和计件单价，保证劳动者在法定工作时间内提供正常劳动的前提下，应得工资不低于我市最低工资标准。

四、生产经营正常、经济效益持续增长的企业，原则上应高于最低工资标准支付劳动者在法定工作时间内提供劳动的工资；因生产经营困难确需以最低工资标准支付全体劳动者或部分岗位劳动者工资的，应当通过工资集体协商确定或经职工代表大会（或职工大会）讨论通过。

五、在劳动合同中约定的劳动者在未完成劳动定额或承包任务的情况下，用人单位可低于最低工资标准支付劳动者工资的条款不具有法律效力。

六、上述各项标准适用于本市各类企、事业等用人单位。

七、本通知自2021年8月1日起执行。

北京市人力资源和社会保障局
2021年6月11日

最低工资是典型支持价格，即人力资源领域的最低价格。早在19世纪末期，最低工资制度在新西兰和澳大利亚开始实施，经过100多年的发展，至2020年全世界所有发达国家以及绝大部分发展中国家都已施行最低工资制度或有类似规定。从1993年开始，我国内地借鉴国际经验陆续引入最低工资制度，主要由地方政府主导，直至2004年11月西藏自治区正式施行最低工资相关规定后，我国各省、市、自治区均已全面推行最低工资制度。

以2021年调整的北京地区的工资制度为例，我们来分析一下最低工资的基本情况。

首先，北京市最低工资标准由每小时不低于12.64元、每月不低于2 200元，调整到每小时不低于13.33元、每月不低于2 320元。

其次，一些项目不作为最低工资标准的组成部分，用人单位应按规定另行支付的项目，如文中提到的劳动者在中班、夜班、高温、低温、井下、有毒有害等特殊工作环境、条件下的津贴；劳动者应得的加班、加点工资；劳动者个人应缴纳的各项社会保险费和住房公积金；根据国家和本市规定不计入最低工资标准的其他收入。

最后，非全日制从业人员小时最低工资标准确定为 25.3 元/小时，非全日制从业人员法定节假日小时最低工资标准确定为 59 元/小时。

根据最低工资规定，最低工资标准一般采取月最低工资标准和小时最低工资标准的形式。月最低工资标准适用于全日制就业劳动者，小时最低工资标准适用于非全日制就业劳动者。

从中可以看出，**最低工资**是指劳动者在法定工作时间或依法签订劳动合同约定的劳动时间内，提供了正常劳动的前提下，其所在用人单位必须按法定最低标准支付的劳动报酬。

最低工资政策是政府根据当地的物价消费水平，为了保证就业者维持基本生活水准所需要的工资收入水平，而规定的最低工资水平。需要我们注意的是：由于存在地区经济发展水平的差异，各地最低工资标准也不是完全一样的，比如说，当前最低工资标准最高的是上海，每月不低于 2 590 元。

那么，实行最低工资政策的优点与不足是什么呢？具体分析如下。

1. 最低工资的优点

（1）有利于防止和减少克扣工人工资现象的发生，保障职工的劳动权益；

最低工资的利弊分析

（2）有利于贯彻效率优先、兼顾公平的原则，维护社会稳定；

（3）实行最低工资制度，为劳动关系中的劳动报酬部分提供了法律依据，有利于确定劳动关系，也为企业搞好内部分配提供了基础；

（4）最低工资标准的确定和调整，有利于政府发挥宏观调控的职能作用；

（5）有助于增加低收入劳动者收入，切实维护劳动者合法权益。

2. 最低工资的弊端

从经济学角度分析，如图 3-10 所示，最低工资高于人力资源市场自动形成的均衡价格，人力资源供给大于人力资源的需求，这样就会产生劳动过剩，导致失业，同时，最低工资高于均衡价格，在一定程度上加重企业负担，企业会倾向于购置智能机器人替代人工。

我们大多数人的工资水平高于最低工资，可能感觉最低工资政策与我们没有什么关系，那么最低工资政策是否与我们大多数人没啥关系呢？很明显，答案是否定的。

首先，病假时的工资待遇将会有所提高，因病假期间，单位通常是以当地最低工资标准作为基数来计算我们的病假工资，基数上涨，我们能获得的病假工资也将随之上升。

其次，在生病或非因公负伤的医疗期内，我们的医疗期待遇也会随着最低工资标准的上涨而提高。

最后,在用人单位停工停产后,用人单位向你支付的生活补助费也会有所提高,并有了法律的保障。

除此之外,最低工资标准上调后,各类社会保险待遇标准也将随之上调。一般情况下,所在的地区最低工资标准上调,我们都是受益者。

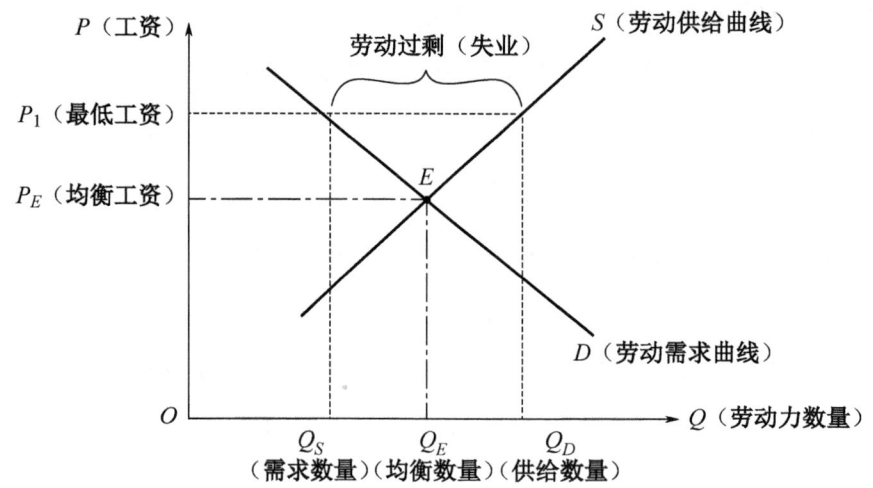

图3-10 最低工资制度下的供求分析

模块四

神奇的价格弹性

学习目标

◎ **知识目标：**

理解并掌握商品的需求价格弹性、供给价格弹性及其分类。

◎ **能力目标：**

能够运用需求价格弹性及供给价格弹性分析市场定价策略、分析市场经济现象。

◎ **素养目标：**

能够做好市场应对，灵活处理问题，实现理性消费。

故事导入

这是一个真实的新闻故事，【我月入 3 万元，怎么会少你一个鸡蛋？】

故事发生在 2017 年 8 月，北京黄金地段的一个煎饼摊大妈火遍了朋友圈。原因是一个顾客从大妈摊上买了一个煎饼后，认为大妈少给自己打了一个鸡蛋。大妈辩解不过，忍不住说了一句："我月入 3 万元，怎么会少你一个鸡蛋？"消息一出，顿时众网友疾呼："受刺激了！"许多人纷纷表示要转行摆摊卖煎饼……月入 3 万元！一时间，人们也不禁感叹，这让写字楼里的白领十分汗颜。煎饼行业真的如此赚钱吗？对此，相关人士进行了调查。

地铁口煎饼摊

每天早上5点，通州某地铁口，来自东北的老刘和妻子都会准时在这里卖早餐，老刘卖粥和千层饼，他妻子专门摊煎饼。两人凌晨两点起床备料，准备工作到四点半，随后骑着电动车赶到地铁口。将杂粮面糊倒在鏊子上，然后用工具一转，打上一个鸡蛋，煎饼成形后，撒上香菜和葱花，抹上辣椒和酱，最后再加上薄脆，不到一分钟的工夫，一个煎饼就大功告成了。老刘的妻子说，每天早上她都要重复这样的动作两百多次，也就是说她每天早上会卖出两百多张煎饼，"我们是早上五点卖到九点半，如果时间再长点，还能再多卖一些。"听说了月入3万元的煎饼大妈的故事，老刘的妻子并不吃惊，人流量大，销售时间长，完全有可能，而且这要看净收入还是毛收入。记者问她每月净收入能有多少，她没有给出明确的数字，夏天外地游客的生意会多一些，冬天比夏天的生意要好一些，因为大家冬天都爱吃口热乎的。"要说月入3万元，我真相信，我观察过鸟巢附近一个煎饼摊，那里人流量可多了，估计能挣不少钱。"随后，记者替老刘家算了一下账，一张煎饼卖6元，一天卖200张，一个月毛收入就有36 000元，剔除掉煎饼的成本和摊位费，这净收入也很可观。

簋街煎饼店

记者还走访了姜皇后煎饼店，发现品牌和选址是影响煎饼月收入的两个关键因素。

"姜皇后"这名字听着霸气。煎饼店创始人二十年前独自开了一档煎饼摊。那时骑着三轮车，卖着两元一个的煎饼，每天能卖三四百个。她逐渐摸索酱料配方，有了独门心得，便注册了煎饼品牌商标，接着开加盟店。加盟店投资小、风险低，因而不少煎饼店都是加盟连锁店。除品牌外，选址也很重要。就姜皇后煎饼店而言，簋街店月收入达8万元。

超市煎饼摊

记者还走访了超市里的煎饼摊。某家超市里的煎饼摊生意并不是那么红火。据工作人员介绍，来光顾的大多是附近的上班族，工作日时段的生意最旺。尽管有固定的客源，但摊位一天只能卖出约100个煎饼，按均价7元算，摊位月毛收入2万元左右。

看完故事，我们共同思考，为何小小煎饼能有这么多的商机？如果换作其他商品，会

有这样的机会吗？生活中大多数人应该都吃过煎饼吧，如果有一天它的价格发生了变化，我们会有什么样的反应？这些煎饼生意又会怎样呢？本模块将引领我们继续剖析商品的秘密。

任务一　打折的魔力——需求弹性

案例 4-1-1

商家打折能赚钱吗？

每逢"双十一"，各路商家便轮番上演折扣促销大戏，如火如荼，不仅沿袭着"预售付定金，当天付尾款"的传统套路，而且衍生出各种花式玩法。比如，定金膨胀、尾款叠加优惠券，还有跨店满减、购物津贴，真是"乱花渐欲迷人眼"，消费者真是想"剁手"都无从下手。2017年，天猫"双十一"交出了 1 682.69 亿元成交额的成绩单，打破了全世界对新零售的认知，而相比 2009 年的 0.5 亿元，同比增长已高达 336 400%。近十多年来，人们见证了互联网消费的变革，线上线下融合的新零售模式的诞生以及大数据作为"新能源"给新零售带来的革命性创新，一方面让我们更全面地了解了一个新经济体及其生态系统的崛起过程，另一方面也滋生出刷单、需求泡沫等诸多隐患。用户消费热情得以极致体现的"双十一"狂欢购物节，既是新零售时代的一个现状缩影，也是对中国经济发展趋势的一个投射。电子商务这些年经历了高速的发展与增长，一定程度上不仅改变了人们的消费方式，而且获得了巨大的红利。

各路商家的打折促销，究竟是亏本买卖还是盈利赚钱呢？

通常情况下，商家促销打折对于消费者而言是福利，因此会增加购买量；由于消费量的增加而提高了销售量，进而可能会促使销售收入增加，于商家而言也是利好。但是，是不是所有商品都会因为价格降低而增加甚至是大幅度增加销售量呢？比如前面的故事，我们会因为煎饼降价一天早上多吃几个吗？再比如，超市食盐降价，我们会因为降价而每天增加食盐的摄入量吗？可是，如果房子降价了呢？尤其是地段好的房子，离单位、学校近的房子降价了，是不是会提高购买量呢？……看来，我们需要因商品而论，因商品的性质不同来讨论它背后商家利润的变化规律。

要想解决降价打折是不是能赚钱这一问题，让我们先看看这两个商家的促销活动情况，一个是美味的哈根达斯冰激凌，另一个是生活中每天必用的牙膏。

原价45元/100毫升，月销量1 000桶，销售额45 000元。

现价38元/100毫升，月销量1 500桶，销售额57 000元。

原价15元/支，月销量1 200支，销售额18 000元。

现价13元/支，月销量1 300支，销售额16 900元。

哈根达斯冰激凌由于降价，销售额是增加的，但是牙膏的促销不仅没有增加销售额，反而下降了，由此我们可以发现，"降价不一定能够多赚钱"。那么问题来了，究竟哪些商品适合打折促销，能够带来很好的利润增长呢？

"双十一""双十二"等购物节已经成为当下全民关注的热门话题，国民的消费热情和消费冲动一次又一次被推向了高潮。在这场购物盛宴中，在校的学生已然成了购物消费的主流群体之一，然而购物狂欢中表现出来的超前消费、攀比消费、享乐消费等非理性消费行为不容忽视。我们要知道父母辛苦劳动挣来的生活费来之不易，树立正确的价值观，进而培养节约意识，珍惜劳动成果，消费要量力而行。

 **知识百宝箱**

打折的魔力——神奇的需求价格弹性

一、需求价格弹性

需求价格弹性是指商品的需求量对其价格变动的反应程度的大小，简称需求弹性。若反应大，则需求弹性大；若反应小，则需求弹性小。

生活中有很多不同类型的商品，有的商品的需求量对于价格调整十分敏感，价格稍稍变动就会影响到它的需求量，这类商品称为富有弹性的商品，比如，上面举例的哈根达斯冰激凌，还有一些新鲜的水果、奢侈品、出国旅行费用等都富有弹性。

有的商品不会因为价格的调整而发生需求量太大的变化，这类商品称为缺乏弹性的商品，比如，上面举例的牙膏，还有如粮油、食盐等这种生活必需品。

甚至有些极端缺乏弹性的商品，需求量对于价格的变动几乎没有任何的敏感度，也就是价格的下降不会产生需求量的增加，这类商品称为完全无弹性的商品，比如，殡葬类的商品。

另外，有一些弹性无穷大的商品，在既定的价格水平下，需求量是无限的，一旦高于既定价格，需求量就为零，这也是现实中罕见的一种情况，通常认为像邮电通信等价格透明的商品和劳务属于这种类型。

还有一类商品，需求量和价格按同一比率发生变动，这类商品称为单位弹性的商品，比如，住房、公共教育是类似这种类型的商品。

二、需求价格弹性的公式与图示

1. 公式表示

需求价格弹性如果用公式表示，就是商品需求量变动率与价格变动率之比，也可以称作需求价格弹性系数。

$$E_d = -\frac{\frac{\Delta Q}{Q}}{\frac{\Delta P}{P}} = -\frac{\Delta Q}{\Delta P} \cdot \frac{P}{Q}$$

式中：ΔP 和 ΔQ 分别为价格与需求量的变动量；P、Q 分别为变动前的价格与需求量。

理解需求价格弹性需要注意以下几点。

（1）需求价格弹性是两个百分比的比率，它的含义是价格每下降 1%，引起需求量增加百分之几。

（2）需求价格弹性值可以是正，也可以是负。这取决于两个变量的变动方向，若同方向变动，则为正；若反方向变动，则为负。

（3）同一条需求曲线上各点的需求价格弹性值是不等的（点弹性）。

（4）从不同方向计算同一段弧的需求价格弹性值是不同的（弧弹性）。

（5）值越大，弹性越大，表示商品的需求量对价格变动的反应越敏感。

价格与需求之间呈反向关系，则此系数本身是负数，为了研究方便，通常用绝对值来描述。

2. 图形表述

根据不同商品的特点，需求价格弹性可分为如下几类。

（1）$E_d=0$：完全无弹性。这时需求曲线是一条开始于数量轴的垂线。通过定义可知，当价格发生变化，如果需求没有产生任何变化，那么需求价格弹性就为零，也就是说，ΔP 不等于 0 时，ΔQ 为 0。这样的情况非常少见，一般指现实中与人的生命有关的商品，或者在生活中没有同类的替代品，如沙漠中的水、绝症的特效药等，如图 4-1 所示。

（2）$E_d=\infty$：弹性无穷大。这时需求曲线是一条从价格轴开始的水平直线，也就是说，只要价格产生了一点变化，就会引起需求量的极大变化，这种情况下需求对价格极为敏感。在后文提到的完全竞争市场中单一厂商所面对的需求，其曲线就是这样的一条水平线，对于该厂商来说，价格具有外在的性质，与自身的行为没有任何关系，如图 4-2 所示。

（3）$E_d=1$：单位弹性。这时需求曲线是一条等轴双曲线在第一象限中的部分，在这样的情况下，只要价格产生了 1% 的变化，就会同样地在需求量上产生 1% 的变化，也就是说，需求量与价格按相反方向的同一比率变动，而总收益不变，如图 4-3 所示。

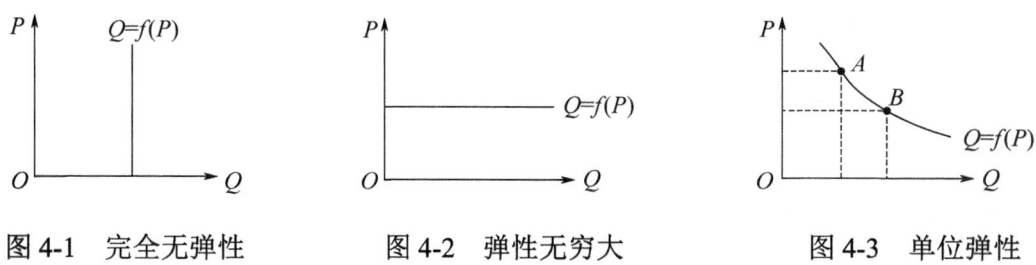

图 4-1 完全无弹性　　图 4-2 弹性无穷大　　图 4-3 单位弹性

（4）$0<E_d<1$：缺乏弹性。这时价格上的变化百分比在需求上引发的变化并不大，大幅度的价格变动只能引起需求量小幅度的变化。一般来说，人们生活中的必需品就是一种缺乏弹性的商品，如粮食、面粉、调味品等。也可以将需求价格缺乏弹性的商品均称为必需品。在曲线上，需求量变动的比率小于价格变动的比率，总收益与价格按同方向变动，如图 4-4 所示。

（5）$1<E_d<\infty$：富有弹性。这时需求量的变化百分比会远远大于价格的变化百分比，也就是说，少量的价格变化会引起大量的需求变化。如酒店、美容、桑拿、奢侈品等就是这样一种富有弹性的商品。在曲线上，需求量变动的比率大于价格变动的比率，总收益与价格按反方向变动，如图 4-5 所示。

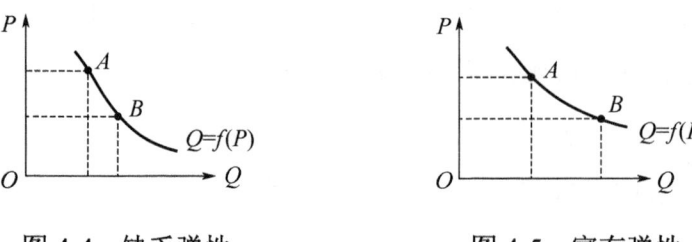

图 4-4 缺乏弹性　　图 4-5 富有弹性

想想生活中这五种类型的商品都有什么？举出相应的示例，填写在表 4-1 中。

表 4-1　需求价格弹性分类表

弹性类别	E_d 取值	子项与母项关系	图示	图示特点	示例
完全无弹性	0	$\Delta Q = 0$	$Q=f(P)$ 垂直线图	垂直	
弹性无穷大	$E_d = \infty$	$\Delta P = 0$	$Q=f(P)$ 水平线图	水平	
单位弹性	$E_d = 1$	$\dfrac{\Delta Q}{Q} = \dfrac{\Delta P}{P}$	$Q=f(P)$ 曲线图	正双曲线	
缺乏弹性	$0 < E_d < 1$	$\dfrac{\Delta Q}{Q} < \dfrac{\Delta P}{P}$	$Q=f(P)$ 曲线图	陡峭	
富有弹性	$1 < E_d < \infty$	$\dfrac{\Delta Q}{Q} > \dfrac{\Delta P}{P}$	$Q=f(P)$ 曲线图	平缓	

三、需求价格弹性的计算与应用

1. 需求价格弹性的计算

需求价格弹性指某商品需求曲线上两点之间的需求量相对变化对价格相对变动的反应程度。简单来说，它表示的是需求曲线上两点之间的弹性，即价格变动 1%，需求量变动了百分之几。需求价格弹性的公式见上。

算一算

例 1　某商品价格由 5 元降为 4 元，需求量由 100 件增加为 130 件，则 E_d 是多少？

$$E_d = -\frac{\Delta Q / Q}{\Delta P / P} = -\frac{\Delta Q}{\Delta P} \cdot \frac{P}{Q} = -\frac{30}{1} \cdot \frac{5}{100} = -1.5$$

通常用绝对数表示系数，那么本题中商品的需求价格弹性系数为 1.5。

例 2　假设某冰激凌的价格从 3.5 元上涨到 4 元，会使消费者的购买量从每月 10 个减少到 8 个，求该冰激凌的需求价格弹性。

解： 该冰激凌的需求价格弹性为

$$E_d = (-2/10)/[(4-3.5)/3.5] = -1.4$$

例 3　假设某冰激凌的价格从 4 元降低到 3.5 元，会使消费者的购买量从每月 8 个增加到 10 个，求该冰激凌的需求价格弹性。

解：该冰激凌的需求价格弹性为

$$E_d=(2/8)/[(3.5-4)/4]=-2$$

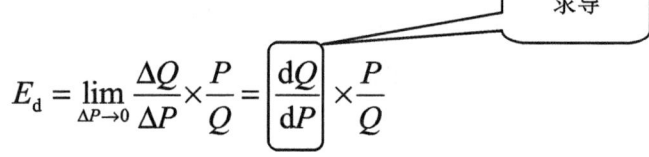

似乎是一样的数据条件，但结果不同，发现什么了吗？

注意：在同一条需求曲线上，涨价和降价产生的弹性系数值是不相等的，为了解决同一条需求曲线上某段的需求弹性值不同的问题，一般用中点弧弹性计算公式。

中点弧弹性计算公式是以变量变动前后两个数值的算术平均数作为各自的分母来计算的，在不考虑价格变动的方向时可以采用，其公式为

$$E_d=-\frac{\Delta Q \Big/ \frac{(Q_1+Q_2)}{2}}{\Delta P \Big/ \frac{(P_1+P_2)}{2}}=-\frac{\Delta Q}{\Delta P}\cdot\frac{P_1+P_2}{Q_1+Q_2}$$

式中：P_1、P_2 分别为变动前后的价格；Q_1、Q_2 分别为变动前后的需求量。

例4 菜市场上白糖价格为 11 元/千克时，需求量为 1.25 吨；价格为 14 元/千克时，需求量为 1.22 吨，求白糖的需求价格弹性。

解：白糖的需求价格弹性为

$$E_d=-\frac{1.25-1.22}{14-11}\times\frac{11+14}{1.22+1.25}\approx -0.1$$

2. 需求价格点弹性的计算

需求价格点弹性表示需求曲线上某一点的弹性，其公式为

$$E_d=\lim_{\Delta P\to 0}\frac{\Delta Q}{\Delta P}\times\frac{P}{Q}=\boxed{\frac{\mathrm{d}Q}{\mathrm{d}P}}\times\frac{P}{Q}$$

求导

算一算

例5 假定某企业的需求曲线方程为：$Q=3\,000-200P$。求 $P=10$ 时的需求价格点弹性。

解：当 $P=10$ 时

$$Q=3\,000-200\times 10=1\,000$$

$$E_d=\frac{\mathrm{d}Q}{\mathrm{d}P}\times\frac{P}{Q}=-200\times\frac{10}{1\,000}=-2$$

即当 $P=10$ 时，该企业的需求价格点弹性为 -2。

例6 设某水泥厂的需求函数为 $Q=400-2P$。问：

（1）该厂计划销售水泥 180 吨，价格应为多少？

（2）每吨水泥价格 $P=120$ 美元时的需求价格点弹性为多少？

解：（1）由题可知，$Q=180$，则可得 $180=400-2P$，求得 $P=110$（元）。

（2）由题可知，$P=120$，则 $Q=400-2\times120=160$（吨），$\frac{dQ}{dP}=-2$，$E_d=(\frac{dQ}{dP})\times(\frac{P}{Q})=-1.5$。

用一用

看看需求价格弹性不同的商品，哪些可以打折实现利润增长、薄利多销呢？

例：电视机富有弹性，$E_d=2$，$P_1=500$ 元/台，$Q_1=100$ 台，若价格下调 10%，试分析收益状况。

解：因为 $E_d=2$，当价格下降 10% 时，销售量增加 20%，即 $Q_2=120$ 台。

$TR_1=P_1\cdot Q_1=500\times100=50\ 000$（元）
$TR_2=P_2\cdot Q_2=450\times120=54\ 000$（元）
$TR_2-TR_1=54\ 000-50\ 000=4\ 000$（元）

例：大米缺乏弹性，$E_d=0.5$，$P_1=10$ 元/千克，$Q_1=100$ 千克，若价格下调 10%，试分析收益状况。

解：因为 $E_d=0.5$，当价格下降 10% 时，销售量增加 5%，即 $Q_2=105$ 千克。

$TR_1=P_1\cdot Q_1=5\times100=500$（元）
$TR_2=P_2\cdot Q_2=4.5\times105=472.5$（元）
$TR_2-TR_1=472.5-500=-27.5$（元）

电视机富有弹性，大米缺乏弹性，打折后，收入的反应情况是相反的，即电视机打折后实现了销售收入的增长，而大米降价后没有实现销售收入的增长，反而下降。从而得出结论，富有弹性的商品，商家可以采取降价的策略，薄利多销，总收入提高，但是绝不能采取提价的策略，因为提价后销量会下降得更多，总收入反而下降。而缺乏弹性的商品，很难实现薄利多销。

（说明：这里 P_1、Q_1、TR_1 分别代表打折前的商品价格、销售量、销售收入；P_2、Q_2、TR_2 分别代表打折后的价格、销售量、销售收入。）

▶ 案例 4-1-2

"薄利多销"与"谷贱伤农"背后的经济学

"薄利多销"和"谷贱伤农"，这两种经济现象的背后究竟是什么呢？它们是在商家利用调节价格杠杆来牟取利益的过程中形成的结果。但现实生活中，我们往往会遇到"薄利"并没有"多销"，从而导致了"谷贱伤农"的事。我们通常用总利润与需求价格弹性来解释这种现象。

薄利多销，顾名思义就是以降低价格的方式来吸引顾客，从而提高销量，使总利润增加。但是这必须基于该商品的需求弹性较大，否则销售量增大的效应就会被价格下降抵消，当价格低于成本时，商家甚至会亏本，也就是"谷贱伤农"。还有一种情况，就是当供大于求时，商品就会滞销，商家为了牟取最大利润不得不以低价出售商品而造成亏损甚至血本无归。举个例子，衣服降价时会有大批人去抢购，而皮带打折时却往往无人问津。这是因为衣服的需求弹性较大，人们可以挑选不同款式不同风格的衣服，而且买多一件和买少一件也无所谓。

而皮带一般只需要一两条，款式上也没什么变化，在价格上再怎么变化，销售量也不会有太大起伏。

此外，生活中消费者们往往会有"一分价钱一分货"这种心态，价格也不是消费者选择商品的唯一因素。所以，在生活中，商家更应该根据商品的实际情况来考虑应不应该采用薄利多销的手段，不要再出现"谷贱伤农"的闹剧。

为什么有的商品是有弹性的，而有的商品缺乏弹性呢？

出现弹性各异的商品显然是由于每种商品自身的特点，我们就要结合前面模块中学习的关于商品需求的影响要素，结合本模块的案例来剖析、提炼出相关的因素。

国家为了不伤害到农民的利益，一直在研究并探索各种举措，合理定价、稳定市场、保护农民。《中华人民共和国农业法》致力于维护农民和农业生产经营组织的合法权益，增加农民收入，促进农业和农村经济的持续、稳定、健康发展。同时，国家粮食和物资储备局每年深入做好粮食收购工作，切实保护好种粮农民利益。这些都深刻体现了国家对于人民利益的高度重视。

影响需求价格弹性的因素

一、消费者对商品的偏好或依赖程度

一般来说，消费者对生活必需品的需求强度大且稳定，受价格变化的影响小，即使生活必需品价格上涨也难以降低需求，属于缺乏弹性的商品。例如，生病时所用到的药品，野外生存所需要的食物等。

对于奢侈品的需要量会随着价格变动波动较大，比如价格下降，需求量就会显著增加，需求弹性较大；比如生活中的一些娱乐或者休闲、国外旅游等需求强度小，如果缺少这样的消费，对于原本的生活也不会产生太大的影响,其受价格变化的影响较大,属于富有弹性的商品。

二、商品可替代程度

如果一种商品有许多替代品,那么这种商品的需求价格弹性就较大,因为价格上涨时,消费者就会去购买其他替代品,该商品的购买量就会大量减少,表现为价格需求弹性较大;反之,则价格需求弹性较小。

例如,人们生活中所必需的燃气、电话、电力供应等,从电器的角度来说,电灯可以使用蜡烛来替代,但是从动力来源来说,人们在生活中并没有有效的替代品,所以说这些商品的弹性系数较小。如果一些商品或者服务在生活中能够寻找到良好的替代品,那么可以称其弹性系数较大。如凉茶饮料王老吉就存在着同类的替代品加多宝。统一方便面同样也可以由康师傅作为有效的替代方案,统一方便面的价格升高时,消费者很快就会转向购买康师傅方便面。另外,如果生活中的商品存在着替代品,其替代程度的大小也会影响价格需求弹性的大小。在上面的例子中,电灯和蜡烛有着可替代性,但是替代的程度并不大;加多宝饮料和王老吉饮料之间的替代程度就非常大,甚至一些消费者在不知道两者包装的情况下,凭借自己的味觉很难判断出两种饮料的区别。再比如,飞机票涨价了,人们外出旅行就有可能改乘火车或者汽车了,不同的交通出行方式之间也具有很强的替代性。

三、商品的耐用性及其占消费总支出的比重

通常,耐用消费品如住房、汽车等的价格较高,占消费支出的比重较大,因此它们的需求价格弹性较大;而日用消费品的价格较低,占消费支出的比重较小,它们的需求价格弹性较小。

例如,女性在化妆过程中使用的化妆棉,原价格为2元一包,现在涨到了5元一包,女性消费者使用化妆棉的频率很稳定,并且价格占据收入的比例也很小,基本不会有太大的变化。再比如,生活中的调味品,即使价格发生了较大的变化,但是由于其使用稳定性很强,在收入中的支出比例也不高。

一般来说,比重大的商品需求价格弹性大,比重小的商品需求价格弹性小,比如,一个家庭不会因为圆珠笔涨价而少买或者不买。

四、商品用途

如果一种商品的用途很广,当它的价格下降时,消费者就会想方设法地从多方面利用它,因而对它的购买量就会显著增加,表现为需求价格弹性较大。而如果消费者在短时间内很难快速找到合适的替代商品,进行相应的调整也非常困难,这时需求价格弹性就比较小。

比如石油价格,有经济学家估算汽油的需求价格弹性系数在短期内约为0.2,也就是说,

如果在短期内石油价格上涨了1%，那么汽油的需求量则下降0.2%。但是从长期的角度来说，汽油的需求价格弹性系数则为0.7。出现这种结果的主要原因是消费者在短期内汽油价格上涨的情况下仍然会保留汽车，只是在使用量上会略有减少。然而在长期实践中石油价格一直居高不下，人们可能会将自己的汽车换成相对省油的汽车，在取暖的燃料上也会寻求新的材料，放弃原有的燃油方式，这样就最终表现为需求价格弹性系数的增大。再如，羊毛有多种用途，可以成为毛纺厂、羊毛衫厂、地毯厂等厂家的原材料，一旦羊毛价格下降，那么这些厂家一定会同时增加进货，从而使羊毛的需求量大大增加。

影响需求价格弹性的因素如图4-6所示。

消费者对商品的偏好或依赖程度	必需品，弹性小；奢侈品，弹性大。
商品可替代程度	替代品多，弹性大；替代品少，弹性小。
商品的耐用性及其占消费总支出的比重	比重大，弹性大；比重小，弹性小。
商品用途	通用品，弹性大；专用品，弹性小。

图4-6　影响需求价格弹性的因素

知识链接

需求的收入弹性与交叉弹性

除商品自身的价格外，消费者的收入水平以及相关商品的价格也是影响商品需求的重要因素。需求的收入弹性研究商品的需求量变动与消费者收入变动之间的关系；需求的交叉弹性研究商品的需求量变动与相关商品价格变动之间的关系。

1. 需求的收入弹性

需求的收入弹性，通常简称为收入弹性，表示在一定时期中，消费者对某种商品需求量的变动相对于消费者收入量变动的反应程度，是商品需求量变动的比率与消费者收入变动的比率之比。需求的收入弹性分类情况见表4-2。公式为

需求的收入弹性

$$E_\mathrm{m} = \frac{\Delta Q}{\Delta I} \cdot \frac{I}{Q}$$

表 4-2　需求的收入弹性分类情况

需求收入弹性系数	类　　型	示　　例
$E_m<0$	需求的收入负弹性	公共交通
$E_m=0$	需求的收入无弹性	食盐
$E_m<1$	需求的收入缺乏弹性	生活必需品
$E_m=1$	需求的收入单位弹性	衣服
$E_m>1$	需求的收入富有弹性	高档消费品、奢侈品

2. 需求的交叉弹性

需求交叉弹性

需求的交叉弹性是需求的交叉价格弹性的简称，指在一定时期内，一种商品的需求量对其替代品或互补品价格变动的反应程度，是一种商品的需求量变动比率与相关商品价格变动比率之比。公式为

$$E_c = \frac{\Delta Q_x}{\Delta P_y} \cdot \frac{P_y}{Q_x}$$

替代品：一种物品价格上涨引起另一种物品需求增加。

互补品：一种物品价格上涨引起另一种物品需求减少。

需求的交叉弹性有以下三种类型。

$E_c>0$，X 与 Y 两种产品间有替代关系。

例如：腾讯视频与爱奇艺，腾讯视频价格的上升引起爱奇艺消费量的增加。

$E_c<0$，X 与 Y 两种产品间有互补关系。

例如：汽车与汽油，汽油价格的上升将引起汽车消费量的减少。

$E_c=0$，X 与 Y 两种产品无关系。

例如：汽车和爱奇艺既不属于替代品，也不属于互补品，两者任何一个价格发生变化，对另外一个不会产生什么影响。

交叉弹性的分类如图 4-7 所示。

🔍 **交叉弹性的分类**

交叉弹性	$E_c>0$	$E_c<0$	$E_c=0$
商品关系	替代品	互补品	独立品

图 4-7　交叉弹性的分类

任务二 明智的企业——供给弹性

案例 4-2-1

企业转产口罩合理吗？

2020 年的春节，让大家意想不到的是口罩居然成了最抢手的年货，突发的新冠病毒感染疫情使普通一次性口罩的售价从 0.5 元/个涨到 5 元/个，N95 口罩也从 3 元/个涨到 40 元/个，口罩被抢购一空甚至在药店一度断货。除口罩极度短缺外，熔喷布作为口罩的重要原料，其供给也告急。熔喷布的市场价从疫情前的 1.8 万元/吨涨到 40 万元/吨，历经仅仅两个月价格翻了 20 多倍。口罩成了急需品后，原来在口罩或相关产业链亏损的企业也扭亏为盈，有了新的发展，如熔喷布生产企业丽洋新材；原来盈利的企业更加有利可图，扩大生产，如奥美医疗、迈瑞医疗、道恩股份等。为了应对疫情带来的经济下行，同时响应国家的号召，众多企业将自身资源转为生产口罩。

企业做出转产口罩的决策是怎么决定的？转产口罩对于哪些企业是明智的选择呢？

相信明智的企业会考虑口罩转产的成本是否适合。如果是口罩相关行业的企业，由于设备、厂房、工人、技术等现有条件较充分，应当能够较快地转产、投产产出，因此对于这样的企业而言，生产的周期比较短。但是，对于那些与口罩行业相关度不强甚至没有关系的企业或者行业，其转产的成本显然比较大，进而生产周期就会长，从而不适合转产。同学们觉得呢？

有爱又暖心，盘点疫情防控下"跨界"口罩的良心企业

2020 年春节，面对不速之客"新型冠状病毒"，防护非常关键。最直接的防护物品，非口罩莫属。于是，口罩刹那间成为国内最急缺的物品，爱到深处，口罩也可以跨界，在这种特殊时期，很多企业把中华民族这种伟大的爱表现出来，负重前行，为国人解决燃眉之急。跨界生产口罩，这真的是暖心之举，而且到后来，基本是360行，行行都可以跨界生产口罩，超过3 500家企业跨界生产口罩，覆盖各行各业。

细数几家跨界生产口罩的良心企业。五菱汽车（以下简称五菱），大家对它的深刻印象就是神车，尤其是其五菱宏光，被称为秋名山车神。这次疫情，为满足民众刚需，五菱出其不意地生产起了口罩。为了进一步扩充口罩产能，五菱决定自建口罩生产线，并协调各方面资源进行项目筹备。筹备原料、筹备设备，五菱用三天时间就成功造出10万只口罩，这速度对于一个与口罩毫不相干的企业来说，已经是非常之快了。

五菱造口罩，在情怀上也做得尽如人意了。在口罩包装上，赫然印着"人民需要什么，五菱就造什么！"的文案，如此一个有社会责任感和社会担当的企业，它不再是车神，是实实在在活在国人心中的爱神。真的，对五菱，又爱了。

比亚迪2月8日就对外宣布生产口罩供国人使用，为当前疫情防控工作提供有力支撑。得益于比亚迪公司拥有专业的装备研发和技术团队，且拥有长期合作、稳定的上游原料资源，因此在原材料、生产技术准备方面有很大优势，口罩产能可达500万只/天。

中国石化，一则"我有熔喷布，谁有口罩机？"的消息，引来一天内超过1 000万的阅读量和2.7万次的转发，在与相关厂商进行对接后，中国石化开启了口罩的生产。

硬核抗疫力量，传递品牌温暖。不管是卖石油的、卖车的、卖手机的，还是卖衣服的，在国难当头，他们纷纷站出来主动承担一份社会责任，组成了一支强大的硬核抗疫力量，这证明国之品牌都是有爱且更有良心的。都是祖国的一分子，这份奉献是会被历史铭记的！众多企业纷纷跨界转型做口罩，向祖国传递品牌的温暖，这些做法在无形之中，也向大众传递和展示了品牌的实力以及重要的社会价值。这些中国的好企业，这份难得的精神，值得国人为之点赞。

知识百宝箱

明智的商家——实用的供给价格弹性

一、供给价格弹性

供给价格弹性是一个商品的供给量对价格变化做出的反应程度，简称供给弹性。如果产品供应量对价格的反应迅速，则供给弹性较高。反之，无论价格是否变化，供给量都几乎不变的产品，则供给弹性较低。

供给价格弹性（E_s）是供给量变动的百分比与价格变动的百分比之比，可用公式表示为

$$供给价格弹性 = \frac{供给量变动的百分比}{价格变动的百分比}$$

$$E_s = \frac{\Delta Q/Q}{\Delta P/P} = \frac{\Delta Q}{\Delta P} \cdot \frac{P}{Q}$$

因为商品供给量与价格一般按同方向变动,所以供给价格弹性一般为正值。

二、商品供给弹性的类型和图示

和需求弹性一样,不同商品有不同的供给弹性。通常会有以下五种类型。

第一种,供给完全无弹性,即 $E_s=0$。它表示无论价格怎样变化,供给量都不变,在供给曲线图中表现为一条与纵轴平行的垂直线,生活中那些极其稀缺的无法复制、不能再生的艺术品等都属于这种类型,如图4-8所示。

第二种,供给完全有弹性,即 $E_s=\infty$。就是供给无穷大,在图形中表现为一条与横轴平行的水平线,表示在某一既定价格水平下,供给量是无限的。在生活中一般只有在商品严重过剩时才可能会出现,如图4-9所示。

第三种,供给单位弹性,即 $E_s=1$。也就是供给与价格发生同一比率变动,如图4-10所示。

第四种,供给缺乏弹性,即 $0<E_s<1$。在图中可以看到这种比较陡峭的曲线形状,它表示供给量变动的比率小于价格变动的比率,通常像重工业品和农产品都是这种缺乏弹性的商品,如图4-11所示。

第五种,供给富有弹性,即 $1<E_s<\infty$。和第四种情况相反,曲线形状比较平缓,供给量变动的敏感性较大,像食品、服装等轻工业品就相对富有弹性,如图4-12所示。

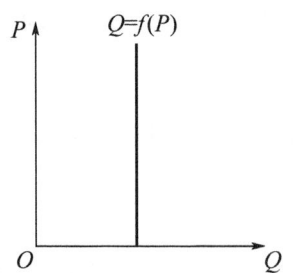
图4-8 供给完全无弹性

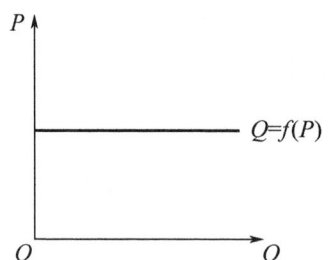
图4-9 供给完全有弹性

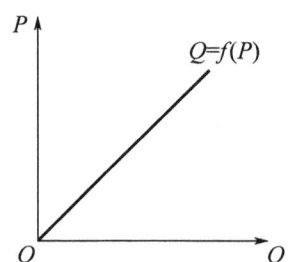
图4-10 供给单位弹性

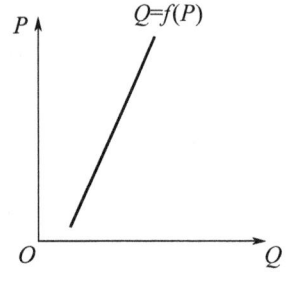
图4-11 供给缺乏弹性

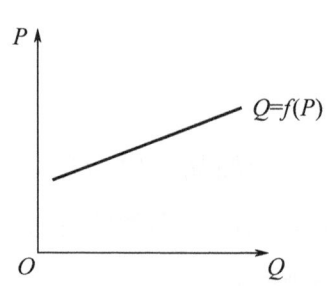
图4-12 供给富有弹性

供给价格弹性分类情况见表 4-3。

表 4-3 供给价格弹性分类情况

供给价格弹性	类 型	示 例
$E_s=0$	供给完全无弹性	珍贵艺术品、古董
$0<E_s<1$	供给缺乏弹性	农产品
$E_s=1$	供给单位弹性	无
$1<E_s<\infty$	供给富有弹性	轻工业品
$E_s=\infty$	供给完全有弹性	无

三、供给价格弹性的计算与应用

算一算

某商品价格由 4 元上涨为 5 元，供给量由 90 件增加为 100 件，求该商品的供给价格弹性。

$$E_s = \frac{(100-90)/90}{(5-4)/4} \approx \frac{0.11}{0.25} = 0.44$$

本题中商品的供给价格弹性为 0.44，表明该商品价格增加 1%，对该商品的供给量增加 0.44%。

供给价格弹性的计算与需求价格弹性的计算相似，也可以有弧弹性或者点弹性的计算。

用一用

分析为什么石油输出国组织不能保持石油的高价格？

在短期中，石油的供给和需求都是较为缺乏弹性的。供给缺乏弹性是因为已知的石油贮藏量和石油开采能力不能迅速改变；需求缺乏弹性是因为购买习惯不会立即对价格变动做出反应。在长期中，石油输出国组织以外的石油生产者对高价格的反应是增加石油勘探并建立新的开采能力；消费者的反应是更为节俭，例如，用新型节油车代替老式耗油的汽车。因此，长期供给和需求曲线都更富有弹性。

当石油输出国组织各国一致同意减少石油生产时，尽管每个成员国销售的石油少了，但短期内价格上涨如此之高，以至石油输出国组织的收入增加了。与此相比，在长期中，当供给和需求较为富有弹性时，供给减少只引起价格小幅度上涨。因此，这证明了石油输出国组织共同减少供给在长期中并无利可图。

四、供给价格弹性的影响因素

不同的商品会有不同的供给价格弹性，企业在发生价格变化时，通常会依据不同商品的弹性差异来决策自己的供给量。如同前面案例中,有的企业转产口罩,而有的企业考虑到自己的情况,发现口罩的供给价格弹性并不大,他们通常会考虑以下几个因素。

第一,生产周期的长短。

比如口罩相关企业,在短期中,可以在原有相关生产设备或者材料的基础上,很快转产,周期短,那么在他们看来,供给价格弹性就大于1,可以很快转产。对于那些和口罩生产完全无关的企业想要转产,从引进设备到材料采购等,生产周期至少要超过30天甚至更多,他们就会判断供给价格弹性小于1,因为转产周期长。因此,周期长短决定了供给价格弹性的大小。

第二,生产的难易程度。

容易生产的肯定供给价格弹性大,反之供给价格弹性小。比如,猪肉价格飞涨,但是为何不能很快地提高供给?因为猪经过一段时间才能长大,就算立即扩大养殖规模,生猪出栏数也不会马上增加,所以猪肉的供给价格弹性E_s不是很高。

第三,生产要素的供给情况。

生产要素就是生产材料的提供,显然和最终的生产供给价格弹性是同向的。

第四,生产所采用的技术类型。

一些资本密集型技术和劳动密集型技术的产品,显然变动不同,前者规模一旦确定,不容易变化,供给价格弹性就比较小,但是后者就大一些。

模块五

消费背后的学问

学习目标

◎ **知识目标：**

理解效用、总效用和边际效用的关系、偏好、消费者均衡、消费者剩余，掌握边际效用递减规律。

◎ **能力目标：**

能够描述、解释和分析消费现象；

能够绘制边际效用曲线、总效用曲线、预算线和无差异曲线；

能够运用边际效用分析方法和无差异曲线分析方法分析消费者均衡。

◎ **素养目标：**

关心生活中的消费行为，学会理性消费，倡导创新精神。

故事导入

古时候一位楚国人有一颗漂亮的珍珠，为了卖个好价钱，他便动脑筋要将珍珠好好包装。他请手艺高超的匠人，用名贵的木材为珍珠制作了一个精美无比的盒子

（椟），精雕细刻，简直是一件精致、美观的工艺品。

楚国人将珍珠小心翼翼地放进盒子里，拿到市场上出售。一个郑国人爱不释手，出高价买了下来。郑国人交过钱后，便拿着盒子往回走，可没过多久又返回来。只见郑国人打开盒子，把珍珠取出来交给楚国人说："先生，您将一颗珍珠放在盒子里了，我特意回来还珠子的。"于是郑人将珍珠交给了楚国人，然后低着头一边欣赏着木盒子，一边走远。

楚国人拿着被退回的珍珠，十分尴尬。他原本以为别人会欣赏他的珍珠，可是没想到精美的外包装"喧宾夺主"，令楚国人哭笑不得。

在美轮美奂的盒子和价值连城的珍珠之间，你更倾心哪一样？为什么在郑国人眼中盒子对他的吸引力和满足感更大呢？通过这个故事，你能得到什么经济学的启示呢？

通过学习本模块的知识，你会对消费者行为理论有初步了解，让我们换个视角审视故事中楚国人"买椟还珠"的心理和行为。

任务一　为什么"第一口最香"——基数效用论

▶ 案例 5-1-1

幸福是什么？

1970年，诺贝尔经济学奖得主萨缪尔森提出了"幸福方程式"：幸福=效用/欲望。简单地说，快乐与效用成正比，与欲望成反比。对于一件事物，如果你的欲望或者预期越低，越容易带给你超乎预期的快乐。同样，如果你对该事物的评价越高，它带给你的快乐也越大。

如果人的欲望是既定的，效用越大就会越幸福。效用要消费物品或劳务才能得到，消费物品与劳务要有收入，从这种观点出发，没钱绝对不幸福，但有钱并不一定幸福。如果人的效用是既定的，那么，欲望越大，人越不幸福。如果欲望无限大，有多大的效用也不幸福。幸福是人的一种感觉，一个人幸福还是不幸福完全取决于个人的主观感觉。人的感觉往往与用以比较的参照物有关。因此，幸福是相对的，和谁比反映了一个人欲望的大小。

 **案例思考**

1. 举例描述你感受或体验到幸福的事例。
2. 从幸福方程式来看，提升幸福度有哪些方法？
3. 你如何看待幸福与效用及欲望之间的关系？

 **思路点拨**

"花钱买开心"这样的说法大家肯定听说过，我们几乎每天都在消费、购物，如果买到令你满意的商品你心里是什么感觉呢？如果商品令你不满意，又会有怎样的感觉呢？你能通过具体的事例说明你的这些感觉吗？

在经济学中，效用被用来描述消费某种商品消费者体验到的愉悦感，比如，口渴时喝下一杯饮料，寒冷时生起一堆篝火，你心里是否升起幸福感？相反，当你从商品中所获得的满足感与预期有差距，往往带来相反的感觉。比如，你本以为很甜的苹果，咬一口却索然无味或酸掉大牙，你往往感觉很糟糕，甚至影响你的幸福体验。

 **思政渗透**

实际上欲望是把双刃剑，有欲望才有奋斗和努力的动力，追求更美好的生活和更大的效用，提高幸福感。另外，欲望膨胀为对物质、名利的贪婪，则可能造成急功近利。因此在工作中，守初心、担使命，磨砺意志品质，遏制无穷的欲望，是实现成功和体验幸福的重要前提。

请大家围绕"我的幸福是什么"开展主题演讲，探讨幸福、效用、欲望之间的关系。

 **知识百宝箱**

通过本案例的学习，了解和掌握**效用**这个概念。

欲望是指消费者主观心理上的一种缺乏的感觉和求得满足的愿望。欲望是研究消费者行为的出发点，是推动消费者购买商品、获得效用的根本动力。

效用（Utility，U）是指消费者消费商品时感受到的满足程度，也指商品能够满足人们某种欲望的特性。

对消费者而言，一种商品是否具有效用，取决于消费者是否有消费这种商品的欲望以及这种商品是否具备满足消费者欲望的能力。消费者消费商品的欲望越大且通过消费该商品获得的满足感越多，该商品的效用就越大，反之则反。当消费者消费商品时感受到的是不愉快，那么消费者获得的是负效用。

▶ 案例 5-1-2

最好吃的东西

兔子和猫争论世界上什么东西最好吃。兔子说："世界上萝卜最好吃。萝卜又甜又脆又解渴，我一想起萝卜就要流口水。"

猫不同意，说："世界上最好吃的东西是老鼠。老鼠的肉非常嫩，嚼起来又松又软，味道美极了！"

兔子和猫争论不休，相持不下，于是跑去请猴子评理。

猴子听了，不由得大笑起来："瞧你们这两个傻瓜蛋，连这点儿常识都不懂。世界上最好吃的东西是什么？是桃子！桃子不但美味可口，而且长得漂亮。我每天做梦都梦见吃桃子。"

兔子和猫听了，全都直摇头。那么，世界上到底什么东西最好吃？

▶ 案例 5-1-3

愚蠢的地主

从前，某地闹起了水灾，洪水吞没了土地和房屋。人们纷纷爬上了山顶和大树，想要逃脱这场灾难。

在一棵大树上，地主和长工聚集到一起。地主紧紧地抱着一盒金子，警惕地注视着长工的一举一动，害怕长工趁机把金子抢走。长工则提着一篮玉米面饼，呆呆地看着滔滔大水。除了这篮玉米面饼，长工已一无所有了。

几天过去了，四处仍旧是白茫茫一片。长工饿了就吃几口饼，地主饿了却只能看着金子发呆。地主舍不得用金子去换饼，长工也不愿白白地把饼送给地主。

又几天过去了，大水慢慢地退走了。长工高兴地爬到树下，地主却静静地躺着，永远留在大树上了。

1. 你认为最好吃的东西是什么？大家的答案是否一致呢？

2. 为什么值钱的金子在洪灾中反而没有效用了呢?
3. 请根据以上案例，自行总结效用的特点。

思路点拨

要想回答以上问题，我们还需要进行以下思考：

同一物品在同一时间、地点对于不同的人是否有同样的效用呢？

同一物品在不同时间、地点对于相同的人是否有同样的效用呢？

若消费某种商品有违伦理道德，该商品对于消费者是否就肯定没有效用呢？

知识百宝箱

一、效用

效用是和人的欲望联系在一起的概念，因此，和欲望一样，效用也是一种主观心理感觉。

二、效用的特点

1. 效用具有主观性

某一种商品的效用大小取决于消费者在消费该商品时的主观感受，同一物品对不同人而言可能带来不同的效用。例如，一碗香气扑鼻的热面条对于饥肠辘辘的人效用很大，然而对于酒足饭饱的人就没有效用，甚至会产生负效用。

效用的特点

2. 效用具有相对性

对于同一个人来说，同样的一种商品在不同时间、不同地点、不同场合下可能产生不同的效用。例如，一条漂亮的围巾，对于爱美的女孩子在寒冷的冬天效用很大，然而在炎热的夏天同一条围巾却毫无效用，甚至效用为负。

3. 效用是中性的，与伦理无关

效用的概念本身和伦理无关，没有褒贬之分。

▶ 案例 5-1-4

愚人吃饼

一个饥肠辘辘的人去饼摊买饼吃。他买了一个饼，狼吞虎咽地吃了之后，还是感觉非常饿。于是，他又吃了第二个、第三个……就这样，他一连吃了五个饼，还是感觉没有吃饱。他又买了第六个饼，刚吃一半，就感觉自己已经非常饱了。

此时，他的心中万分懊悔，使劲地用手打着嘴巴说："我为何如此不懂得节约！若是早知道半个就可以吃饱，那么我只要半个就可以了，前面五个饼岂不是白吃了吗？"

1. 你认为到底是哪个饼让这个人感觉吃饱的？
2. 这个人混淆了哪两个概念呢？

请你体会并描述每个饼带来的满足感，前面五个饼对于这个饥饿的人是否具有效用呢？什么时候他感觉吃饱的呢？你认为他感觉吃饱是由于吃下的最后半个饼，还是前面的某一个饼，还是别的原因？为什么他会闹这个笑话？

知识百宝箱

效用的度量

通过本案例的学习，掌握**总效用**和**边际效用**的概念。

基数效用论认为，效用可以用基数 1、2、3……具体数字计量，并且可以加总求和。例如，吃一个汉堡，感到很舒服，效用评价为 5 个效用单位；再喝一杯可乐，感觉还好，效用评价为 3 个效用单位。因此，吃一个汉堡的效用大于喝一杯可乐。

总效用（Total Utility，TU）指消费者在一定时间内从一定数量的商品消费中得到的总的满足程度。总效用的大小取决于消费商品数量的多少，在上面的例子中，同时消费一个汉堡和一杯可乐得到的总效用就是 8 个效用单位。

边际效用（Marginal Utility，MU）指在一定时期内消费者每增加一个单位的商品所增加的满足程度，即每增加或减少一个单位的某商品的消费量所引起的总效用的变化量。接着上面的例子，吃下第一个汉堡的效用，就是汉堡量从 0 增加到 1，总效用从 0 个效用单位增加到 5 个效用单位，这个总效用的增量就是边际效用。

案例 5-1-5

橘子的边际效用

小张连续吃橘子,吃下第一个感觉最好,第二个其次,依次类推,如果当他吃够了再让他吃则会感到难受。小张吃完每个橘子的评价分值就对应橘子的边际效用,橘子的总效用与边际效用见表 5-1。

通过边际效用加总计算可以得出总效用,仔细观察,总结两者之间的变化关系。

表 5-1 橘子的总效用与边际效用

橘子的消费量	单个分值(边际效用)	总分值(总效用)
1	8	8
2	6	14
3	4	18
4	2	20
5	0	20
6	−2	18

1. 小张是如何评价吃第一个橘子到吃第六个橘子的感受的呢?
2. 请考虑小张最多买几个橘子?为什么?不想吃的经济学含义是什么?
3. 请你总结边际效用的变化规律,那么总效用的变化又存在怎样的规律呢?

实际上,在表 5-1 中对橘子的赋值打分就是每一个橘子给消费者带来的满足程度,也就是每一个橘子的边际效用的量化体现。从中不难发现,从第一个橘子到第六个橘子对应的边际效用值变化是具有规律的,这一情况普遍适用于一切商品的消费。

想一想,一起讨论分享你在生活中的类似经历吧!

为什么第一口最好吃——
边际效用递减规律

一、边际效用递减规律

边际效用递减规律是指在其他条件不变的情况下,消费者在一定时期内连续消费某种商品时所获得的总效用会相应增加，但却以越来越小的比例增加，也就是说消费量带来的效用增量，随着消费量的不断增加而不断减少。

二、总效用曲线和边际效用曲线

根据上面小张吃橘子的例子，可以做出总效用和边际效用的曲线图，从而更加直观地观察边际效用递减规律，以及边际效用与总效用之间的变化关系。如图 5-1 所示，横轴代表橘子的消费量，纵轴代表消费橘子的总效用，TU 为总效用曲线，虽然总效用开始随着消费量的增加而增加，但是以递减的速度增加，从而显示了边际效用的递减。如图 5-2 所示，横轴代表橘子的消费量，纵轴代表消费橘子的边际效用，MU 为边际效用曲线，边际效用下降。

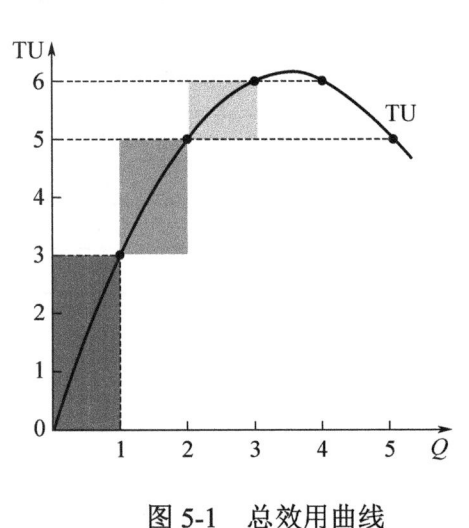

图 5-1　总效用曲线　　　　图 5-2　边际效用曲线

因此，当将总效用曲线和边际效用曲线放在同一张图中，如图 5-3 所示，连接 PP′点，当 MU>0 时，TU 增加，增速放缓；当 MU<0 时，TU 减少；当 MU=0 时，TU 达到最大值。不难看出，当边际效用为正数时，总效用增加；当边际效用为零时，总效用不变；当边际效用为负数时，总效用减少。

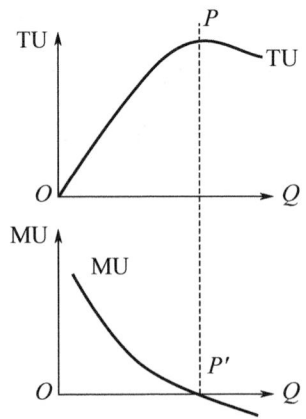

图 5-3　总效用曲线和边际效用曲线的关系

消费背后的学问 模块五

任务二　把钱花在刀刃上——序数效用论

案例 5-2-1

谁的效用大？

一对夫妇准备购置下周去新疆旅游的物品，在采购物品的过程中两人对购买零食和 CD 碟片产生了不同看法，喜欢吃零食的女士认为，这次旅行的交通工具是火车，当火车在大西北黄土高原或大沙漠中行驶时，嘴里一边含着话梅，一边眺望车外的风景，这滋味……若买 CD 碟片又要带上 CD 播放机，太麻烦了。而喜欢音乐的男士则提出另外的看法，因为旅途中的时间较长，带一些流行音乐（或歌曲）的 CD 碟片，可以消磨旅途中的时间，并且法国流行歌曲和大西北的风景融合在一起，其效果那真是……新疆有的是水果，到时你吃都吃不过来，还是 CD 碟片的效用较大。

案例思考

1. 你认为这对夫妇在购买零食和 CD 碟片上产生的分歧体现在哪里呢？
2. 案例中这对夫妇决定购买零食还是 CD 碟片采用的比较方法与基数效用论效用大小比较方法有哪些不同？

思路点拨

在生活中，我们往往并不关注不同商品带给我们的不同满足程度到底是多少，而是根据喜好程度对选择商品的优先程度加以排序。

这对夫妇之所以产生分歧是因为他们各自对于零食和 CD 碟片在旅行途中发挥效用的判断不同，导致他们对零食和 CD 碟片的偏好和厌恶程度有所不同，但是在这里他们比较两者效用大小的方法和前面所学基数效用论是不同的。

知识百宝箱

一、偏好

序数效用论认为，效用是一种心理感受，只能用序数（第一、第二……）来表示，并且只能比较不能相加。例如，肚子饿了，吃一个汉堡感觉好，喝一杯可乐感觉一般，因而两者比较，吃一个汉堡的效用大于喝一杯可乐的效用，吃汉堡的效用排在第一，喝可乐的效用排在第二。

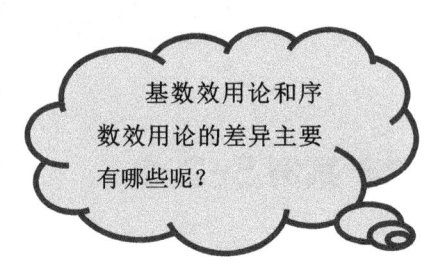

消费偏好是指消费者对不同商品及其组合的爱好胜于其他商品，也就是对商品及其组合的喜好程度。偏好程度的差异决定了不同商品组合效用的大小排序。如果消费者对两种消费品组合的偏好程度相同，则说明这两个组合的效用水平是无差异的，通常用无差异曲线来表示。

二、偏好的基本假设

消费者偏好具有三个基本假设。

1. 可比性

消费者对任何两件商品 A 和 B 都可以做出效用大小的比较结论：$A>B$、$A<B$ 或者 $A=B$。比如，消费者可以在橘子和苹果之间比较出更偏好哪一个，要么更喜欢吃橘子，要么更喜欢吃苹果，要么一样喜欢或一样不喜欢。

2. 传递性

如果商品 $A>B$，$B>C$，那么一定有 $A>C$。假设有三种水果：橘子、苹果和西瓜，如果某消费者喜欢橘子胜过苹果，而在苹果和西瓜中更喜欢苹果，那么根据传递性可以得出该消费者在橘子和西瓜的比较中会更偏好橘子。

3. 不饱和性

不饱和性即"多比少好"原则，如果商品 A 和 B 的区别仅在于数量不同，那么消费者总是偏好数量较多的商品。例如，商场将同样品牌、同样口味的方便面按相同价格促销，一种是 200 克/桶，另一种是 230 克/桶，那么一般理性的消费者会优先选择购买后者。

▶ **案例 5-2-2**

关于过节卡的争论

爸爸端午节发了一张价值 1 000 元的过节卡，可以在十几种不同套餐商品中选择兑换购买，结果全家就此事展开了激烈的讨论。爸爸说过节肯定要吃大餐了，选海鲜礼盒可以享用鲜嫩肥美的海鲜珍品；妈妈说人美心情自然好，当然要选化妆品套装了；姐姐早就心仪一款平衡车，这回正好在选择清单里，当然非它莫属了；弟弟更是个小"吃货"，他说海鲜啥时候都有，粽子一年才吃一回，选粽子礼盒才好。于是，姐姐说要是平衡车再便宜些就好了，还能再多买些别的商品；弟弟说爸爸要是多发几张卡就好了，全家就不必争了。

1. 为什么全家人在过节卡兑换购买什么商品套餐这个问题上产生激烈的讨论？
2. 全家人的购买意愿能否统统满足呢？购买决策需要考虑哪些制约因素呢？

思路点拨

通过对上面案例的分析，同学们应该对偏好这个概念比较了解了吧？偏好和效用一样，也具有主观性，体现消费者对某些商品或组合的心理倾向性。

可选择的商品组合很丰富，但是，能否满足全家所有人的购买需求和意愿呢？想买什么买什么、想买多少买多少现实吗？很显然，想随心所欲地购买是不可能的。那么请你想一想，制约消费者购买，使消费者不得不权衡取舍的因素有哪些呢？

知识百宝箱

一、预算线

预算线又称消费可能线，它表示在消费者的收入和商品价格一定的情况下，消费者的全部收入所能购买的商品的各种组合。

消费者收入对购买的约束是人们需求的最大约束条件，这就是经济学中说的预算约束。购买物品所花的钱既不能大于收入，也不能小于收入。大于收入在收入既定的条件下是无法实现的，小于收入则意味着效用最大化无法实现。

预算线可以表示为：$PX \cdot QX + PY \cdot QY = A$，假设限额1 000元的过节卡只能购买100元/盒的粽子礼盒和200元/盒的海鲜礼盒，纵轴代表海鲜礼盒数量，横轴代表粽子礼盒数量，直线与纵轴交点表明1 000元全买5件海鲜礼盒，与横轴交点意味着1 000元全买10件粽子礼盒。根据以上案例，$PX=100$，$QX=10$，$PY=200$，$QY=5$，$A=1\,000$，可以画出预算线，如图5-4所示。

连接 A、B 两点的直线就是消费者预算线，在预算线上任何一点都代表在收入和价格既定条件下，1 000 元能买到的两种礼盒的任意数量组合。在预算线以外的消费组合超出了消费者的消费能力，代表钱不够花；而预算线以内的消费组合代表钱没花完，但是无法实现效用最大化。

预算线与两条坐标轴围成的三角形决定了可以选择的空间。在不考虑借贷的前提下，消费者不能无限制地选择喜欢的商品，消费者进行选择时考虑的一个限制因素是商品价格，另一个重要因素是收入。

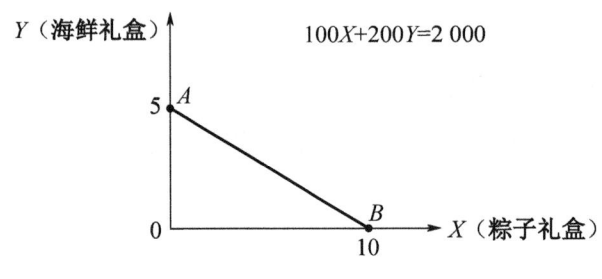

图 5-4　预算线

二、预算线的变动

收入变动和价格变动会引起预算线的变动。

1. 价格不变，收入提高

消费者可购买的商品数量将增加，表现为预算线向右平行移动；反之，向左平行移动。

如图 5-5 所示，当预算由 1 000 元增大到 1 200 元时，在两种商品价格不变的情况下，预算线会向右平行移动。相反，当预算由 1 000 元减小到 800 元时，预算线会向左平行移动。

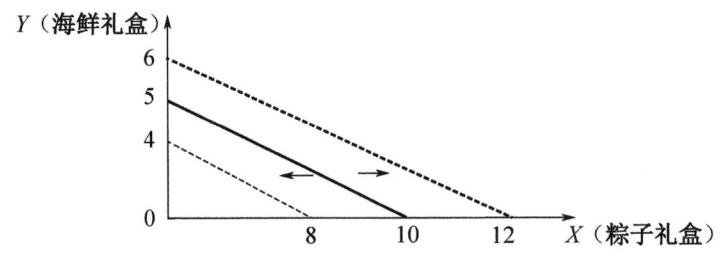

图 5-5　预算线的移动 1

2. 收入不变，只有一种商品价格下降

消费者可购买的商品数量将增加，表现为预算线向外旋转；反之，预算线向内旋转。

如图 5-6 所示，当粽子礼盒价格由 100 元下降到 50 元时，在收入不变、海鲜礼盒价格不变的情况下，预算线会向外旋转；相反，当粽子礼盒价格由 100 元上涨到 200 元时，预算线会向内旋转。

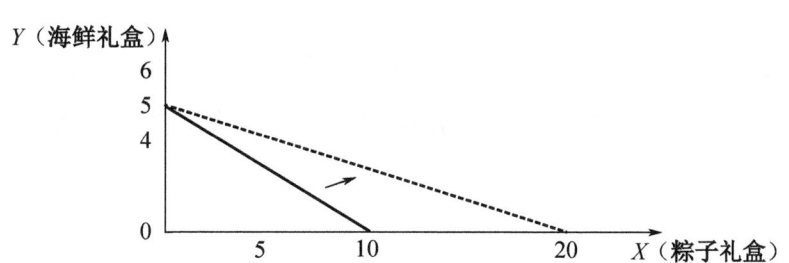

图 5-6　预算线的移动 2

在收入不变、粽子礼盒价格不变的情况下，海鲜礼盒价格下降，预算线会向外旋转；相反，海鲜礼盒价格上涨，预算线会向内旋转，如图 5-7 所示。

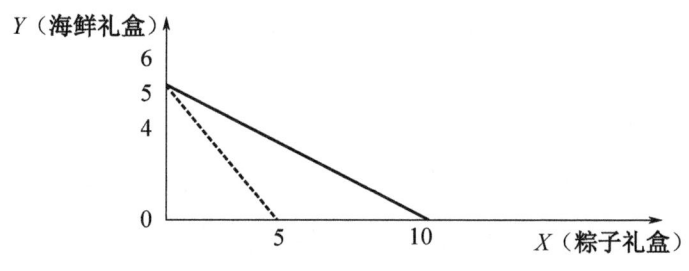

图 5-7　预算线的移动 3

三、无差异曲线

围绕着过节卡全家的讨论还在继续，仅仅购买一种商品太单调了，最后大家一致决定海鲜和粽子都要买，假设这两种礼盒套餐有以下三种组合方式，并且这三种组合方式给大家带来的满足程度或者说效用是完全相同的，海鲜礼盒和粽子礼盒的无差异组合见表 5-2。

表 5-2　海鲜礼盒和粽子礼盒的无差异组合

商品组合	海鲜礼盒	粽子礼盒
a	2	6
b	3	4
c	4	2

消费者做出购买选择不仅取决于预算，还受偏好的影响。如果两种商品组合能为消费者带来同等的效用，或者该组合同样适合某个人的偏好，就说效用在这两种商品之间是无差异的。

无差异表是指对消费者可以产生相同总满足程度（总效用）的两种商品数量的组合一览表。表 5-2 就是无差异表。

无差异曲线又称等效用线，是表示两种商品不同数量组合给消费者带来的效用完全相同的一条曲线。

根据表 5-2 绘图，如图 5-8 所示，横轴 X 代表粽子礼盒的数量，纵轴 Y 代表

无差异曲线

海鲜礼盒的数量，a、b、c 三种组合方式分别用三个点来表示，把这三个点连接起来的平滑曲线就是无差异曲线。线上任意一点粽子礼盒和海鲜礼盒不同数量的组合给消费者带来的效用都是相同的。

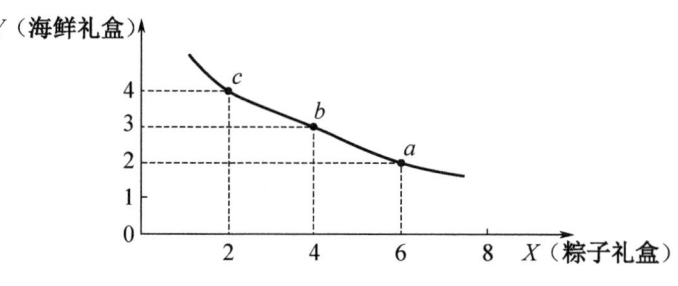

图 5-8 无差异曲线

四、无差异曲线的特征

无差异曲线是一条向右下方倾斜的曲线，其斜率为负值。在收入与价格既定的条件下，消费者为了得到或维持相同的总效用，在增加一种商品的消费时，必须减少另一种商品的消费，两种商品不能同时增加或减少。

同一平面图上可以有无数条无差异曲线，即坐标平面上存在着一组无差异曲线群。同一条无差异曲线代表相同的效用，不同的无差异曲线代表不同的效用。离原点越远的无差异曲线，所代表的效用越大；离原点越近的无差异曲线，所代表的效用越小。

如图 5-9 所示，I_1、I_2、I_3 是三条不同的无差异曲线，它们分别代表不同的效用，其顺序为：$I_1<I_2<I_3$。

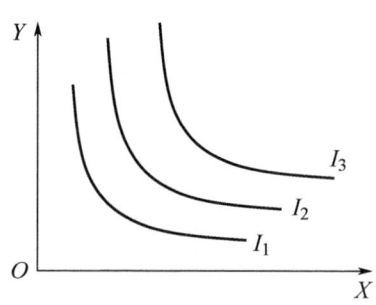

图 5-9 无差异曲线群

同一平面上，任意两条无差异曲线不能相交。这一点可以用反证法来证明。因为在交点上两条无差异曲线代表了相同的效用，与"不同的无差异曲线代表不同的效用"特征相矛盾。

无差异曲线是一条凸向原点的曲线。无差异曲线的斜率是递减的，其曲线也就是凸向原点的。

五、无差异曲线的特殊形状

1. 完全替代品

完全替代品是指两种商品间的替代比例是固定不变的情况，对应的无差异曲线是一条斜率不变且向下倾斜的直线。比如，一张 10 元的人民币纸币和两张 5 元的人民币纸币，你一般愿意用一张 10 元纸币去兑换两张 5 元纸币。完全替代品的无差异曲线如图 5-10 所示。

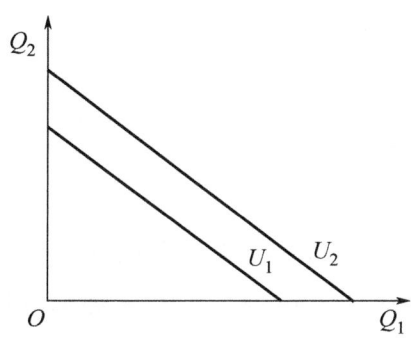

图 5-10 完全替代品的无差异曲线

2. 完全互补品

完全互补品是指两种商品必须按固定不变的比例同时被消费和使用的情况，相应的无差异曲线为直角形状。生活中最典型的例子就是鞋子和袜子，左右脚一定要同时购买。完全互补品的无差异曲线如图 5-11 所示。

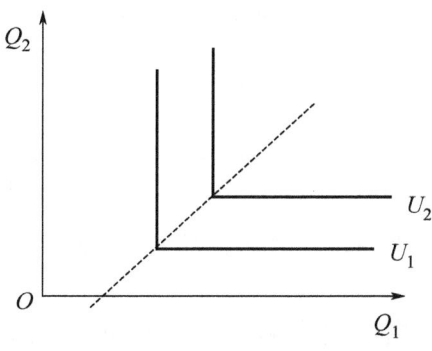

图 5-11 完全互补品的无差异曲线

3. 厌恶品

厌恶品是指消费者不喜欢的商品。假设消费者消费的两种商品，一个是喜欢的，另一个是厌恶的，当消费者要增加对厌恶品的消费时，若要保持偏好不变，必须增加对喜欢品的消费，即对消费者进行补偿。所以厌恶品的无差异曲线在横轴是喜欢品、纵轴是厌恶品的情况下会向右上方倾斜，曲线离横轴越近，总效用越大。厌恶品的无差异曲线如图 5-12 所示。

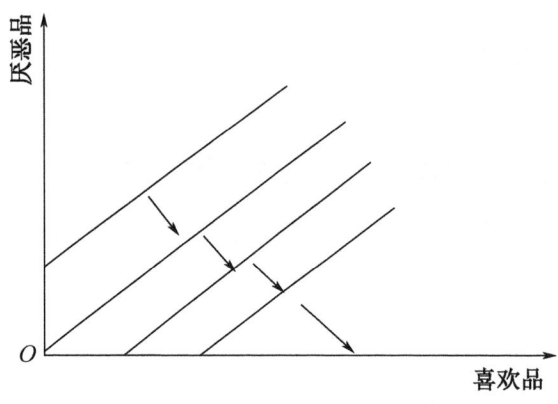

图 5-12 厌恶品的无差异曲线

4. 中性品

中性品是指消费者无论从哪方面说都不在乎的商品。中性品的无差异曲线是垂直于横轴的直线。因为消费者关心的是正常品的数量，正常品越多越好，对中性品的数量不在乎。改变中性品的无差异曲线只能增加正常品的数量。比如，你喜欢吃苹果，但是香蕉你既不喜欢也不讨厌，给你再多的香蕉也不能提高你的满意程度，在这种情况下，香蕉就是中性品。中性品的无差异曲线如图 5-13 所示。

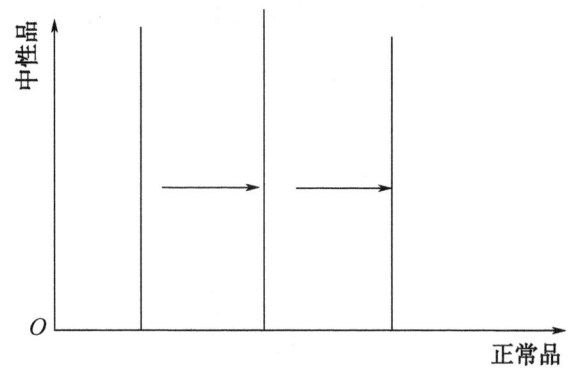

图 5-13 中性品的无差异曲线

请大家讨论以下情况各位消费者对两种商品（横轴代表咖啡，纵轴代表热茶）的无差异曲线形状。

（1）消费者甲认为，在任何情况下，1 杯咖啡和 2 杯热茶都是无差异的。

（2）消费者乙喜欢 1 杯咖啡和 1 杯热茶一起喝，他从来不喜欢单独喝咖啡，或者单独喝热茶。

（3）消费者丙喜欢喝咖啡，但对喝热茶无所谓。他总是喜欢有更多杯的咖啡，而从不在意有多少杯热茶。

六、消费者均衡

消费者选择的基本原则是预算收入正好花光,且在该收入水平下,达到最大的满意程度。

消费者均衡是指在收入有限、价格既定的条件下,消费者购买一定数量的商品或组合所获得的总效用达到最大值的状态。消费者均衡的条件是在给定收入和价格条件下,消费者买进各种商品的边际效用之比等于价格之比,也就是说,消费者花费每一元钱买入各种商品的边际效用都相等。

怎样花钱最划算——消费者均衡

用公式来表示 X、Y 两件商品的消费者均衡条件如下:

$$\frac{MU_x}{P_x} = \frac{MU_y}{P_y} = MU_m$$

消费者均衡原则意味着消费者为了使有限的收入获得最大效用,就必须合理分配每种商品的购买量,避免某种商品买进太多或太少导致边际效用降低或减少,从而导致不能实现最大效用。

如果把无差异曲线与消费可能线结合在一张图中来分析消费者均衡,那么,消费可能线必定与无数条无差异曲线中的一条相切于一点。在这个切点上,就实现了消费者均衡。

还是以海鲜礼盒、粽子礼盒为例,在两条线相切的最优购买点上,消费者会感觉一块钱无论花在海鲜礼盒还是粽子礼盒上,带来的边际效用是相等的,作为一个理性消费者会比较同样的钱在不同商品上所能换回的效用。如果同样的一块钱,花在海鲜礼盒上带来的边际效用大于花在粽子礼盒上带来的边际效用,消费者会增加对海鲜礼盒的消费,减少对粽子礼盒的消费。当他分别花在海鲜礼盒和粽子礼盒上的边际效用不相等时,他心里总会觉得有遗憾,就会不断调整自己的购买行为,直到花在两种商品上的边际效用相等时,他就不再调整了,这个组合就是最优购买点,也就是我们所说的每一分钱都花得"钱有所值""把钱花在刀刃上"。

如图 5-14 所示,I_1、I_2、I_3 为三条无差异曲线,它们效用大小的顺序为 $I_1<I_2<I_3$。AB 为消费可能线。AB 线与 I_2 相切于 E 点,这时实现了消费者均衡。也就是说,在收入与价格既定的条件下,消费者购买 OM 的 X 商品、ON 的 Y 商品,就能获得最大的效用。

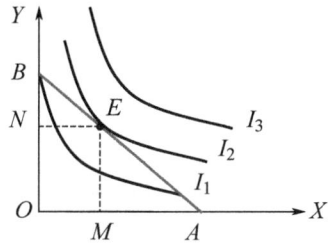

图 5-14 消费者均衡

在 E 点，消费者的收入与其效用无差异曲线相切，意味着这是他所能购买到的最高水平的总效用。更高的效用水平需要更高的收入，所以，该切点就是消费者均衡的点，即能购买到的最高水平总效用的商品组合。

案例 5-2-3

拍卖

拍卖会上，有一辆轿车要卖出。现在有四个可能的买者 A、B、C、D，他们每个人都想购买该辆轿车，但他们每人愿意支付的价格都有限，并且不同，拍卖出价表见表 5-3。

表 5-3 拍卖出价表

买者	最高支付价（万元）
A	100
B	80
C	70
D	60

为了卖出这辆轿车，卖者自 10 万元开始从低向高叫价。因为四个买者愿意支付的价格要比 10 万元多得多，所以价格上升很快。当 A 买者叫出 85 万元时，叫价停止。于是，A 买者支付 85 万元得到该辆轿车。

案例思考

1. 若拍卖就此结束，A 买者买到这辆轿车，得到什么收益呢？
2. 请根据案例，填写相应的买者需求表，见表 5-4，并绘制需求曲线。

表 5-4 买者需求表

价格	买者	需求量
100 万元以上		
80 万元以上		
70 万元以上		
60 万元以上		
60 万元		

例如，顾客在商场看中一件 200 元的上衣，询问商家得知这件衣服正好打折，折后价格

为180元，此时顾客心里往往感觉买这件衣服很值，在这个购买过程中自己省了20元。

在上面购买轿车的案例中，A买主愿意为小轿车支付100万元，但实际上仅支付了85万元，于是A买主得到了15万元的消费者剩余。而其余三人在拍卖中没有买到轿车，没有得到消费者剩余，但是他们也没有花一分钱出去。

知识百宝箱

通过本案例的学习，掌握**消费者剩余**的概念。

支付意愿：消费者愿意为某种物品或劳务支付的最高价格。而**消费者剩余**是指消费者的支付意愿超过了他实际付出的价格部分，或者说消费者剩余是消费者愿意为一种物品支付的最高价格减去消费者为此实际支付的价格的差额，如图5-15所示。

消费者剩余

消费者剩余和总剩余

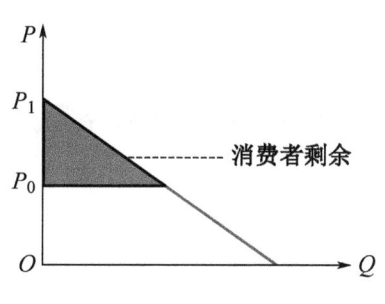

图5-15 消费者剩余

如果市场价格高于消费者愿意支付的最高价格，消费者会觉得不值，放弃购买，这时消费者剩余是负数；相反，如果市场价格低于消费者愿意支付的最高价格，消费者就会购买，觉得很值，这时消费者剩余是正数。消费者剩余并不是实际收入和货币的增加，只是一种心理上满足的感觉。消费者剩余为负也不是金钱的实际损失，无非是心理上感觉"挨宰了"而已。

消费者行为理论是一种心理分析。在讨价还价过程中，商家了解消费者这种心理，往往会同意让利，促使消费者尽快决断，否则消费者可能会产生到其他柜台看看的念头。

模块六

拒绝"拍脑门"决策

 **学习目标**

◎**知识目标：**

理解生产要素、总产量和边际产量的关系、规模经济、机会成本、成本与收益原则，掌握边际产量递减规律。

◎**能力目标：**

能够描述、解释和分析生产与决策；

能够绘制总产量曲线、边际产量曲线、等产量曲线和等成本曲线。

◎**素养目标：**

关注生活中的选择和决策行为，关注企业经营策略，学会科学决策，倡导创新精神。

 **故事导入**

在现实经济中，有许多大大小小的企业生机勃勃地存活在市场经济的沃土里，而且每一天都有无数小企业像雨后春笋一样诞生。但是小企业并不是适合于任何行业和任何门类的。在市场中大企业具有绝对的价格优势。比如，湖南有一家"老百姓大药房"，开业的时候对外宣称，5 000多种药品的价格，将比原来国家核定的零售价降低45%，有的降价竟达到了60%

以上。一般的小药店能和他们比吗？同样，在很多大型超市里，它们的商品价格的确很低，它们出售的商品甚至比其他一些商家的进货价格还要低。

通过学习本模块知识，你会对生产者行为理论有初步了解，让我们共同探索"小企业在价格上无法与大企业竞争"背后的经济学原理。

任务一 "多多"真的"益善"吗——生产

案例 6-1-1

在土地上施肥量越多越好吗？

早在 1771 年英国农业经济学家阿瑟·扬格就用在若干相同的地块上施以不同量肥料的实验，证明了肥料施用量与产量存在着一定关系。假如农民在一亩地撒一把化肥增产 2 千克，撒两把化肥增产 3 千克，随着化肥的施用量增加，增产效果越来越差，过量的施肥量甚至导致土壤板结、粮食减产。

1. 请大家回忆边际效用的概念。
2. 从案例中我们可以看出肥料施用量与产量之间是什么关系？

边际的概念并不只存在于消费者行为中，我们在投入时间、精力做事情的时候，会发现并不是投入的时间越多，获得的效果就越好。很多成绩好的同学并不是天天埋头做题，相反还会积极参与课外活动。我们要学会运用"边际"的方法分析现象，帮助自己做决策。

 拓展案例

三个和尚

我国民间流传着一个历史悠久的故事，这个故事的名称叫三个和尚，故事大意如下。

从前有一座山，山上有一座庙，庙里没有水源，和尚喝水得到山下去挑。

一开始的时候,庙里只有一个和尚负责担水。于是这个和尚每天在固定时间下山,挑上满满两小桶水,供给庙里的和尚饮用。

后来,庙里又安排了一个和尚担水。两个和尚一合计,找来一个大桶,每天在固定时间下山,抬上满满一大桶水,供给庙里的和尚饮用。上山的时候,装满水的桶很容易往下滑,走在后面的和尚很吃亏。为了公平起见,他俩讲好,这个月甲和尚走在前面,下个月换一下,乙和尚走在前面。

再后来,庙里又安排了一个和尚担水。谁知这下问题出现了:一个和尚负责担水时,他挑起水桶就可以下山;两个和尚负责担水时,他们抬起水桶就可以下山;第三个和尚加进来后,无论怎样安排,总有一个和尚闲着,大家都想闲着,于是争吵不休。

这个案例说明了劳动力并非越多越好。

要素投入是产量的基础,我们追求产量,势必会增加要素投入,为什么不能盲目追求产量?因为需要衡量付出的生产要素与获得的产量是否匹配。类比我国改革开放历程,我们经历了经济高速发展的四十年,但我们不可能一直保持年均10%左右的增长速度,因为那样的话,会让我们付出太大的成本,比如生态环境被破坏。有时候"蹲一下"是为了"跳得更高"。

 知识百宝箱

生产者分类

通过本案例的学习,要了解和掌握**生产要素**这个概念,对比边际效用,掌握边际产量的含义;对比总效用与边际效用的关系,理解总产量与边际产量的关系。

一、企业

提起企业,人们更容易想到那些规模庞大、知名度高、有着漂亮厂房和高端机器设备的生产企业或者有着宽敞营业场所的商业企业和服务性企业。例如,一些大家耳熟能详的企业:康师傅、伊利、蒙牛、双汇、燕京、茅台、雪花、张裕、冠生园;昌河铃木、东风悦达、一汽-大众、长安马自达;工商银行、华泰证券、中国人寿;中国旅行社、春秋旅行社、东方航空;金陵饭店、锦江之星、如家;苏宁、大润发等。

实际上,除了上述大型企业,还有为数众多的中小型企业及微型企业。中小型企业及微型企业在数量上远多于大型企业,这些企业包括:所生产产品市场需求量十分有限,规模不太能做大的企业,例如,生产哨子的企业,因为哨子的需求量有限,即使做到全国第一,规

模也是有限的；为大企业做配套产品的中小型企业；产品需求个性化特征明显，难以大规模、标准化生产的企业，例如，生产女性服装的服装厂家；产品和服务覆盖地域小，不能远距离运送的企业，比如，小区的便利店、快餐店。

二、生产要素

市场上有千千万万的企业，生产出形形色色不同的商品。

从经济学的角度看，无论是"巨无霸"的飞机制造公司，还是街边的小蛋糕店，要想开展生产经营活动，首先必须购买生产要素。

生产要素是指企业进行生产经营活动时所需要的各种资源。

（1）劳动：企业员工的体力和脑力付出。

（2）资本：企业生产中使用的厂房、设备以及消耗的原材料、辅料和能源。

（3）土地：生产过程所依托的场所。

（4）企业家才能：企业生产中所必需的管理工作能力。

应该指出，尽管每个企业都使用生产要素，但是不同企业的生产要素是有极大差别的。例如，小区里的大饼店所使用的生产要素非常简单，一般有一间10平方米左右的小门面，制作大饼所用的炉子、锅、盆、盘子等生产设备，还有面粉、食用油、盐、糖、味精等原材料和辅料，以及煤气、电力等消耗的能源，另外还有面点师（往往是店主）、帮工等两三个工作人员。

而一个中等规模服装厂使用的生产要素要高档一点。至少有上千平方米的生产车间，还有相应的一些生产设备，比如，缝纫机、裁布机等，各种生产原料和辅料，如布、线等，还有数量较多的缝纫工、杂工等工人，也有相应的生产车间管理人员、设计服装的设计师、管理整个企业的管理人员等。

家用轿车厂使用的生产要素则是"高、精、尖"级别。有几万平方米的标准化生产车间，自动化程度很高的流水线，大量的汽车原材料和零部件，以及相应的组装人员和流水线操作人员，还有各部门的管理人员、高级工程师和厂长（企业家）等。

三、长期与短期

微观经济学中企业的生产有短期和长期的划分：短期是指企业没有调整生产规模的时期；长期是指企业能够根据对市场的判断调整生产规模的时期。

根据能够调整的种类和范围讨论生产要素的投入是否合理。

（一）在短期中一种生产要素投入。生产技术水平不变，其他生产要素（资本）不变，只有一种生产要素（劳动）变动。短期中，在其他生产要素不变时，一种生产要素增加所引起的产量或收益的变动可以分为三个阶段：第一阶段，边际产量递增，即该生产要素的增加使产量增加;第二阶段,边际产量递减,总产量递增;第三阶段,边际产量递减,总产量减少。这里参考"边际效用",能够总结出**边际产量**的含义,即每增加一单位生产要素的投入,总产量的变化量。

(二)在长期中两种生产要素投入。在技术水平不变的前提下,两种生产要素所引起的产量或收益变动也可以分为三个阶段:第一阶段,规模收益递增,即产量增长率高于生产规模扩大的比率;第二阶段,规模收益不变,即产量增长率等于生产规模扩大的比率,也称为规模经济;第三阶段,规模收益递减,即产量增长率低于生产规模扩大的比率。

 拓展案例

张媛媛、李晓红、王亮亮三位同学来自浙南。2018年9月,他们从老家来到苏南某地求学时,遇到的第一个困难就是对本地饮食不适应,从那时起,他们就想着自己能开一家浙南口味的餐馆。

第六个学期,他们开始尝试着将这个想法付诸行动。考虑到刚起步、资金少、经验不足及校园人流量大等特点,他们决定先从快餐店做起。在快餐店的设计、装饰和定位上,张媛媛等狠下功夫,力求体现特色、突出品位,将其做成浙江籍学子喜爱的快餐店。

做好了开店规划,张媛媛等开始投入完全陌生的注册执照、选地址、搞装修、聘员工、采购炊具等工作中。他们在跑业务的同时还找来了酒店管理、市场营销、人力资源管理等方面的书给自己补课。经过近两个月的紧张准备,2021年2月,他们的"欣欣快餐"终于开业了。在这个过程中,他们也由生疏到熟悉,慢慢地摸索出了一些门道,获得了一些宝贵的经验。

毕业的时间到了,三位同学的快餐店大获成功。同时,他们发现,快餐店的生意非常好,可以尝试扩大经营规模。

说干就干,经过一个暑假的忙碌,一切准备就绪。快餐店由一间门面扩充到两间门面,在2022年9月1日以崭新的面貌迎接新老客户的光临。

上述案例说明了企业的短期生产(如图6-1所示)和长期生产(如图6-2所示)。

经济学中的短期,是指企业没有调整生产规模。针对学院学生的快餐店,就餐人数与学院的教学活动规律紧密相连。不同的时间段对快餐店用工的影响非常明显。寒暑假期间,由于学生都放假回家了,学校里没人,因此快餐店没有生意,停业休息,这时不需要员工,0个员工。节假日,一般近点的学生都回家,而家比较远的学生往往留在学校,这时就餐人数减少,不需要太多的员工,3个员工就能完成工作。平时,学生都正常在校上课,就餐人数与节假日相比增加不少,3个员工不能满足快餐店的工作需要,这时需要增加一些人手,因而将员工数量增加到 5 个，才能满足正常运营的需要。新生报到，这时不仅仅有学生，还有很多送新生报到的家长，往往一个新生有 2~3 名家长陪同，就餐人数大大增加，而原有的员工远远不能满足快餐店的需要，因此员工人数需要增加到 8 个，才能满足快餐店运营的需要。如果欣欣快餐不扩大规模，三个学生老板就会根据就餐人数的多少来调整用工的数量。当就餐的人数多时，快餐店就会增加劳动力，相应地多采购大米、蔬菜和肉禽、水产等；当就餐的人数少时，快餐店就会减少劳动力，减少食材采购。

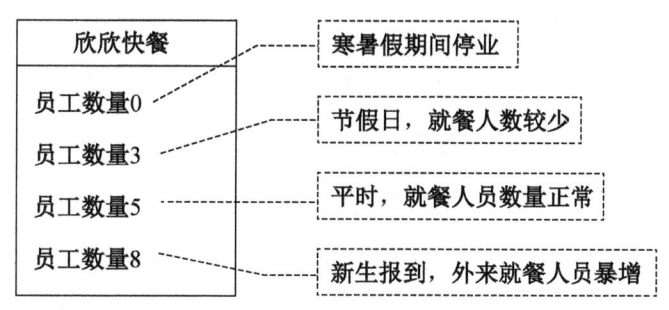

图 6-1　快餐店的短期生产

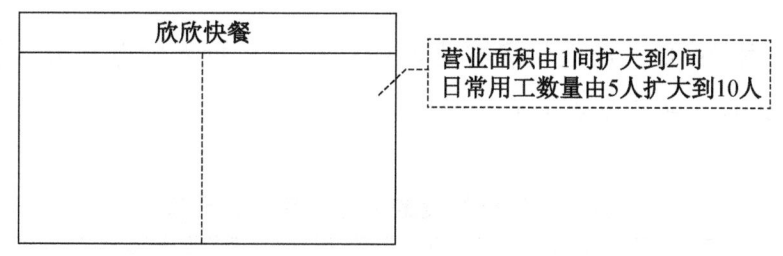

图 6-2　快餐店的长期生产

这种不调整经营规模，只调整用工数量、原材料等生产要素的时期，就是快餐店的"短期"。在短期中，快餐店不调整经营规模，是因为三个学生老板没有决定调整规模，或者虽然决定调整规模了，但是还没有来得及付诸实施。

2022 年 7 月，三个学生老板经过慎重思考，决定扩大经营规模。落实扩大经营规模也是一件挺烦琐的事情，需要洽谈房租、设计装潢方案、预算资金、筹集资金、装潢、购置和更新一部分设备等，需要耗费一定的时间。出于对未来的乐观预期，欣欣快餐扩大了经营规模。

欣欣快餐一间门面时的经营时期是第一个"短期"，两间门面时的经营时期是第二个"短期"，而包括第一个"短期"和第二个"短期"的整个时期则称为"长期"。

假如欣欣快餐未来的门面继续扩大为三间、四间，则还有第三个"短期"、第四个"短期"，包括这四个"短期"的整个时期则称为"长期"。

显然,"长期"是由一个个"短期"构成的。在短期中,经济学研究边际产量递减规律;在长期中,经济学研究规模经济。

四、边际产量和总产量

边际产量是指企业在现有基础上,追加一个单位的某种生产要素所新增的产量。总产量是指企业在生产中全部投入的某种生产要素所得到的产量。

可以用欣欣快餐的例子来说明边际产量和总产量。

欣欣快餐应该请几个帮工?

假设2022年4月,欣欣快餐所在的学院被市劳动局确定为某一场职业能力考核的唯一考点。考试那一天,大批校外考生蜂拥而至,因为有上、下午两场考试,所以考生们都在学院附近用餐。中午那一顿午餐,欣欣快餐的生意肯定非常好。

三个学生老板对此早有准备,他们要思考的问题是:平常日子,店里用5个人正好,因此,除了三个老板自己外,店里长期雇用2个阿姨。现在,肯定需要临时请几个帮工,应该请几个人呢?

假设2022年4月29日,欣欣快餐在当时的规模下,投入的劳动力与快餐供应份数,即欣欣快餐的边际产量和总产量见表6-1。

表6-1 欣欣快餐的边际产量和总产量

劳动力(L)	边际产量(MP)	总产量(TP)
1	20	20
2	30	20+30=50
3	60	20+30+60=110
4	50	20+30+60+50=160
5	40	20+30+60+50+40=200
6	30	20+30+60+50+40+30=230
7	20	20+30+60+50+40+30+20=250
8	10	20+30+60+50+40+30+20+10=260
9	0	20+30+60+50+40+30+20+10+0=260
10	-10	20+30+60+50+40+30+20+10+0-10=250

欣欣快餐的边际产量和总产量的关系如图6-3所示:欣欣快餐使用前面8个劳动力时,边际产量MP>0,每个人对快餐制作都有"贡献",每增加1个劳动力,总产量TP就相应增加,表现在图上就是总产量曲线不断上升;欣欣快餐使用第9个劳动力时,边际产量MP=0,说明第9个劳动力已经起不到什么"贡献",此时总产量TP最大,表现在图上就是总产量曲线上升到顶点;欣欣快餐如果再增加人员,边际产量MP<0,说明第10个以后的劳动力将

"拖后腿",总产量 TP 不增反减,表现在图上就是总产量曲线不断下降。

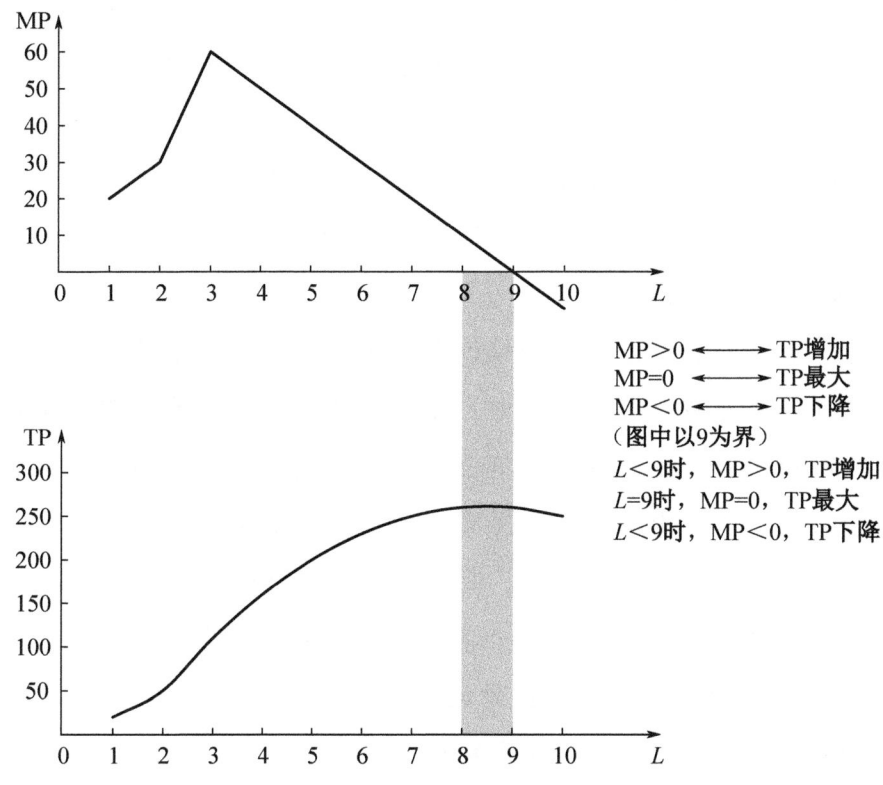

图 6-3 欣欣快餐的边际产量和总产量的关系

边际产量与总产量的关系也可以反过来解读:如果总产量 TP 不断增加,总产量曲线不断上升,说明此时边际产量 MP>0;如果总产量 TP 处于最大值,总产量曲线上升到顶点,说明此时边际产量 MP=0;如果总产量 TP 逐步减少,总产量曲线不断下降,说明此时边际产量 MP<0。

欣欣快餐边际产量曲线 MP 的走向,包括以下 3 个阶段:

（1）上升阶段。

（2）逐步下降阶段（大于 0）。

（3）逐步下降阶段（小于 0）。

欣欣快餐店边际产量曲线 MP 先升后降的原因在于:在欣欣快餐店的经营过程中,可变要素投入量和不变要素投入量之间存在一个最佳组合区域。在当时的规模下（4 月）,假设欣欣快餐店的经营条件是:一间门面、一台三眼灶、一个碗柜、一张双通工作台、一个货架、一个双眼水池。制作快餐的过程包括拣菜、清洗、煎炒烹炸等。

（1）投入 1~3 个劳动力的阶段。

如果只有 1 个人在忙碌,那么这套专业的厨房设备的利用率就太低了,并且 1 个人无法开展必要的分工,能制作出 20 份快餐已经不易。如果有了 2 个人在忙碌,情形就会稍微改善,

2个人可以进行简单的分工，效率有所提高，他们可以制作出50份快餐。投入第2个单位劳动量，边际产量是30。如果有了3个人在忙碌，情形就会大大改善，3个人可以进行比较合理的分工，1个人拣菜，1个人清洗、切割，1个人掌勺，效率大大提高，他们可以制作出110份快餐。投入第3个单位劳动量，边际产量是60。

显然，在1~3个劳动力的阶段，每增加1个劳动力，都会形成成员间的合理分工，让设备运转起来，制作效率迅速提高，导致边际产量曲线MP上升。

（2）投入4~9个劳动力的阶段。

如果有了4个人在忙碌，情形就会继续改善，上述3个人虽然形成了比较合理的分工，但是设备只是利用了一半左右。第4个人加入后，或洗、或切、或掌勺，增加设备利用率，他们可以制作出160份快餐。投入第4个单位劳动量，边际产量是50。加入第5个人以后，情形将会进一步改善，设备利用率进一步提高，他们可以制作出200份快餐，第5个单位劳动量的边际产量是40。加入第6个人以后，设备利用趋于饱和，他们可以制作出230份快餐，第6个单位劳动量的边际产量是30。第7个单位劳动量的边际产量是20，第8个单位劳动量的边际产量是10，说明这时设备已经满负荷运转，新增人员的意义已经不大。第9个单位劳动量的边际产量是0，说明这时再添人纯属多余。

显然，在4~8个劳动力的阶段，每增加1个劳动力，设备将会逐步趋于饱和，与第3个人的"贡献"相比，第4个人往后的"贡献"是逐步减少的，表现为边际产量曲线MP逐步下降。在这个阶段，边际产量MP＞0，每个人对快餐制作都有"贡献"，所以总产量是不断增加的。

（3）投入大于9个劳动力的阶段。

如果再投入劳动力，相对于现有设备，员工已经过剩，员工之间将会攀比"谁更舒服"，干活效率反而下降。在这个阶段，边际产量MP＜0，每增加1个人对快餐制作都只能"拖后腿"，所以总产量是不断下降的。三个学生老板肯定不会做这样的傻事。

至此，我们可以回答相关案例中欣欣快餐应该请几个帮工的问题。平常日子，店里用5个人正好。2022年4月考试这一天，三个学生老板思考临时请帮工的数量，要考虑以下几点：①请帮工的数量肯定≤3个，因为快餐店从第9个人开始，边际产量≤0。②确定是否要雇用第6个人（或者第7个、第8个），既要看增加这个人新增的收益，也要看增加这个人新增的成本。③如果新增的收益＞新增的成本，则雇用；反之，则放弃。这就是经济学上的边际原则。

五、边际产量递减规律

欣欣快餐店边际产量曲线MP先升后降的特点也适用于其他企业的生产。

短期中，企业只根据市场需求的变化调整用工数量、原材料等生产要

边际报酬递减规律

素，不打算扩大生产或经营面积、添置固定资产，不打算调整生产规模，或者虽然决定调整规模了，但是还没有来得及付诸实施。经济学家认为，当企业不调整厂房、机器设备等生产要素，而仅调整用工数量、原材料等生产要素时，这些要素存在明显的边际产量递减规律。

边际产量递减规律是指在一定时间内，当企业不断追加某生产要素的投入量时，从每单位要素追加量中所获得的边际产量是逐步减少的。

六、边际产量与平均产量

例： 有 A、B、C 三个铁球，质量分别是 4 斤、5 斤、6 斤，这三个球的平均质量是多少斤？如果增加 D 球，D 球的质量是 3 斤或 5 斤或 7 斤时，这四个铁球的平均质量是增加还是减少？

分析： A、B、C 三个铁球的平均质量是（4+5+6）/3=5（斤）

D 球的质量是 3 斤，四个球平均质量是 4.5 斤，如图 6-4 所示。

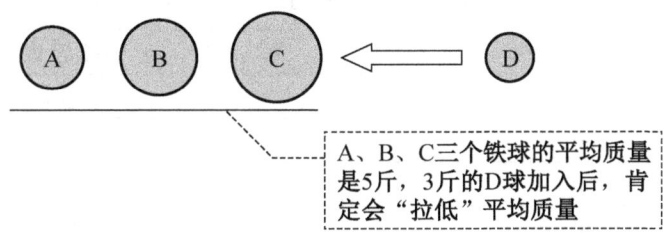

图 6-4　铁球的边际质量小于平均质量

D 球的质量是 5 斤，四个球平均质量是 5 斤，如图 6-5 所示。

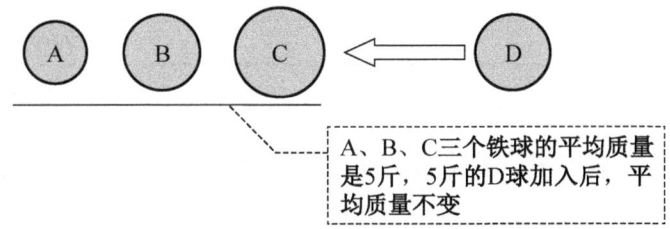

图 6-5　铁球的边际质量等于平均质量

D 球的质量是 7 斤，四个球平均质量是 5.5 斤，如图 6-6 所示。

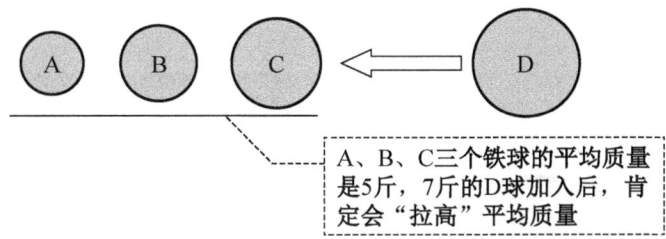

图 6-6　铁球的边际质量大于平均质量

上述案例说明了边际和平均的关系：A、B、C 三个铁球的平均质量是 5 斤，如果加入的

D 球质量小于平均质量，则四个铁球的平均质量肯定会小于 5 斤；如果加入的 D 球质量等于平均质量，则四个铁球的平均质量还是 5 斤；如果加入的 D 球质量大于平均质量，则四个铁球的平均质量肯定会大于 5 斤。

因此，得出如下结论：

（1）边际小于平均，平均减少，即新增的这个"边际"能拉低原先的"平均"。

（2）边际等于平均，平均不变。

（3）边际大于平均，平均增加，即新增的这个"边际"能拉高原先的"平均"。

注意：边际和平均的关系看似简单，但是却非常重要。

根据上述结论我们分析欣欣快餐请帮工案例中的平均产量和边际产量，见表 6-2。

表 6-2 欣欣快餐的平均产量和边际产量

劳动力（L）	边际产量（MP）	平均产量（AP）=总产量（TP）/劳动力（L）
1	20	20/1=20
2	30	50/2=25
3	60	110/3≈36.7
4	50	160/4=40
5	40	200/5=40
6	30	230/6≈38.3
7	20	250/7≈35.7
8	10	260/8=32.5
9	0	260/9≈28.9
10	-10	250/10=25

平均产量是平均每单位某种生产要素投入所得到的产量。如图 6-7 所示，欣欣快餐的边际产量曲线与平均产量曲线相交于 A 点；在 A 点左侧，边际产量曲线位于平均产量曲线上方，边际产量大于平均产量，"边际"不断拉高"平均"，平均产量曲线不断上升至拉平；在 A 点右侧，边际产量曲线位于平均产量曲线下方，边际产量小于平均产量，"边际"不断拉低"平均"，平均产量曲线不断下降。据此可以推断，边际产量曲线与平均产量曲线的交点 A 是平均产量曲线的最高点。

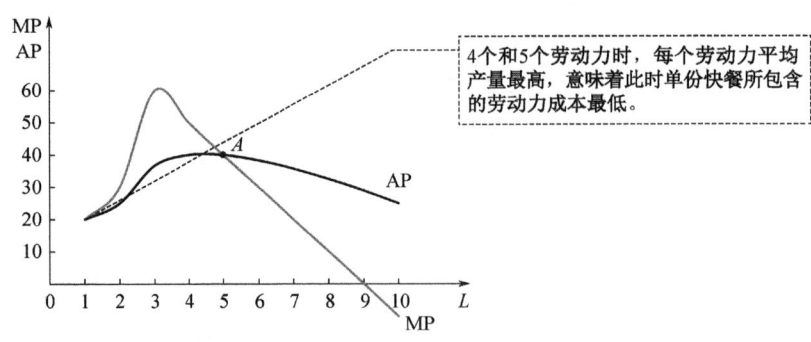

图 6-7 欣欣快餐的边际产量曲线和平均产量曲线

拒绝"拍脑门"决策 **模块六**

任务二　千万别忽略我们放弃的选择——成本

▶ 案例 6-2-1

机会成本

假设你有一大片空地，你把它卖出去可以赚 5 万元。你也可以把它租给别人建停车场，每月收取租金。你把它租出去的话，在租用期就不能再卖了，那卖地的 5 万元就是你租地的机会成本。你把它卖掉的话，所有权不属于你了，就不能再租给别人了，每月可以收取的租金就是你卖地的机会成本。也就是说，有两件事可以选择，这两件事都可以给你带来效用。你选择了其中一件事，那么另一件事的效用就是你的机会成本。

▶ 案例 6-2-2

应该去看谁的演唱会

假设你有一张薛之谦今晚演唱会的免费门票。注意不能转售。可另一大歌星周杰伦今晚也在开演唱会，周杰伦的演唱会票价为 400 元。当然，别的时候去看他的演出也行，但心理承受价格是 500 元。换言之，要是周杰伦演唱会的票价高过 500 元，就情愿不看了，哪怕没别的事要做。除此之外，看两人的演出并无其他成本。试问，去看薛之谦演唱会的机会成本是多少？去看薛之谦的演唱会，唯一必须牺牲的事情就是不去看周杰伦的演唱会。不去看周杰伦的演唱会，会错失价值 500 元的表演，但同时也省下了买周杰伦演唱会门票所需支付的 400 元。

案例思考

1. 你有没有选择困难症？
2. 去看薛之谦演唱会的机会成本是多少？
3. 请根据以上两个案例，试着总结机会成本的概念。

思路点拨

要想回答以上问题，我们还需要进行以下思考：

机会成本是不是真实付出的代价？

我们放弃一个选项的时候，不能只看到我们无法获得的效用，还要看到什么？

知识百宝箱

机会成本

通过本案例的学习，了解**机会成本**，可以帮助我们更好地理解决策。

厂商为从事某项经营活动而放弃另一项经营活动的机会，或利用一定资源获得某种收入时而放弃另一种收入，另一项经营活动能取得的收益或另一种收入即为正在从事的经营活动的机会成本。

▶ 案例6-2-3

疫情防控也用得到的经济学原理

新冠病毒感染疫情持续期间，我国动态清零的策略看上去成本很高，隔离、核酸检测和消杀……耗时、费钱和用人，但如果不这样做，我们的生活可能会被按下暂停键，如同疫情初期的武汉。

决策的目的是什么？毫无疑问是寻求最优解，但很多时候我们受制于各种因素，很难得到最优解。比如，动态清零可能不是最优的疫情防控方案，因为会耗费过多的人力、物力和精力，但是衡量一项决策的效果，不能只看付出的成本，我们要结合其获得的收益一起分析。从收益看，我们始终保持社会经济相对开放，生产、生活相对稳定。

1. 查资料，对比国外疫情防控策略与我国的区别。
2. 影响我们决策的因素有哪两个？

思考一件事情，判断一件事情，决定一件事情，我们要学会多维、多角度分析。

 **知识百宝箱**

学会选择

通过本案例的学习，掌握**成本收益原则**。

唯有行动所带来的额外收益大于额外成本时，你才应该这么做。

在日常生活中我们最容易忽略的成本是"时间"，中职阶段的同学们，大家的学习强度比普通高中要小一点，学习压力也远远不及普通高中，所以会有相对较多的可支配时间。当"时间"看上去不那么稀缺的时候，同学们往往产生"时间有的是"的错觉，长时间刷抖音、微博和朋友圈，但请记住一天都是24小时，因此，长时间的娱乐活动所带来的额外收益要远低于时间被浪费的额外成本，对大家是非常"不划算"的。

▶ **案例6-2-4**

打折机票里的"小秘密"

北京到成都的机票全价（不考虑机场建设费等因素）1 500元，某航空公司给出的折扣策略如下：提前10天订票，可以打3折；提前8天订票，可以打4折；提前6天订票，可以打5折，提前4天订票，可以打6折，提前3天订票，可以打7折，提前2天订票，可以打8折；提前1天订票，可以打9折；当天不打折。

1. 旅游淡季，航空公司的机票价格折扣很低，但乘机旅客并不多，航空公司不担心亏损吗？

2. 影响航空公司机票定价的因素有哪些？

我们平时理解的亏损和经济学上的亏损并不完全一样，经济学思维中关注的是决策依据，而不是简单的赚钱和亏钱。

关注成本的相对值　　沉没成本

 **知识百宝箱**

通过本案例的学习，掌握**成本的相关概念**。

企业的短期成本有 7 种：短期固定成本、短期可变成本、短期总成本、平均固定成本、平均可变成本、短期平均成本和短期边际成本；企业的长期成本有 3 种：长期总成本、长期平均成本、长期边际成本。为了方便记忆，本书做出如下归纳。

成本理论中的概念可以用 7 个字母来概括：S 代表短期；L 代表长期；M 代表边际；A 代表平均；T 代表总；F 代表固定；V 代表变动。

这些字母可以"搭配"出下列概念：FC 代表固定成本；VC 代表可变成本；STC 代表短期总成本；AFC 代表平均固定成本；AVC 代表平均可变成本；SAC 代表短期平均成本；SMC 代表短期边际成本；LTC 代表长期总成本；LAC 代表长期平均成本；LMC 代表长期边际成本。

因为"产量"和"成本"是密切相关的两个概念，一个企业的产量和成本相互影响。所以本任务继续使用欣欣快餐的例子来阐述各种成本概念。

 拓展案例

欣欣快餐有没有亏本？

一天上午，孙老师赶一份材料，工作结束时已经 13:00。他来到校门口，发现这里新开了一家"欣欣快餐"，里面已经没有顾客，员工们刚刚吃完饭。孙老师走进去，发现这家快餐店的老板居然是自己的学生张媛媛、李晓红、王亮亮。张媛媛甜甜地说："孙老师好，您工作到现在，真是太辛苦了，这儿还有最后一份快餐，今天我请客，不要钱了。"孙老师不肯让学生吃亏，坚持要付钱，争执了几分钟，孙老师最后付了 4 元钱。

提问：欣欣快餐有没有亏本？

要知道欣欣快餐有没有亏本，必须知道欣欣快餐的具体成本。

一、固定成本与平均固定成本

固定成本是指企业为开展生产经营活动而前期投入的各项费用，包括厂房、机器设备、员工的报酬等，它决定了企业短期规模的大小。平均固定成本是平均每单位产品所分摊的固定成本。

假设欣欣快餐店房租金为 15 000 元/年，设备折旧为 3 000 元/年，管理人员工资为 36 000 元/年。

欣欣快餐店管理人员是指经理张媛媛，她是大股东，出资 60%，注册执照、选地址、搞装修、聘员工、采购炊具等工作，基本由她拍板，快餐店的日常管理也由她负责，同时，她平时也作为员工参加劳动。根据约定,她作为管理人员领取固定年薪 36 000 元,并根据出资比例参与年终分红。

李晓红和王亮亮各出 20%,基本不参与日常管理,平时也只是作为员工参加劳动。根据约定,他俩与其他员工一样领取员工工资,并根据出资比例参与年终分红。

分析:欣欣快餐固定成本由管理人员工资与设备折旧、房屋租金相加得到,即

$$FC=36\ 000+15\ 000+3\ 000=54\ 000(元/年)$$

以一年 360 天计算,折算每天固定成本 150 元。平均固定成本是平均每单位产品所分摊的固定成本,每份快餐的平均固定成本随着营业量的增加而下降。

欣欣快餐的固定成本与平均固定成本见表 6-3。

表 6-3 欣欣快餐的固定成本与平均固定成本

产 量	FC	AFC
20	150	7.5
50	150	3
110	150	1.36
160	150	0.94
200	150	0.75
230	150	0.65
250	150	0.6

根据表 6-3,可绘制欣欣快餐的固定成本曲线与平均固定成本曲线,如图 6-8 所示。

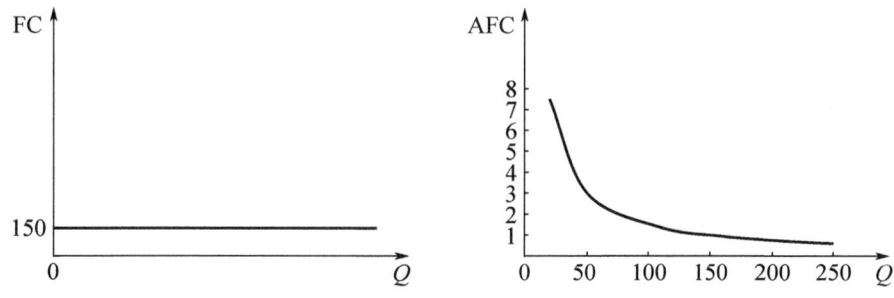

图 6-8 欣欣快餐的固定成本曲线与平均固定成本曲线

欣欣快餐的固定成本是一个常数,所以固定成本曲线是一条水平线;每份快餐的平均固定成本随着营业量的增加而下降,所以平均固定成本曲线随产量增加而逐步下降。

二、可变成本与平均可变成本

可变成本是指企业为具体的生产经营活动而投入的各项费用,包括原材料、燃料和工人的工资,它随企业产量水平的变动而变动。平均可变成本是平均每单位产品所分摊的可变成本。

欣欣快餐的可变成本与平均可变成本见表6-4。

表6-4 欣欣快餐的可变成本与平均可变成本

产　　量	VC	AVC
20	94	4.7
50	230	4.6
110	484	4.4
160	688	4.3
200	840	4.2
230	989	4.3
250	1 100	4.4

根据表6-4，可绘制欣欣快餐的可变成本曲线与平均可变成本曲线，如图6-9所示。

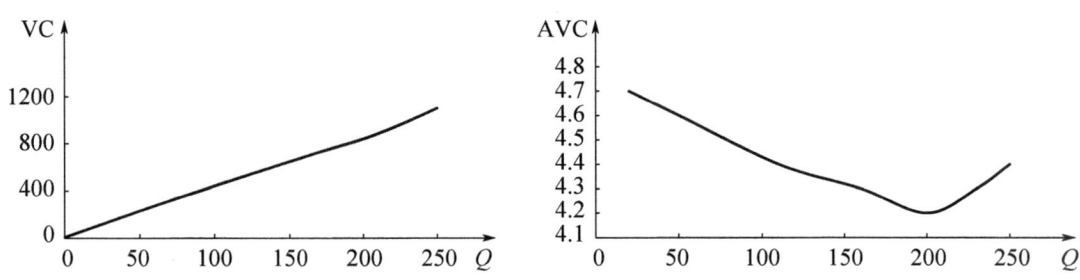

图6-9 欣欣快餐的可变成本曲线与平均可变成本曲线

欣欣快餐的可变成本曲线从左下方向右上方倾斜，并且经过原点，说明：

（1）当快餐的供应量是0时，可变成本为0；

（2）当快餐的供应量增加时，可变成本相应增加。

与此同时，平均可变成本曲线先减后增。欣欣快餐的供应量为200份时，平均可变成本最低，这是有原因的。每份快餐的可变成本包括两个方面：原材料、燃料成本和人工成本。前者大致相同，而后者却相差很大，见表6-2，当欣欣快餐使用5个劳动力时，快餐的供应量为200份，每个员工的平均产量达到40份/人，平均产量最高，意味着此时单份快餐所包含的人工成本最低。自然，此时每份快餐的可变成本最低。

三、短期总成本与短期平均成本

短期总成本是企业为开展生产经营活动而投入的全部费用。短期平均成本是平均每单位产品所分摊的各项费用。

根据表6-3、表6-4的数据，计算欣欣快餐的短期总成本和短期平均成本，制作表6-5。

表 6-5 欣欣快餐的各项成本

产　　量	FC	VC	STC	AFC	AVC	SAC
20	150	94	244	7.5	4.7	12.2
50	150	230	380	3	4.6	7.6
110	150	484	634	1.36	4.4	5.76
160	150	688	838	0.94	4.3	5.24
200	150	840	990	0.75	4.2	4.95
230	150	989	1 139	0.65	4.3	4.95
250	150	1 100	1 250	0.6	4.4	5.0

根据表 6-5，绘制欣欣快餐的各项成本曲线，如图 6-10 所示。

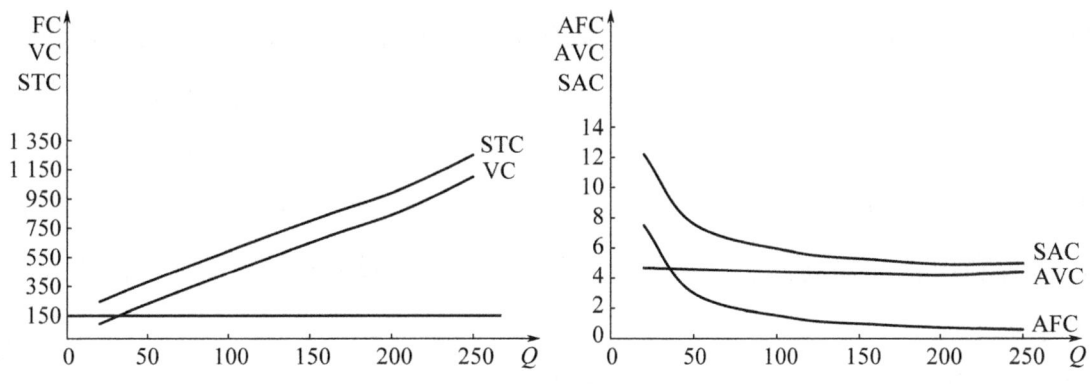

图 6-10 欣欣快餐的各项成本曲线

欣欣快餐的短期总成本曲线从左下方向右上方倾斜，起点高于原点，说明：

（1）当快餐的供应量是 0 时，短期总成本为固定成本；

（2）当快餐的供应量增加时，短期总成本相应增加。

实际上，短期总成本曲线可以看作把可变成本曲线向上整体"抬升"所得，"抬升"幅度在数量上等于固定成本。短期总成本等于固定成本加上可变成本，用公式表示为

$$STC=FC+VC \tag{6-1}$$

根据式（6-1），可得 STC-VC=FC，说明在任何一个产量水平下，短期总成本曲线与可变成本曲线之间的垂直距离在数量上始终等于固定成本。如图 6-10 所示，短期平均成本曲线先减后增，实际上，短期平均成本曲线是由平均固定成本曲线和平均可变成本曲线"叠加"而来。

在式（6-1）等号两边同时除以 Q，即 $STC/Q=FC/Q+VC/Q$，可得：

$$SAC=AFC+AVC \tag{6-2}$$

式（6-2）说明短期平均成本等于平均固定成本加上平均可变成本。根据式（6-2），可得

SAC-AVC=AFC，说明在任何一个产量水平下，短期平均成本曲线与平均可变成本曲线之间的垂直距离在数量上始终等于平均固定成本。由于平均固定成本是随着产量增加而不断递减的，所以随着产量增加，短期平均成本曲线与平均可变成本曲线越来越接近。

四、短期边际成本

短期边际成本是企业为追加一单位产量所投入的费用。短期内，企业要增加产量，不需要添置固定资产，只要增加一定数量的原材料和人工。因此，边际成本与固定成本无关，只与可变成本有关。边际成本对于企业来说，就是"一丁点儿"原材料和人工。

短期边际成本曲线先减后增。前文已经讲过，"产量"和"成本"是密切相关的两个概念，短期边际成本曲线先减后增的原因是劳动投入的边际产量递减规律。

以欣欣快餐来说，每份盒饭包含的原材料费用是基本不变的，但是随着产量的变动，每份盒饭包含的人工成本却是会发生变化的。一开始，当欣欣快餐使用很少的劳动力时，由于设备闲置较多，边际产量是增加的，每投入1个劳动力，即意味着快餐份数的迅速增加，这时新增一份快餐所包含的人工成本迅速下降。但是这个阶段很短，随着投入劳动力的增加，设备利用程度提高，边际产量逐步下降，这时新增一份快餐所包含的人工成本就逐步上升了。

欣欣快餐的短期边际成本曲线如图6-11所示。

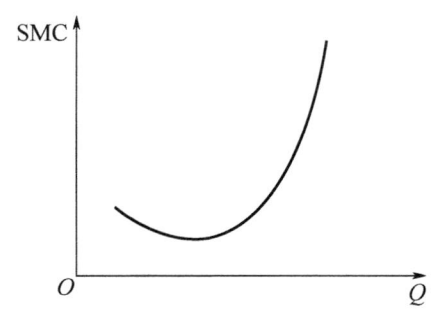

图6-11 欣欣快餐的短期边际成本曲线

五、边际成本和平均成本

如前所述，边际和平均的关系是：

（1）边际小于平均，平均减少，即新增的这个"边际"能拉低原先的"平均"；

（2）边际等于平均，平均不变；

（3）边际大于平均，平均增加，即新增的这个"边际"能拉高原先的"平均"。

这个结论可以帮助我们理解边际成本和平均成本的关系。

如图 6-12 所示，欣欣快餐的短期边际成本曲线和短期平均成本曲线相交于 A 点。在 A 点左侧，短期边际成本曲线位于短期平均成本曲线下方，短期边际成本小于短期平均成本，"边际"不断拉低"平均"，短期平均成本曲线不断下降；在 A 点右侧，短期边际成本曲线位于短期平均成本曲线上方，短期边际成本大于短期平均成本，"边际"不断拉高"平均"，短期平均成本曲线不断上升。显然，A 点为短期平均成本曲线最低点。

欣欣快餐的短期边际成本曲线和平均可变成本曲线相交于 B 点。在 B 点左侧，短期边际成本曲线位于平均可变成本曲线下方，短期边际成本小于平均可变成本，"边际"不断拉低"平均"，平均可变成本曲线不断下降；在 B 点右侧，短期边际成本曲线位于平均可变成本曲线上方，短期边际成本大于平均可变成本，"边际"不断拉高"平均"，平均可变成本曲线不断上升。显然，B 点为平均可变成本曲线最低点。

在经济学中，A 点称为收支相抵点，B 点称为停止营业点，其原理将在后文介绍。

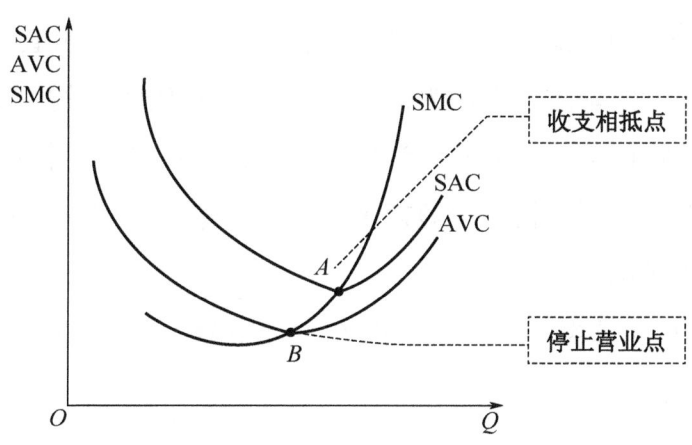

图 6-12　欣欣快餐的短期边际成本曲线和短期平均成本曲线

至此，可以回答相关案例中欣欣快餐有没有亏本的问题。

每份快餐的具体成本与产量有关，知道了每份快餐的具体成本，就可以判断欣欣快餐是否亏本了，欣欣快餐每份快餐的具体成本见表 6-6。

表 6-6　欣欣快餐每份快餐的具体成本

员　工	产　量	AFC	AVC	SAC
1	20	7.5	4.7	12.2
2	50	3	4.6	7.6
3	110	1.36	4.4	5.76
4	160	0.94	4.3	5.24
5	200	0.75	4.2	4.95
6	230	0.65	4.3	4.95
7	250	0.6	4.4	5.0

一般情况下,欣欣快餐店里保持 5 个员工,此时平均每份快餐的成本是 4.95 元,孙老师最后付了 4 元钱,三个学生老板"小小地"亏损了 0.95 元。

我们再来回顾本节案例 6-2-4。航空公司的成本可以简单分为两类:一类是与飞机是否起飞无关的部分,如飞机的日常保养维修、飞机的折旧和机组人员的固定薪酬;另一类是与飞机起飞相关的部分,如燃料成本、机组人员津贴、食品饮料等。

机票打折

在经济学中,短期内航空公司必须支付但无法调整的生产要素费用称为固定成本,其不随乘客数量的变动而变动。航空公司短期内必须支付但可以调整的生产要素费用称为可变成本,其随乘客数量的变化而变化。固定成本与可变成本的和即构成总成本。短期内航空公司每增加一位旅客所带来的总成本增加量称为短期边际成本。

如上所述,我们用 STC 代表短期总成本,FC 代表固定成本,VC 代表可变成本,SMC 代表短期边际成本,SAC 代表短期平均成本(总成本与总数量的比值),AVC 代表平均可变成本。在航空公司的短期经营过程中,为便于理解,简化模型,这里假设航空运输市场的竞争是充分的,成本与价格的关系可以简化为以下三种情况:第一种情况,机票价格高于短期平均成本;第二种情况,机票价格等于短期平均成本;第三种情况,机票价格低于短期平均成本,但高于平均可变成本。

如图 6-13 所示,在 Q_1 人数下,机票价格 P_1 高于 SAC,航空公司存在利润,此种情况比较符合旅游旺季时的情况。

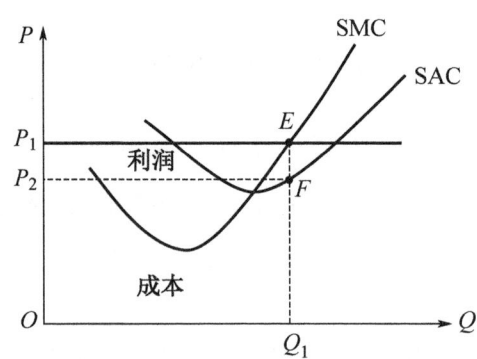

图 6-13 价格高于短期平均成本

如图 6-14 所示,在 Q_2 人数下,机票价格 P_2 等于 SAC,航空公司已经不存在利润,但航空公司并未产生亏损。

如图 6-15 所示,在 Q_3 人数下,机票价格 P_3 低于 SAC,航空公司不存在利润,产生了亏损,但此时机票价格仍可以弥补平均可变成本,此种情况比较符合旅游淡季时的情况。航空公司并不是"赔本赚吆喝",面对竞争相对激烈的市场,航空公司要保持航线的稳定,保持其在市场的占有率和活跃度。

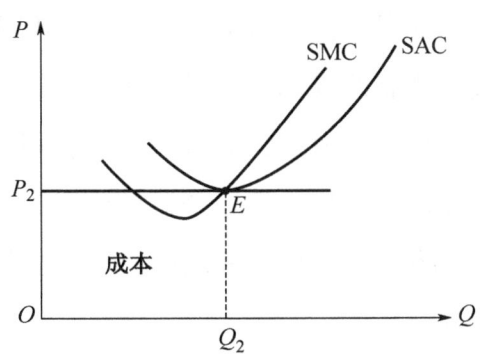

图 6-14　价格等于短期平均成本

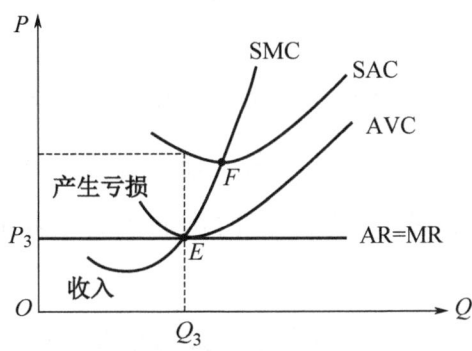

仅收回可变成本的均衡产量图

图 6-15　价格低于短期平均成本

请大家留意此案例,待学习完市场类型之后,再回来看看这个案例,一定还会有新的角度去解读。

除了上述类型成本,还有其他类型成本我们需要了解。

六、显性成本与隐性成本

显性成本是我们看得见、摸得着,很容易被企业管理者注意到的成本,例如,企业的员工薪水、固定资产的折旧、产品材料的采购成本、办公设备、物流运输成本等,很多企业老板都喜欢盯着这些成本,希望能从这里节约成本。

显性成本和隐性成本

隐性成本是企业在运营管理过程中实实在在地发生了,但有时又很难察觉的成本。而这些隐性成本才是企业要关注、控制的。做不好隐性成本的控制,企业很难真正做到降低成本,也很难走得更远、更稳。

经济成本

显性成本和隐性成本对厂商产生影响的方式是有区别的,我们看一个生活中的案例。

现在存在一个非常普遍的现象，很多企业去外地的省市开分公司，目的主要有两个：一是降低一些人力成本；二是为了获得一些地方的财政补贴。其实企业在新去的省份并没有任何业务，虽然这样确实能降低一些显性成本，但是非常不建议这么做，因为两地办公会有巨大的沟通成本，特别是对于初创公司。道理很简单，初创公司起初就专注做一件事，最多几十个人，还分在两个不同的城市，不管打电话还是微信沟通，效率都远远比不上面对面交流高效，所以为了占点小便宜却影响了沟通与业务发展，这明显是"捡了芝麻丢了西瓜"。

隐性成本具体包括如下成本。

1. 沟通成本

沟通是企业运营的重要环节，很多企业在做众多的制度培训、精神层面的培训，可是大多没有沟通能力的培训。

在大多数企业，你会发现，在同事之间的沟通过程中，会出现严重失真的现象，或辞不达意，或答非所问，或百人百解……这种现象，让很多工序成为无效工序，或失去很多重要机会，甚至有可能给企业带来隐患。所以，有时沟通才是企业最大的成本。

2. 离职成本

很多企业老板对人员的流动并不是很在乎，认为企业只要肯花钱还怕找不到人嘛。"铁打的营盘，流水的兵"，员工走就走了，没什么关系。但不能不说，任何一个员工的离开对公司都是一笔成本，因为公司要承担对这个员工的培训费等前期投入，还要承担新招聘该岗位员工的前期成本，还要承担新员工是否适合岗位的风险，而老员工的离职也会因为职业素养的关系，可能会流失重要的内部资料或信息，其离职后，很可能会进入自己的竞争对手的企业。

所以，员工特别是老员工的流失无疑会给企业带来高出其收入几倍的支出。很多小企业在经营多年后，一直是那么小的团队，除了老板，没有一个员工是从企业成立当初留下来的。

3. 流程成本

企业的乱，有太多都是因为流程，这在企业管理中是一个通病。凡是发展缓慢的企业，其流程一定是混乱或不合理的。他们为此承担着很高的成本，然而却一直视而不见。流程是企业运营的产业链，如同流水线一样，没有科学合理的流程，也就失去了对各项工作的系统性控制，很多工作半途而废，还有很多工作需要返工……这会成为裹住企业前进脚步的乱麻。

4. 信用成本

一个人的信用是非常宝贵的财富，信用的好坏直接影响个人的方方面面。对企业来说，信用也是非常重要的资源。然而我们发现，很多企业习惯拖欠供应商货款，习惯拖欠员工薪

资，习惯克扣他人，习惯拖欠银行贷款等，认为这样可以减轻企业的流动资金压力。

但是从长远来看，这会成为企业经营的严重隐性成本。首先，供应商一定会将时间成本算在其报价中，这类企业无法采购到最低价格的原料或服务。其次，拖欠员工薪资，违背劳动法规，有被惩罚的危险。最后，拖欠银行贷款，克扣他人，会给其信用度大打折扣，当企业某一天遇到困难时，是会四面楚歌的。无疑，企业为此要付出惨重的代价，并不会因此获得任何益处。

总而言之，企业的成本体现在很多不同的方面，显性成本是摆在台面上的，企业管理者要合理做好这方面的控制，但不要过分计较，只知道从这里去节约甚至是克扣，那是难以把企业做大做强的。优秀的企业管理人员更要重视企业的隐性成本，提升企业管理水平。

模块七

垄断还是竞争

 **学习目标** • • •

◎**知识目标：**

1. 了解市场和市场结构的含义；
2. 掌握四种市场结构的含义及特点；
3. 理解四种市场结构的区别；
4. 掌握价格歧视的含义和类型。

◎**能力目标：**

1. 能够判断某种商品市场属于哪种市场结构；
2. 能够运用市场理论对现实中的市场现象进行分析；
3. 能够初步分析企业在不同市场结构的竞争策略。

◎**素养目标：**

1. 加深对"市场经济在资源配置中起决定作用"的理解；
2. 运用社会主义核心价值观客观看待垄断与反垄断。

 **故事导入** • • •

打开电视或者手机，你们经常看到的是什么广告？是化妆品、家用电器、日用品等轻工

业品的广告。你看到过石油、煤炭、钢铁的广告吗？你看到过大米、面粉的广告吗？这是为什么呢？为什么有的产品打广告，有的产品不打广告呢？

你们有没有发现一种现象，同样的一罐可乐在超市卖2元，在便利店卖2.5元，在大型商场卖3元，在一般的酒店卖5~8元，在四星级以上的酒店可以卖到25元以上。为什么同样的商品在不同的市场上售价有如此巨大的差异呢？厂商是如何定价的呢？如果你仔细观察，还会发现，即使在同一个地区的便利店中，大多数便利店的商品大致相同，市场上便利店的家数也不会太多，但每家便利店的商品价格多少也会有些不同。为什么在多家便利店并存的情形下，他们仍能以不同的价格销售同样的商品呢？

另外，在一些大型商场云集的繁华商业街上，当其中一家商场举行促销活动时，其他商场都会群起效仿。这种情况同样会出现在航空机票的销售方面：当一家航空公司出售打折机票时，其他公司也常常会跟进。大家的折扣方式也许不同，但目的都是一样的，都是促销。特别是对于特定市场的不同厂商，他们都会根据竞争对手的定价策略来相应决定自己的策略，这又是为什么呢？

以上种种现象，不能简单地用需求与供给理论来解释，其实这已涉及不同的市场结构和厂商的行为策略。可见，市场的情况不同，厂商的竞争激烈程度不同，从而导致的定价策略就会不同。为了更清楚地分析这种情况，我们必须了解市场理论。

任务一 认清你的位置——市场和市场类型

▶ 案例 7-1-1

市场经济与竞争："鲇鱼效应"

烹制后的沙丁鱼是欧洲人非常喜欢的一道美食，但是长期以来，由于沙丁鱼在运输过程中经常因环境恶劣而死去，很多贩运沙丁鱼的商人蒙受了巨大的损失，也使人们的餐桌上很难见到新鲜的沙丁鱼。

一次，一位渔商意外发现了一个绝妙的解决方法。在运输过程中，由于商人准备的鱼槽不足，只好将鲇鱼和沙丁鱼混装在一个鱼槽中，结果到达目的地的时候，商人意外地发现，沙丁鱼竟然一条也没有死。

原来，这都是鲇鱼的功劳。由于鲇鱼是一种好动的鱼类，在水中总是不停地东游西窜，使鱼槽里不再是一潭死水。沙丁鱼本来是一种非常懒惰的鱼，很少游动。但是鲇鱼的到来使它们非常恐惧，改变了好静不好动的习性，也跟着鲇鱼快速地游动起来，一舱的水被鲇鱼搞活了。船到岸边的时候，这些沙丁鱼由于活力大增，一个个活蹦乱跳的。人们称这种现象为"鲇鱼效应"。

"鲇鱼效应"包含了什么样的经济学原理？

竞争的作用就是这么奇妙，竞争的市场有无数的买者和无数的卖者，而各个卖者提供的物品大体是相同的，由于市场是开放的，任何企业随时都可以自由地进出市场。这些条件的存在，使市场上任何一个买者或卖者的行动对市场价格的影响都是微乎其微的，每一个买者和卖者都不可能左右市场，而只能是市场价格的接受者。

要想获得更高的利润，最好的办法是实行差别竞争，也就是提高商品的科技含量、提高产品质量、改进服务手段、增加或者改进商品的性能等。这些手段从满足不同消费者的偏好入手，满足消费者的更高需求，使市场变得异常丰富。这样，竞争不仅不会引起价格的降低，而且由于商品的不同，还可以提高商品的价格。

案例 7-1-2

2020 年中国上市企业净利润排行榜（部分）

中商情报网讯：据不完全统计，截至目前，沪深 AB 股已有 4 296 家上市公司公布了 2020 年财报或业绩预报、业绩快报。其中，61 家上市公司归属上市公司股东净利润超百亿元，5 家上市公司归属上市公司股东净利润超千亿元。

工商银行归属上市公司股东净利润最高达 3 159.06 亿元，建设银行、农业银行位居第二位和第三位，归属上市公司股东净利润分别为 2 710.50 亿元、2 159.25 亿元。中国银行、中国平安、招商银行、交通银行、兴业银行、邮储银行、浦发银行进入前十位，归属上市公司股东净利润排名第四至十位。2020 年中国上市企业净利润排行榜见表 7-1。

表 7-1　2020 年中国上市企业净利润排行榜

排　　名	证 券 代 码	证 券 名 称	归母净利润（亿元）	所 属 省 市
1	601398.SH	工商银行	3 159.06	北京
2	601939.SH	建设银行	2 710.50	北京
3	601288.SH	农业银行	2 159.25	北京
4	601988.SH	中国银行	1 928.70	北京
5	601318.SH	中国平安	1 480.99	广东

（资料来源：中商情报网）

这些企业的利润为什么这么高？

这些企业的利润高是跟他们所在的市场结构有关的。

 **知识百宝箱**

市场和市场结构

一、市场

什么是市场呢？所谓市场，是指买卖双方交易某种商品或劳务的场所。这个场所可以是有形的，也可以是无形的。微观经济学中的市场是指从事某一种商品买卖的交易场所或接触点，它由消费者和生产该商品的厂商构成。

从本质上讲，市场是买卖双方相互作用并得以解决其交易价格和交易数量的一种组织形式或制度安排。

任何一种商品的交易都有一个市场。经济中有多少种商品交易，就相应有多少个市场，如土地市场、汽车市场、手机市场、黄金市场、面包市场、服装市场等。经济中所有可交易的物品可以分为商品和生产要素两类。相应地，经济中所有的市场也可以分为商品市场和生产要素市场两类。这里我们讨论的是商品市场。

一个具体商品市场中的全体厂商称为一个行业。行业是指为同一商品或类似商品市场生产和提供商品的厂商集合，如食品加工业、纺织业、机械制造业等。

二、市场结构

不同商品的市场差异巨大,有些市场生产者众多、竞争激烈,大家可以拼价格,也可以拼产品质量,这样的市场使消费者有更多的选择,不仅能享受合理的价格,还可以得到质量保证。而反观还有一些市场,因为生产者数量有限,缺乏竞争,形成一家独大或几家独大的局面,让消费者没有选择的余地,这样虽然可以避免选择困难症,但是却使消费者不得不接受较高的价格。

市场结构

根据商品市场上不同市场结构的特征可以对市场进行分类。市场结构是指市场的构成,可以从交易者即买方或卖方、交易对象、组织形式等多个方面进行划分。经济学一般是从卖方的角度来划分不同的市场结构。

三、四种市场结构

一个市场的准入门槛越低,生产者数量就会越多,而生产者数量越多,竞争就越激烈。

一般按照市场竞争的程度,从厂商数量、产品差别程度、厂商对价格的控制程度、厂商进出市场的难易程度四个方面,将市场分为四种市场结构:

(1)竞争最激烈、厂商数量最多以及准入门槛最低的**完全竞争市场**;

(2)厂商数量比较多,有一定准入门槛,但竞争仍然很激烈的**垄断竞争市场**;

(3)厂商数量很少,准入门槛很高,且互相之间几乎不存在竞争的**寡头垄断市场**;

(4)厂商一家独大,其他厂商几乎难以进入的**完全垄断市场**。

四、决定市场划分的主要因素

1. 市场上厂商的数目

厂商的数目是影响一个市场竞争程度的重要指标,对市场的竞争程度有重要影响。一个市场上厂商的数目越多,这个市场的竞争性就越强;相反,市场上厂商的数目越少,市场的垄断性就越强。

2. 厂商生产产品的差别程度

产品的差别程度也是决定市场竞争性或垄断性的重要依据。如果不同厂商生产的同种产品差别程度小,消费者不易辨识或形成偏好,则厂商之间就表现出较强的竞争性;相反,如果不同厂商生产的同种产品差别大,则厂商易于控制价格,并对消费者施加影响,市场的垄断性就强。

3. 单个厂商对市场价格的控制程度

对市场价格的控制程度是指厂商对市场价格的决定权大小。厂商对市场价格的控制程度小,说明他们之间主要是竞争关系。厂商对市场价格的控制程度越大,则市场的垄断程度就越高。

4. 厂商进入或退出一个行业的难易程度

这是指生产要素在行业间是否能够自由地流动。如果一个厂商在退出一个行业并进入一个新的行业过程中不需要付出较大的成本，即厂商进入或退出行业比较容易，说明生产要素在行业间的流动比较自由，市场的竞争性就强；相反，厂商难以在行业间进出，说明市场的垄断性强。

只有一家厂商的市场称为完全垄断市场，只有几家厂商的市场称为寡头垄断市场。如果是有许多厂商的市场，就要看这些厂商生产的产品是同质的还是不同质的。如果有许多厂商生产有差别的产品，那么就是垄断竞争市场；如果有许多厂商生产同质的、一模一样的商品，那么就是完全竞争市场。从完全竞争市场到完全垄断市场，新企业进入该行业的难度是越来越大的。

市场类型的比较见表7-2。

表7-2 市场类型的比较

市场类型	厂商数目	产品差别	对价格的控制程度	进出一个行业的难易程度	接近哪种商品市场
完全竞争	很多	完全无差别	没有	很容易	一些农产品如玉米、小麦
垄断竞争	很多	有差别	有一些	比较容易	一些轻工业品如服装、食品
寡头	几个	有差别或无差别	相当程度	比较困难	汽车、石油
垄断	唯一	唯一的产品，且无相近的替代品	很大程度但常受管制	很困难，几乎不可能	公用事业，如水、电

任务二 为什么商贩无力改变价格——完全竞争市场

▶ 案例 7-2-1

如果去菜市场你会发现，我们很多人都要去买鸡蛋，而且卖鸡蛋的商贩也很多，鸡蛋的个头大小没有太大的差别，只要不是坏的，没有人会特别在意买什么样的、买哪家的鸡蛋。至于鸡蛋的信息更是没有谁会刻意地去掌握。在这个鸡蛋市场里，各个摊位的价格都差不多，而且是由供需决定的均衡价格。

在完全竞争市场或者近似的市场里，因为同质同价，卖方究竟怎样才能获取更多的利润呢？难道只能靠运气的青睐吗？

的确，在这样的市场里，卖方完全受市场支配，竞争激烈，在产品相同的情况下，卖方不得不在降低成本上大做文章。除此之外，卖主还要进行价格外的营销竞争，比如，热情周到的服务，把鸡蛋装进盒子便于顾客携带，给鸡蛋贴上商标等，都可以吸引更多的顾客。

通过这些分析我们会发现，完全竞争市场下的商家处于一种完全由市场支配的位置，为了获得更多的经济利益，一味由市场支配是不行的，要通过各种途径去改变这种被支配的地位。商家要靠提高自己的服务水平、采取各种营销手段、提高自己的产品在市场上的竞争力等方式，来避免完全竞争市场的出现，这样才能提高自己在市场上的占有率，从而提高经济收益。

经济学家认为，市场结构的竞争程度越高，经济效率就越高；反之，垄断程度越高，经济效率就越低。所以，完全竞争市场是经济效率最高的一种市场结构。在完全竞争条件下，只要企业追求最大利润，长期内不仅能使企业生产效率达到最高，而且资源的配置也是最优的。这正是市场机制这只"看不见的手"作用的结果。当然，完全竞争市场也有其缺点：首先，产品无差别，消费者的多种需求无法得到满足；其次，完全竞争市场上生产者的规模都很小，他们没有能力去实现重大的科学技术突破，从而不利于技术发展。

严格地说，完全竞争市场是经济学的一个理想实验，在现实中并不存在。但是，有了这一理想化的模型，它就像一把尺子、一面镜子，可以很好地加深我们对不完全竞争市场的理解。

案例拓展

为什么电视中极少看到大米或者面粉这一类农产品的广告？试运用市场理论的知识解释这一经济现象。

▶ 案例 7-2-2

大型养鸡场为什么会赔钱？

为了实现"市长保证菜篮子"的诺言，许多大城市都由政府投资修建了大型养鸡场，结果这些大型养鸡场反而竞争不过农民养鸡专业户或老太太，往往赔钱者多。

案例思考

为什么大反而不如小呢？

思路点拨

从经济学的角度看，这首先在于鸡蛋市场的市场结构。我们知道，鸡蛋市场有三个显著特点：第一，市场上买者与卖者很多，即使一个大型养鸡场在市场上所占的份额也是微不足道的，难以通过产量控制价格，用经济学的术语说，每家企业都是价格接受者；第二，鸡蛋是无差别产品，企业也不能用产品差别形成垄断力量；第三，自由进入与退出。这三个特点决定了鸡蛋市场是一个完全竞争市场。

在鸡蛋这样的完全竞争市场上，短期如果供大于求，整个市场价格低，养鸡可能亏本；如果供小于求，整个市场价格高，养鸡可以赚钱。从长期来看，养鸡企业（包括农民和大型养鸡场）需要对供求做出反应，决定产量多少或进入还是退出。假如由于人们受胆固醇不利于健康的宣传而减少了鸡蛋的消费，价格下降，这时养鸡企业就应做出减少产量或退出该行业的决策。假如由于鸡蛋出口增加，价格上升，这时养鸡企业就应做出增加产量的决策。在长期中，通过供求的这种调节，鸡蛋市场实现均衡，社会得到满足，生产者也感到满意。这说明，在完全竞争市场上长期均衡的关键是生产者对市场供求变动做出反应。

大型养鸡场的不利之处在于这种调节能力不如农民。养鸡的成本分为固定成本（鸡舍等支出）和可变成本（鸡饲料、劳动等）。在短期中，如果价格低于平均总成本，企业要亏本，但只要高于平均可变成本就可以维持生产。大型养鸡场的固定成本远远高于农民。当价格低时，农民由于固定成本低，甚至可以不计劳动成本，只要能弥补饲料成本就可以维持生产，而此时大型养鸡场要支付高额的固定成本，必然难以经营，或大量亏损由政府补贴。当价格高时，许多农民会迅速进入养鸡行业，大型养鸡场则难以迅速扩大。农民迅速进入使短暂的赢利机会消失，大型养鸡场则难以利用这个机会。

船小好掉头，养鸡市场上农民就是如此。从长期来看，因为鸡蛋市场均衡价格等于农民养鸡的生产成本加正常利润，而这一价格低于大型养鸡场的总成本，所以大型养鸡场就会出现亏损。

知识百宝箱

一、完全竞争
完全竞争是指不受任何阻碍和干扰的竞争。

完全竞争市场

二、完全竞争市场
完全竞争市场是指没有任何垄断因素的市场。实际上,完全竞争市场是经济学所假设出来的一种最理想的市场结构,在现实中是不存在的。但是我们可以在现实生活中找到类似的市场,如卖番茄、小麦、鸡蛋等农产品的市场。

三、完全竞争市场需要满足的条件

1. 市场上有众多的买方和卖方

由于市场上买方和卖方的数量巨大,所以对任何一个个体来说,他购买商品的数量或者销售商品的数量都是微不足道的,就好比茫茫大海中的一滴水。任何一个买方或者卖方都是市场中的价格接受者,其任何行为都不会对市场中商品的价格产生任何影响。所有的买方或者卖方都是根据自己的利益进行行为决策,这些行为汇总起来共同决定产品的市场价格。例如,在农贸市场中,鸡蛋作为生活必需品,几乎家家户户都要购买,而且卖鸡蛋的摊位也非常多。鸡蛋价格基本上相同,任何一家都不愿意也没有必要在没有任何原因的情况下,妄自提高或者降低鸡蛋价格。

2. 市场上的商品是同质的

市场上的商品是同质商品,每个销售者所卖的商品都是一样的,包括质量、包装、牌号、销售条件等方面都相同。例如,刚才我们提到的鸡蛋市场,对于消费者来说,每个摊位的鸡蛋都大同小异,只要不是坏的,一般没有人会去认真比较不同摊位的鸡蛋有什么区别,所以可以把鸡蛋近似看成同质的、没有差别的商品。

3. 进出市场是完全自由的

当市场外部条件发生变化时,市场会对产量进行相应的调整,这种调整往往会带来资源流入或者流出。换句话说,对于完全竞争市场来说,厂商进出一个行业完全是自由的,不存在任何障碍,而且行业内的所有资源都是可以自由流动的,没有任何人为的行业壁垒和自然壁垒。例如,上面提到的鸡蛋市场,鸡蛋买卖基本上是自由的,买方和卖方基本上可以自由地选择进入还是退出。

4. 市场上的所有人都掌握着关于市场的全部信息

完全竞争市场上的每个买方和卖方都掌握着关于本市场的所有信息，包括市场过去、现在和未来的任何一方面的信息，并且能够根据这些信息进行自己的最优行为决策，从而获得最大的经济利益。对于鸡蛋市场来说，并没有什么特别的信息需要掌握，可以近似认为人们了解了全部信息。

通过上述分析，可以得出结论：完全竞争市场是一个理想市场，现实生活中只是存在着比较近似的完全竞争市场。

四、完全竞争市场上的行业供求曲线和厂商需求曲线，平均收益与边际收益

（一）行业供求曲线和厂商需求曲线

在完全竞争市场上，由于产品是同质的，每一个厂商都是均衡价格的接受者，而均衡价格是由整个行业的供给和需求所决定的。所以当行业均衡价格确定之后，对单个厂商来说这个价格就是既定的。这意味着：一方面，在给定价格下厂商可以销售无穷多数量的商品，但只要提价就不会有人购买，因为所有厂商都销售同样的产品，而消费者也知道在哪里能买到更便宜的产品；另一方面，如果厂商是理性经营，就不会降价，因为他能够在既定价格下销售他所有想卖的产品，降价只会使利润受损。

如何确定均衡价格？行业的需求曲线是描述消费者对整个行业所生产的商品的需求状况的曲线，一般情况下，需求曲线 D 是一条向右下方倾斜的曲线，而供给曲线 S 是一条向右上方倾斜的曲线，如图7-1（a）所示，整个行业的产品均衡价格就是 P'。如图7-1（b）所示，厂商面临的需求曲线 d 是相对于行业供求曲线所决定的均衡价格 P' 而言的。如果市场供求曲线发生变动，就会形成新的均衡价格，那么厂商就面临一条从新的均衡价格水平出发的水平需求曲线。

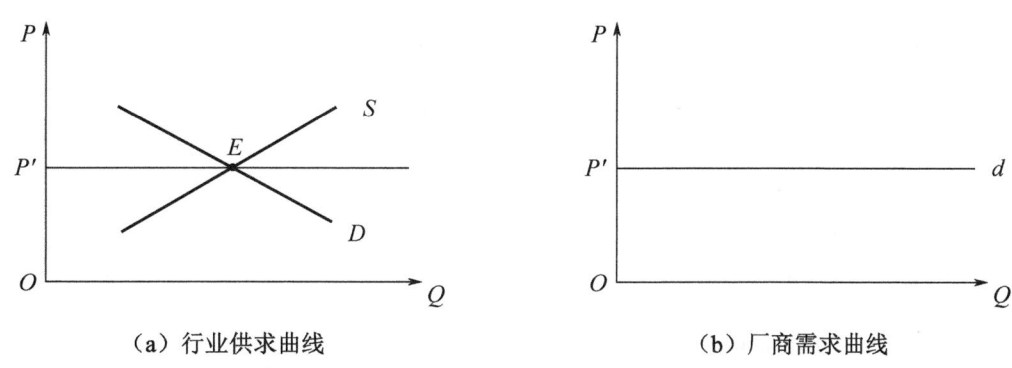

图7-1 完全竞争市场上的行业供求曲线和厂商需求曲线

（二）平均收益与边际收益

厂商的收益是指厂商出售产品所得到的收入。收益可以划分为总收益、平均收益和边际

收益，分别用 TR、AR 和 MR 表示。

总收益（TR）是指厂商按一定价格（P）出售一定量产品（Q）时获得的全部收入。用公式表示为：TR=PQ。

平均收益（AR）是指厂商在平均每一单位产品销售上所获得的收入。用公式表示为：AR=TR/Q=PQ/Q=P，表明平均收益等于市场价格。

边际收益（MR）是指厂商增加每一单位产品销售量所获得的收入增量。用公式表示为：MR=ΔTR/ΔQ。

假设市场上白菜1元/千克，菜农的收益见表7-3。

表7-3 菜农的收益

价格（元/千克）	销售量（千克）	总收益（元）	平均收益（元）	边际收益（元）
1	100	100	1	1
1	200	200	1	1
1	300	300	1	1
1	400	400	1	1

从表7-3中可以很清楚地看出，菜农对每单位商品都是按均衡价格1元出售，菜农总收益随销售量的增加而增加，但是由于商品的单位价格不变，不仅使得平均收益保持不变，而且边际收益也保持不变，等于商品的单位售价1元。

在完全竞争市场上，个别厂商销售量的变动对市场价格没有任何影响，即厂商只能按均衡价格 P' 来出售商品，所以每增加销售一单位产品所增加的收益仍然是 P'，也就是说厂商的平均收益曲线、边际收益曲线和个别厂商的需求曲线是完全重合的水平线，即 AR=MR=P'，而总收益曲线是一条从原点出发的斜率不变的直线，如图7-2所示。

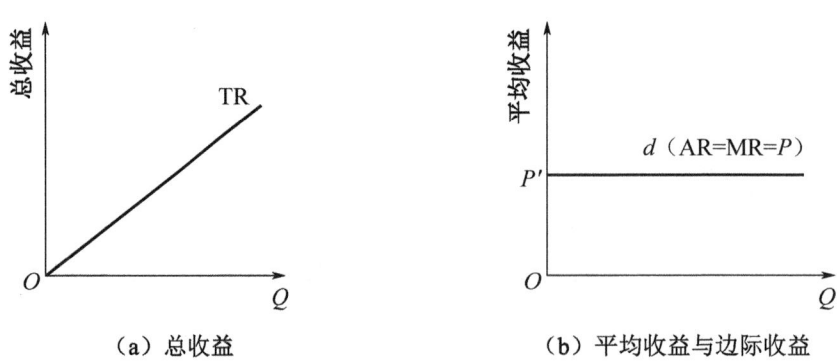

（a）总收益　　　　　　　　（b）平均收益与边际收益

图7-2 完全竞争市场的收益曲线

五、完全竞争市场的价格策略

在完全竞争市场上，厂商不能影响和决定价格，价格竞争不能成为厂商的竞争策略，同时产品的同质性决定了厂商不能通过广告促销来吸引客户。剩下的办法只有一种，即降低成本，树立成本优势，从而在既定的价格水平上赢得比竞争对手更大的赢利空间。

六、对完全竞争市场的评价

在完全竞争条件下，价格可以充分发挥其"看不见的手"的作用，调节整个经济的运行，使整个经济资源流向能够更好地发挥资源效用的行业，在整个社会资源稀缺的前提下达到资源的有效流动。同时完全竞争市场上的供给与需求相等，避免了资源的浪费，并且使厂商在长期均衡时所达到的平均成本处于最低点，平均成本最低决定了产品的价格也是最低的，这对消费者是有利的。

完全竞争市场的结构并不是万能的，它也存在许多的不足。这主要是由于完全竞争市场的结构模型在现实中并不存在，它是经济学家为了方便研究而虚构出来的一种极端的市场模型。模型中存在许多与现实相悖的地方，用这样一个极端的市场模型进行研究而产生的结果本身就是不能完全令人信服的。其主要表现在以下两个方面。

其一，完全竞争市场的假设条件都是高度抽象的结果。例如，每个厂商提供的产品都是完全同质的；每个生产者和消费者都能够充分掌握与自己有关的一切经济信息；市场内的资源流动具有完全性；任何一个厂商都可以选择自由地进入或者退出某个行业或市场而不会受到任何约束。事实上，这些假设在现实生活中都是不成立的，所以现实经济社会中根本就不存在完全竞争的市场结构。

其二，即使完全竞争市场在现实中真的存在，它本身的缺点也很多。例如，每个企业的规模都很小，而小企业根本没有进行重大科技创新的能力，如此将会阻碍社会技术的进步和生产的发展；所有厂商生产的商品都是完全同质化的，而消费者的需求具有多样性的特点，无法使消费者的需求得到充分的满足，同时限制了社会的发展进步。

拓展案例

小麦种植分析

对照完全竞争的四个条件，可以说小麦市场是一个比较接近完全竞争的市场。因为这个市场有众多买者和卖者，并且没有人能够影响小麦的价格。相对于市场规模，每个小麦买者的购买量都很小，以致无法影响价格。也就是说，不可能因为自己的购买量较大，而以比别人低的价格进行购买，因为对他来说再大的购买量，相对于市场规模仍然微乎其微。对于卖者来说，提供的是几乎同质的小麦产品，而且任何一个卖者所提供的小麦数量，对于市场规模来说都微不足道，因此，每个卖者都可以在现行价格水平上卖出他想卖的所有产量，他没有什么理由收取较低价格,当然,如果他收取高价格,买者就会到其他地方购买了。因此,在小麦市场上,小麦的价格由众多的买者和卖者的需求和供给共同决定。买者和卖者都是价格的接受者,他们必须接受市场供求所决定的价格,按照市场价格买卖。

与此同时,对于一个种植小麦的农民来说,是决定继续种植小麦,还是改种蔬菜、水果甚至挖鱼塘养鱼,主要取决于种植小麦的成本收益比较,以及种植小麦与其他种植业和养殖业的净收益比较。如果种植小麦有利可图,那么总有农民愿意继续种植小麦,甚至有更多的农民加入种植小麦的行列;如果种植小麦是亏损的,或者种植小麦的净收益比其他种植业的净收益要小,长此以往,农民就会改种其他作物。在农民决定继续种植小麦还是改种其他作物时,他们的选择基本是自由的,也就是说,农民进入或退出小麦种植的障碍很小。

略微不足的是,小麦市场无法满足信息完全的假定条件。这是大多数农产品市场化过程中存在的通病。当众多的小生产者与大市场对接时,由于单个的小生产者无法及时准确地把握决策所需要的所有信息,而只能在有限的信息条件下做出决策。例如,像蛛网模型假定的那样,以上一时期的价格作为本期产量的决策依据。这样决策的结果很可能导致其决策与整体市场的实际运行情况相反,从而遭遇价格波动所带来的市场风险。小麦等农产品市场经常出现"去年买粮难,今年卖粮难"的现象,就是信息不对称导致的。

任务三 都是垄断惹的祸——完全垄断市场

▶ 案例 7-3-1

春运火车票该不该涨价?

一年一度的季节性大迁徙,很多人都不会陌生。这个具有中国特色的迁徙运动就是我们熟知的春运。春运市场提供了世界上罕见的爆发性最大的商机。每年到了春节前夕,人们都开始思考这样的问题,要不要回家,怎么回家?票还有没有?是坐飞机回家还是坐火车回家?纠结了好久,好不容易做出决定,拿起手机却发现票价已经高出了天际。面对这样的窘境,很多人都觉得难以接受。交通部门为了缓解春运的高峰,在春运期间上调火车票的价格。有关人士是这样解释的,春运期间的票价上涨是为了削峰平谷,以达到均衡运输的目的。

然而,我们往往看到的是,即便车票涨价后,也并没有减少铁路乘客从而达到均衡运输的目的。因为对于中国大多数老百姓而言,出门选择交通工具往往首先考虑的是价格,日常出门经常以地铁、公交等工具为主，而在远途的出行中火车则成了人们首选的交通工具，无论火车票涨不涨价，该回家的还得回家。涨价根本无法削峰平谷。据北京一家报纸报道，春节前15天，北京西站和北京站的客票收入增长了50%，总收入逼近了3亿元，而这个收入的数字，只是在仅仅15天内就取得了。有舆论指责这就是垄断行业，大发横财。当然政府也意识到了这个问题，对垄断性企业的垄断利润进行了适时的干预，所以我们欣喜地看到，近几年交通部门已经明确春运期间车票不涨价。

案例思考

1. 简述垄断的含义与形成的原因。
2. 简述垄断存在的利弊。

思路点拨

我国的铁路运输就是一种典型的完全垄断行业。在春运期间，无论你是白领还是教师，无论你是司机还是科研工作者，每个外出工作的人都逃不开要回家过年这样一个话题。所以对于他们来说，无论火车票涨不涨价，该回家的还得回家。而其他的交通工具，比如飞机等，因为其票价更贵，所以无法与火车形成替代关系，人们自然会倾向选择火车。也就是说，这个市场缺乏弹性，不会因为火车票定价高，老百姓就不回家过年。

垄断的铁路也由此获得了高额的垄断利润。当然，垄断也存在着合理性，因为铁路运输、电力、自来水、邮电等部门，其生产设备与管网铺设需要重金投资，固定成本非常高，但是增加一个电话或者多发一度电的边际成本却相对很低，于是用户越多，产量越大，平均到每一户或者产品上的成本才会越小。这些行业大多是政府垄断，如果有两家以上的厂商来经营，不仅会造成浪费，同时也容易引起纷争或者混乱。所以垄断是一种利弊并存的市场结构，它的存在有它的合理性，也有它的必然性。

思政渗透

政府应该对垄断部门的产品价格进行干预和限制，限制其垄断收入。在我国，铁路部门作为国家出资兴建、政府特许经营的垄断部门，不应该以营利为主要目的，在价格上应该接受政府有关部门的指导与管制，更不应该靠提高车票价格、增加乘客负担这种价格歧视的方式获取大量超额垄断利润。

知识百宝箱

一、垄断

垄断,又称完全垄断、独占、卖方垄断或纯粹垄断,是指整个行业的市场完全处于一家厂商控制的状态,即一家厂商控制了某种产品的市场,这种市场不存在丝毫竞争因素。

二、完全垄断市场

完全垄断市场是指一家厂商控制了某种产品全部供给的市场结构。在完全垄断市场上,具有以下特征。

(1)厂商数目唯一,一家厂商控制了某种产品的全部供给。在完全垄断市场上垄断企业排斥其他竞争对手,独自控制了一个行业的供给。由于整个行业仅存在唯一的供给者,企业就是行业。

(2)完全垄断企业是市场价格的制定者。由于垄断企业控制了整个行业的供给,也就控制了整个行业的价格,成为价格制定者。完全垄断企业可以有两种经营决策:以较高价格出售较少产量,或以较低价格出售较多产量。

(3)完全垄断企业的产品不存在任何相近的替代品。否则,其他企业可以生产替代品来代替垄断企业的产品,完全垄断企业就不可能成为市场上唯一的供给者,因此消费者无其他选择。

(4)其他任何厂商进入该行业都极为困难或不可能。完全垄断市场存在进入障碍,其他厂商难以参与生产。垄断厂商之所以能够成为某种产品的唯一供给者,是由于该厂商控制了这种产品的供给,使其他厂商不能进入该市场并生产同种产品。

三、完全垄断市场形成的原因

1. 独家控制

独家厂商控制了生产某种商品的全部资源或核心资源的供给。一旦生产者控制了某个产业产品生产的原料,而其他生产者无法获得这种原料,这就让其他想进入的企业"无米下锅"。

2. 自然垄断

某些行业可能始终呈现规模报酬递增的特征。在这些行业中,只需要一家厂商经营就可以满足整个市场的需求。若由两家或两家以上厂商生产将产生较高的平均成本,造成社会资源的浪费。这些行业属于自然垄断行业,如铁路业和城市的公用事业。

3. 政府特许

政府往往授予某个厂商某种产品的特许权,许多国家的邮政业、某些公用事业都是由政府给予某个公司特许的垄断经营权。

4. 专利权垄断

一家厂商拥有生产某种产品的专利权,也就成了这种产品唯一的供给者,如制药行业。

如果说完全竞争市场是市场组织的一种极端形式,那么完全垄断市场是市场组织的另一种极端形式。

四、完全垄断市场的需求曲线和收益曲线

1. 需求曲线

在完全垄断条件下,市场上只有唯一一家厂商,故垄断厂商所面临的需求曲线就是行业的需求曲线,它是一条向右下方倾斜的曲线。这表明垄断厂商可以用减少销量的办法来提高市场价格,或者通过增加销量来压低市场价格,即垄断厂商可以通过改变销量来控制市场价格。

2. 收益曲线

完全垄断厂商不同于完全竞争厂商的重要区别是完全垄断厂商能影响其产品价格,如果垄断者降低价格,需求量就会增加,也可以通过减少供给量来提高价格。

完全垄断厂商的需求曲线是向右下方倾斜的。平均收益就是总收益除以销售量的商,也就是价格。在任何市场类型下,平均收益一定等于价格。在完全垄断市场,平均收益曲线和需求曲线是完全重合的。由于厂商的需求曲线向右下方倾斜,厂商要多销售一单位产品,就必须降低价格。每多销售一单位产品所带来的总收益的增加量总是小于产品单价,即边际收益小于平均收益。因此完全垄断市场的边际收益曲线也向右下方倾斜,位于平均收益曲线的下方,如图 7-3 所示。

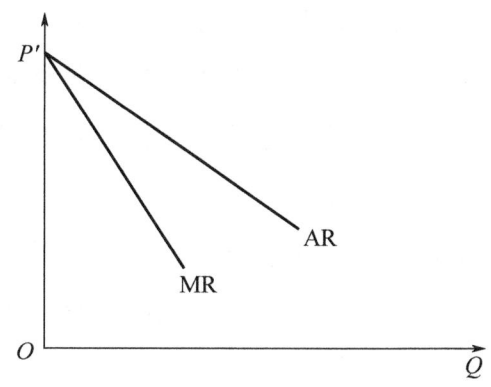

图 7-3 完全垄断市场的收益曲线

案例 7-3-2

形形色色的打折促销

量大从优

商家为何要给购买量大的消费者优惠呢?因为购买量大的消费者往往因为支出较大而对价格较为敏感,相反,少量购买的消费者因为本身支出不大,所以对价格也就不那么敏感。

早鸟价

商家会给早做决定的消费者优惠,最典型的例子就是机票,因为购买时间越早,消费者的选择就越多,他们对价格的敏感度也越高,商家为了达成交易就会给予较大力度的优惠,而如果临近出发日,消费者在没有很多选择的情况下,他们的价格敏感度就会变低,因此机票就会涨价。

机票价格

你会发现飞机上的座位通常是以许多不同的价格出售的。为什么会出现这种情况呢?因为航空公司已经掌握了价格歧视这个原理,它可以通过价格歧视去区分公务乘客和个人乘客。一般公务出行的乘客愿意支付更高的价格,而且很可能不想在中转上浪费时间。而个人出游的时候,愿意支付更低的价格,更愿意多花点时间来省点钱。因此,航空公司可以通过区分不同的乘客,成功地实行价格歧视,对每一个座位都获取最高的收益。航空公司还有很多其他价格歧视的做法,比如,针对低价格的机票,规定不能够退换,或者不能够完全退换等。

优惠券

有很多企业会向公众提供优惠券,比如麦当劳、肯德基。为什么麦当劳提供优惠券而不干脆直接打折呢?这是因为提供优惠券可以使麦当劳实行价格歧视。大家都知道,并不是所有的顾客都愿意花时间去找优惠券。找优惠券的意愿,跟顾客对商品的支付意愿一定是相关的,比如,有钱而且非常繁忙的人,他不太可能花时间去找优惠券,他更愿意为节省时间和精力去支付比较高的价格。一个没有钱但是有时间的人,他更可能会想办法去找到优惠券并且留存下来。通过只对这些有优惠券的顾客收取较低的价格,麦当劳就可以成功地实行价格歧视,获得更高的收益。

 **案例思考**

各路商家的打折促销,究竟是亏本买卖还是盈利赚钱呢?

 **思路点拨**

我们知道商品供需决定了市场交易价格,这个市场交易价格在通常情况下对于所有消费者都是一视同仁的。但是有一种情况,生产者可以就同一件商品向不同消费者索取不同的价格。

听起来匪夷所思,其实在现实生活中是存在的。在经济学里,这种行为被称为价格歧视。

 **知识百宝箱**

价格歧视

一、价格歧视

1. 价格歧视的定义

价格歧视是指垄断厂商为了获得最大利润,在同一时间内对同一种产品向不同的购买者收取不同的价格。常见的价格歧视主要是依据顾客或产品特点的不同,制定不同的价格。

2. 实行价格歧视的条件

(1) 各个市场对同种产品的需求弹性是不同的;

(2) 市场存在着不完善或分割性;

(3) 企业有定价的权利。

需要注意的是,"价格歧视"是不能随便乱用的。首先,消费者的需求弹性要有明显确定的差别。其次,定价的对象产品必须是难以转让的。否则,以低价买进产品的消费者就会将产品倒卖出去,商家的定价策略就完全失败了。例如,居民买进的电显然不可能再倒卖给工厂,所以,电力公司才可以对居民和工厂分别收取有差别的歧视价格。

3. 价格歧视的类型

(1) 一级价格歧视。一级价格歧视又称为完全价格歧视,是指垄断厂商对不同的消费者、对每一单位产品都要求取得尽可能高的价格。由于很难获得消费者的确切信息,一级价格歧视是一种很少见的情况。实行一级价格歧视以垄断厂商完全了解每位顾客的支付意愿为前提条件。在现实中,由于客户信息的不完全以及获取信息的巨额成本,完全价格歧视在营销实践中很难运用。

拍卖是近似于完全价格歧视的一个例子。拍卖适用于单一物品有多方竞购的场合，由竞购者中出价最高者购得，中标者的消费者剩余接近或等于0。

（2）二级价格歧视。二级价格歧视是指垄断厂商根据不同的购买量或消费量而实行不同的价格。例如，居民用电量在1～100度实行一种价格，在100～200度实行另一种价格，在200度以上又实行一种价格。二级价格歧视的实施要更普遍一些。还有一些情况，例如，在很多城市，公交公司对刷卡乘客按1元/人次的价格收取乘车费用，而对投币乘客按2元/人次的价格收取乘车费用。

（3）三级价格歧视。三级价格歧视是指垄断厂商对不同的市场和不同的消费者实行不同的价格。实行三级价格歧视需要具备两个重要条件：第一，存在着可以分割的市场；第二，被分割的各个市场上需求价格弹性不同。例如，电力部门针对不同部门，分为工业用电、农业用电、商业用电、居民用电，其价格就各不相同。

我们应该注意，当一种商品在竞争市场上出售的时候，价格歧视是不可能实现的。在竞争市场上有许多以市场价格出售的同一种商品，没有一个企业愿意向任何一个顾客收取低价格，因为企业可以以市场价格出售其想出售的所有商品。同时，如果任何一个企业想向顾客收取高价格，那么顾客就会转头向另外一个企业购买。对于一个实行价格歧视的企业来说，其应该是有某种市场实力才能够实现，因此价格歧视尤其容易发生在企业拥有定价权的垄断市场中。

价格歧视如果要奏效，必须满足以下几个条件。

首先，商品的需求曲线是向下的，这就意味着不同消费者对于同一件商品有着不同的心理价位，从而给价格歧视创造了空间。试想，若需求曲线是水平的，那就意味着每一个消费者对于该商品的心理价位完全一样，那商家也就应该一视同仁，没有区分对待的必要。

其次，市场上必须要有几组不同的消费者，这种不同主要体现在价格弹性上。例如，市场上有一组消费者的价格弹性较低，那么对于这些对价格不敏感、掏钱爽快的消费者，生产者就会索要较高的价格，而对于价格敏感度较高，喜欢货比三家、讨价还价的消费者，生产者则可以在价格上做出让步。在现实生活中，很多销售人员会通过和客户的交谈来判断消费者对于商品价格的敏感度，从而决定商品的优惠力度，这就是价格歧视的一种体现。

最后，该商品在市场上没有二次销售的空间，简单来讲，就是那些擅长讨价还价的客户不能把低价甚至免费获得的商品以更高的价格转售给其他消费者。用流行的话来讲，薅来的羊毛只能自己用，不能转卖给别人。

拓展案例

"价格歧视"是否合理

对"价格歧视"是否违背市场经济规律,人们有不同的看法。有人认为,"价格歧视"是违反市场经济规则的,影响资源的有效配置,必须实行严格管制;有人认为,"价格歧视"有其合理性,应当允许存在。

认为"价格歧视"不应该存在的人的理由是:根据择优分配的原理,商品和资源的最佳配置必须达到均一的边际产出,在市场经济中就是均一的价格。因为公平有效的定价是"长期边际成本",这种成本是一个确定的数,不能因人而异,所以价格歧视破坏了市场规则,必将破坏资源的最佳配置,降低社会的经济效率。

认为"价格歧视"有合理性的人的理由是:"价格歧视"完全符合市场经济规律的要求。"价格歧视"中的"歧视"是经济学的术语,而不是一个贬义词。如果由于扩大市场,使生产者能够得到规模经济利益,在满足了付高价消费者的消费之后,可以降价再满足一部分只能出低价的消费者的消费需求,从而使整个平均成本进一步下降,这对生产者和消费者都有好处。因为通过这种策略,厂商可以依据客户的消费能力将其分为不同的消费群分别定价,赚取更多的利润。

"价格歧视"堪称市场经济中最重要的游戏规则之一。

案例 7-3-3

垄断与反垄断

2021年2月,国务院反垄断委员会出台《关于平台经济领域的反垄断指南》。自此,监管层在反垄断方面开足马力,中国多家互联网巨头、产业巨头经历了一次集体反垄断洗礼。

4月10日,国家市场监督管理总局依法做出行政处罚决定,责令阿里巴巴集团停止违法行为,并处以182.28亿元的罚款。4月15日,扬子江药业集团因违反"反垄断法",国家市场监督管理总局依法做出行政处罚决定,责令其停止违法行为,并处罚款7.64亿元。4月26日,美团因实施"二选一"等涉嫌垄断行为,被国家市场监督管理总局立案调查。7月2日,赴美上市不到48小时的滴滴被国家安全审查,7月4日应用商店下架滴滴出行App。滴滴出行下架后不久,运满满、货车帮、BOSS直聘等其他行业的领头App接连受到安全审查,停止新用户注册。7月7日,国家市场监督管理总局对互联网领域22起违法实施经营者集中案做出行政处罚。

案例思考

为什么要反垄断?

思路点拨

《中华人民共和国反垄断法》(以下简称反垄断法)的作用可以表述为,通过法律的强制性作用排除各种对竞争机制作用的干扰,保护市场主体参与市场竞争的权利,维护竞争的市场结构,保护消费者的合法权益。反垄断法的作用主要是通过实现有效竞争表现出来的,同时也表现为弥补市场机制本身的缺陷。对维护市场公平竞争,增强我国经济活力和竞争力,保护消费者的利益和社会公共利益,促进社会主义市场经济健康发展,具有十分重要的意义。

反垄断不仅是国家和企业的事,更关乎我们每一个消费者,只有良性竞争的市场才能形成共赢的局面。

思政渗透

国家市场监督管理总局一系列的操作说明,在反垄断法面前,任何企业、商业模式都是一视同仁的,加强公平竞争审查,反对不公平的竞争方式,制止垄断行为,才能真正建立一个市场化、法治化、国际化的营商环境。

知识百宝箱

对完全垄断市场的评价

完全垄断一般被认为是有害的。因为在垄断企业里,往往用较少的追加资源可以生产出较高价值的产品,从社会资源合理分配的角度看,说明企业的产量不是最优,生产效率不高,存在生产资源的浪费;垄断厂商实行价格歧视,即价格差别,消费者所付的价格高,消费者剩余减少,这种减少是社会福利的损失。

少数垄断资本家能保持垄断利润,是以全社会消费者收益的减少为代价的,所以是对消费者的剥削;同时,垄断也容易引起腐败,妨碍社会进步。在大多数情况下,垄断会扼杀竞争。

在大多数西方国家,政府都对垄断企业进行管制,例如对垄断企业征税,目的是把厂商的超额(垄断)利润抽走,使分配公平;对市场结构进行控制,尽量增加市场的竞争性,减少垄断性;政府对垄断企业的价格直接进行控制,以减少超额利润,促使产量增加。

但也有经济学家认为，垄断也有其有利的一面。首先，在一些行业可以实现规模经济；其次，垄断企业可以以自己雄厚的资金与人才实力实现重大的技术突破，有利于技术进步；最后，垄断企业尽管在一国内是垄断的，有效率损失，但在国际上有竞争力，有利于一国世界竞争力的提高。

案例 7-3-4

关于反垄断与创新的探讨

材料一

备受社会关注的阿里巴巴集团垄断案有了处理结果：2020年4月10日，市场监管总局依法对阿里巴巴集团做出行政处罚，责令其停止违法行为，并处以其2019年销售额的4%共计182.28亿元罚款（27.77亿美元），创下了中国反垄断罚金的最高纪录，大大超过了上一次高通在中国被反垄断罚款的60.88亿元（9.75亿美元）。

人民日报发表评论，认为此次处罚是监管部门强化反垄断和防止资本无序扩张的具体举措，是对平台企业违法、违规行为的有效规范，并不意味着否定平台经济在经济社会发展全局中的重要作用，并不意味着国家支持平台经济发展的态度有所改变，而是要坚持发展和规范并重，把握平台经济发展规律，建立、健全平台经济治理体系，推动平台经济规范、健康、持续发展。

材料二

4月26日，国家市场监督管理总局表示，根据举报，近日依法对美团实施"二选一"等涉嫌垄断行为立案调查。

据公开资料显示，美团在外卖市场的份额占比高达68.2%，远高于它的竞争对手饿了么的占比25.4%，利用市场支配地位的优势，美团曾经频频被曝光要求商家"二选一"，下线饿了么运营，否则就调整费率，整垮门店。长期以来，处于弱势地位的餐饮商家对美团根本没有反抗之力，美团通过和商家协商"二选一"，逼迫消费者不得不使用美团。如果美团再向前走一步，就极有可能垄断外卖行业。很显然，美团这几年所作所为的目的就是为了垄断。

材料三

4月22日，全国市场监管系统反垄断工作会议在云南省昆明市召开，国家市场监督管理总局副局长甘霖出席会议并讲话。会议指出，2020年是反垄断工作具有标志性意义的一年。会上通报了2020年反垄断成果：全年办结垄断案件109件、罚没金额4.5亿元，经营者集中案件立案485件、审结473件，附条件批准4件。同日，市场监管总局在官网公布了2020年反垄断报告。报告称，"反垄断执法取得突破性进展"。报告专门提及强化平台经济领域反垄断监管方面的内容。

例如,依法对阿里巴巴投资收购银泰商业、腾讯系阅文集团收购新丽传媒、丰巢网络收购中邮智递3起平台企业违法实施经营者集中案件做出行政处罚,释放互联网不是反垄断法外之地的强烈信号;加强平台企业经营者集中案件反垄断审查;召开线上经济秩序行政指导会和规范社区团购秩序行政指导会;发布《关于平台经济领域的反垄断指南》;查处美团实施"二选一"垄断案等。

1. 垄断的优点

垄断性通常不排斥竞争。这是因为尽管同类产品间性能、特征不尽相同,但如果某种产品价格过高,或有质量缺陷,其潜在的消费者宁愿牺牲某些特殊需要而转向其他同类产品。其他厂商也可能改善自己的产品以适应这些消费者。这就是说,有差异的产品间仍存在一定的替代性,仍会带来竞争,推动厂商改善质量、提高效率,促进创新。这种细分市场上的相对垄断是暂时的,随时可能被更有效率和更满足消费者需要的竞争者打破。因此这种垄断竞争是有利于社会进步的。

在完全竞争市场中,如果某家厂商研发了新技术,开发了新产品,很快就会被其他家厂商模仿,这样这家厂商就没有动力再进行发明创造,会阻碍社会的进步。如果能通过法律的手段或行政手段赋予新技术或新产品以一定期限的专利权,该发明或技术就能够给拥有专利权的厂商带来可观的利润收入,他就可以在一定时期内垄断该商品的生产。自然垄断行业或产品的生产经营具有显著的规模经济特征。如果由众多小规模的厂商进行生产经营,单位产品的成本和价格都会比较高。如果由一家垄断厂商供应整个行业的产量就能使成本下降,消费者也可以以较低的价格购买到喜欢的商品。

2. 垄断的缺点

垄断情况下的产品产量会小于完全竞争条件下的均衡产量,价格会高于完全竞争条件下的均衡价格,消费者要额外付出货币,利益受到损害。由于没有竞争压力,生产者一旦取得垄断地位,可能就不再有动力继续研发新技术和改善管理,而越来越因循守旧、安于现状,导致技术进步停滞,甚至效率逐渐下降。垄断还会形成产业壁垒,阻碍生产要素自由流动和优化配置,降低资源配置效率。

拓展案例

2018年,"大数据杀熟"一词开始进入大众视野,且在互联网领域掀起了腥风血雨。所谓的"大数据杀熟",顾名思义,利用大数据对熟人进行利益宰割,通俗来讲,同样的商品或服务,老客户看到的价格反而比新客户要贵。

近期,在线差旅、交通出行、在线票务、视频网站、网络购物等诸多网络平台企业纷纷被爆出可能存在"大数据杀熟"行为:购买同样的产品或服务,老客户反而要比新客户花钱更多。对此,有平台表示"价差可能由于日期、支付方式、供应商等的不同而导致";有平台回应"不允许价格歧视,价格不会因人、设备、手机系统不同而不同"。这些回应貌似有理,但与消费者的体验并不一致。一些平台利用"大数据杀熟",是不少消费者曾经遭遇过的事实。

在"互联网+"消费环境中,"杀熟"发生更频繁、实现更容易,其背后是电商营销"千人千面"技术在起推动作用。平台方会根据搜集到的用户个人资料、购买习惯等行为信息,通过大数据模型建立用户画像,然后根据画像给不同用户推荐相应的产品、服务和定价,实行区别化的价格营销策略。

请用所学的知识分析一下"大数据杀熟"的经济学解释。

任务四 几个人说了算——寡头垄断市场

案例 7-4-1

你有没有发现买可乐的时候市场上只有百事可乐和可口可乐两种品牌可以挑选呢?难道其他公司做不出来可乐吗?长久以来,可口可乐和百事可乐主导着全球的碳酸饮料市场。曾经,国内也出现过很多"挑战者",试图夺取它们的领导地位,其中最成功的"非常可乐"一度取得了30%的市场份额。但是这些品牌都逐渐淡出了人们视野,最后销声匿迹,因为赚不到钱。

为什么市场上只有可口可乐和百事可乐这两种可乐呢?

思路点拨

从经济学角度来看，可口可乐和百事可乐所形成的市场格局是典型的"双寡头垄断"市场。双寡头是寡头市场中一种常见的形式，是指在一个行业里，只存在两家厂商，市场份额全部或大部分由这两家厂商掌控。

可口可乐和百事可乐在百年的"厮杀"下最终一起将价格锁定在了最低的区间。据数据显示，2018 年可口可乐和百事可乐在全球碳酸饮料市场的份额超过了 80%，在国内更是高达 95.6%。在寡头和规模化经济的作用下，可口可乐和百事可乐可以将一瓶可乐的成本压得足够低。按理来说，这个时候如果提高价格就可以获得更多利润，然而可乐的价格十年都没有涨过，一直维持在三块钱一瓶，利润非常低。假如现在有公司想涉足可乐行业，其就会发现自己生产一瓶可乐的成本比人家零售价还要高。新进入者根本无法在这个市场价格下获得任何利润。也许在短期内新进入者通过低于成本价格的方式促销可以获取一部分市场份额，但从长期来看，这些"挑战者"最后都被迫退出了市场。

那为什么可乐不涨价呢？如果可口可乐和百事可乐通过涨价提高利润，别人就会看到这个行业利润丰厚，纷纷加入，进而为了抢夺市场疯狂让利发补贴，最终就会把可乐行业弄得更加惨烈，所以不如一直保持这样的利润，让别人都不敢进来。这样，就算你的利润很低，你依然是顾客为数不多的选择之一。

▶ 案例 7-4-2

典型的双寡头市场

飞机制造： 目前该行业为双寡头市场，两家寡头分别为空客和波音。

飞机制造业需要高额的资本开支和研发开支，比如，空客 A380 机型的研发和生产线投入就达到 250 亿美元，单架飞机售价近 4 亿美元，目前全球范围内 A380 机型也就销售了 200 多架，以 15% 的毛利率计算，卖一架飞机，空客赚 0.6 亿美元左右，根本覆盖不了初期的固定投入。飞机制造业的高投入，也让行业内多家公司并存的现象变得不可持续。

互联网平台： 大家熟悉的 Uber、滴滴等打车平台，也带有自然垄断的色彩。

其初始投入也是比较大的（虽然只是油气管网、供水管网的零头）。

公交车服务： 公交行业也是一个高投入的领域，而且太多公交公司的进入会导致一系列问题，比如，重复的线路、高峰时期的交通拥堵、闲时运力过剩等。在真实国情中，主要城市一般都会有 2~3 个公交公司，比如，上海、广州、北京等，但这些公交公司的线路运营都会接受政府指导。

案例 7-4-3

中国电信行业发展历程

第一次（1998年）：邮电分家。1998年，邮电部被拆分成两个独立的部门，电信政企彻底分离，组建成立信息产业部，负责电信行业的管理，原邮电部副部长杨贤足成为中国联通掌门人。

第二次（2000年）：电信、移动分离。中国移动集团于2000年4月20日成立，同年5月17日，剥离无线寻呼、移动通信和卫星通信业务后成立了中国电信集团公司。

第三次（2002年）：南北重组。2002年5月，国务院对电信进行了南北拆分重组，北方九省一市划归中国网通，成立新的中国电信集团公司。

第四次（2008年）：中国联通的CDMA网与GSM网分离，前者被中国电信收购，后者与中国网通合并，组成新联通，中国铁通并入中国移动。现有6大基础电信运营商合并为3大集团，即中国网通与中国联通合并，中国卫通基础电信业务并入中国电信，中国电信收购联通CDMA网（包括资产和用户），中国铁通并入中国移动成为其全资子公司。

"老中国电信"属于典型的垄断市场。目前中国的电信市场属于哪种类型的市场？与原来垄断的电信市场相比，这种电信市场的优势表现在哪些方面？

目前中国的电信市场是寡头垄断市场。

 **知识百宝箱**

寡头垄断市场

一、寡头垄断市场

寡头垄断市场是指少数几家厂商控制整个市场产品生产和销售的市场结构。

二、寡头垄断市场形成的原因

一般来说，寡头垄断市场形成的原因主要有以下几个方面。

1. 生产经营

这一行业产品的生产经营是建立在规模经济的基础上的,即其产品的生产必须在相当大的生产规模上进行才能达到最好的经济效益。

2. 技术

这一行业产品生产的技术不容易为一般中小型厂商所掌握和模仿。

3. 排他性措施

寡头厂商所采取的种种排他性措施巩固了他们的地位。

4. 政府的扶植和支持

政府对寡头厂商的扶植和支持保障了他们的行业竞争力。

由此可见,寡头垄断市场的成因和完全垄断市场很相似,只是在程度上有所差别而已。寡头垄断市场是比较接近完全垄断市场的一种市场组织。

三、寡头行业的分类

寡头行业可按不同方式分类,根据产品特征,可分为以下两种类型。

1. 无差别寡头(纯粹寡头)

寡头厂商生产的产品无差别,如钢铁、石油等行业的寡头。

2. 有差别寡头

寡头厂商生产的产品有差别,如飞机、汽车、机械、香烟等行业的寡头。

四、寡头垄断市场的特征

1. 寡头厂商之间存在着相互依存性

由于行业中只有少数几家大厂商,它们的供给量均占有市场的较大份额。因此每个厂商的行为会对市场产生举足轻重的影响,相互依存是寡头垄断市场的基本特征。

2. 寡头厂商的决策互相影响

寡头厂商的决策产生什么样的结果具有很大的不确定性。一个寡头厂商做出决策,必然导致竞争对手的相应反应。每个寡头在决定自己的策略时,都非常重视对手对自己这一策略和政策的态度和反应。

3. 寡头厂商的竞争手段是多种多样的

价格和产量一旦确定之后,就具有相对的稳定性,所以,各个寡头厂商相互之间容易达成某种形式的相互勾结和妥协,也就是通常所说的在竞争中达成妥协,在妥协中展开竞争。

寡头厂商之间的相互依存性对寡头市场的均衡有至关重要的影响,要建立一个理想的模型解释寡头的行为是不可能的,而且仅用传统的均衡分析和边际分析方法也难以适应寡头行为的复杂性,在寡头市场上很难对产量与价格问题做出像前三种市场结构那么确切而肯定的答案。寡头之间的相互依存性使得各寡头之间容易形成某种形式的勾结、共谋合作，但是各寡头之间的利益矛盾，又决定了勾结并不能代替或取消彼此之间的竞争，往往寡头之间的竞争会更加激烈。竞争的方式，可能是价格竞争，也有可能是非价格的竞争。

如何解释寡头市场中各家寡头的行为，经济学家们进行了大量有益的探索，也出现一批分析寡头行为的理论模型。常见的寡头垄断模型有古诺模型、斯威齐模型、卡特尔模型等经典模型，其中古诺模型、斯威齐模型是假定各家寡头并不互相勾结，而卡特尔模型是假定各家寡头有正式勾结的寡头模型。近几十年来，博弈论被大量地用来分析寡头市场中各个寡头的行为。

任务五　为什么广告满天飞——垄断竞争市场

案例 7-5-1

2020年阿里平台洗发水销售量TOP10品牌，分别是阿道夫、海飞丝、清扬、吕、沙宣、卡诗、潘婷、滋源、KONO及欧莱雅。TOP10品牌市场份额占比合计26.8%，竞争相当激烈，其中阿道夫的市场份额占比最大，为5.3%，排名第一；排名第二、三的则分别为海飞丝和清扬，占比4.2%、2.8%，见表7-4。

表7-4　2020年阿里平台洗发水销售量TOP10品牌

排　名	品　牌
1	阿道夫
2	海飞丝
3	清扬
4	吕
5	沙宣
6	卡诗
7	潘婷
8	滋源
9	KONO
10	欧莱雅

进入TOP10品牌的国货品牌是阿道夫、滋源和KONO，虽然仅占据三个席位，但是其品牌发展速度迅猛，2020年阿里平台上阿道夫洗发水产品销售额超10.5亿元，销量超过1亿+

件，这也从侧面反映了国货的发展潜力是巨大的。

阿道夫、滋源等本土洗护品牌的崛起，打破了原有的以潘婷、海飞丝等外资品牌为主导的竞争格局。受益于国产品牌近年来在工艺、原料、配方研发等方面的持续投入和研发积累，现阶段部分国产品牌的产品品质已不输国际品牌，这是属于我们国货的荣耀时刻。

中国手机品牌市场集中度高，2021年1—11月前五品牌市场份额占比超过80%，各品牌之间竞争激烈。其中，尽管受到芯片短缺的影响，但OPPO和vivo的表现依然持续强劲，分别以约6 057万部和5 390万部的销量占据市场的前两名，同比增幅分别为40%和35%，市场份额分别达到21.7%和19.3%。苹果自从9月份发售iPhone13以来，表现十分强劲，占据了国内高端机型的绝大部分市场，凭借16.2%的市场份额位居第三，如图7-4所示。

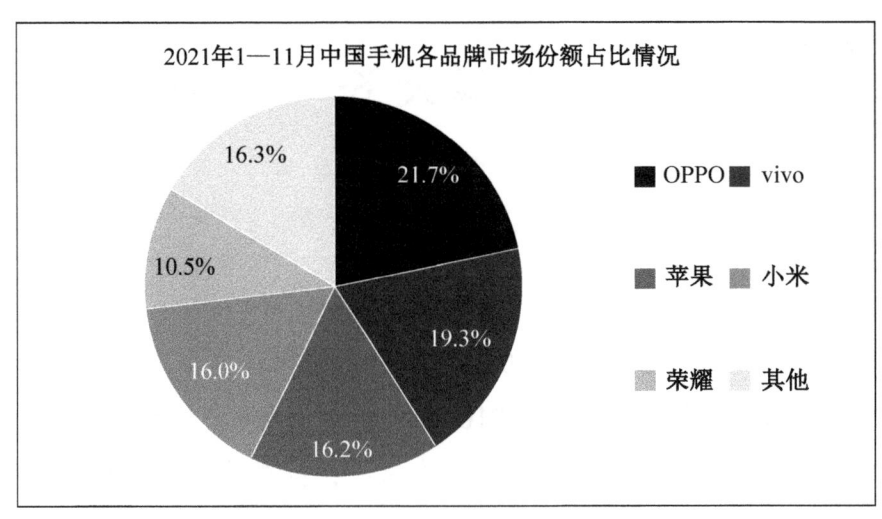

图7-4 2021年1—11月中国手机各品牌市场份额图

（资料来源：中研普华产业研究院、中商产业研究院）

对比洗发水市场和手机市场，你发现了什么？

洗发水市场和手机市场是典型的垄断竞争市场。

完全竞争市场与完全垄断市场都属于市场结构中极端的市场类型，但在现实经济中，大多数行业的市场结构都属于兼有竞争与垄断因素的不完全竞争市场类型，如美容美发业、餐饮业、加油站、服装店和药店等。在这些行业中，每个厂商都尽力使自己的产品与其他厂商有所不同，于是每个厂商都拥有一些垄断力量，但这种力量通常是很小的，其他厂商的产品与之非常相似,产品间的可替代性导致厂商间激烈的竞争。这些行业的市场结构都可视为垄断竞争类型。

▶ 案例 7-5-2

铺天盖地的广告

现实中,采用广告方式开拓市场、与对方展开竞争的例子比比皆是。我们每天都能在报纸、杂志、电视、互联网、大街小巷、商场门口看到各式各样的广告。这些广告大多是如洗发水、饮料、保健品等日用品。好的广告总是给人们留下深刻的印象,甚至产生立即购买的欲望。下面就是两则成功的广告。

广告一

一天,在某地突然从天上落下很多手表。人们大为惊讶,纷纷走上前去,拾起来一看,手表还在滴滴答答地走动。与当地时间一对,居然完全一致。原来,这是某手表厂商做的一次广告,人们深为该品牌手表的高质量、高精确度所折服。从此,该品牌手表迅速在该地打开销路。

广告二

1989 年 1 月,日本昭和天皇逝世,皇太子明仁继位,改年号为"平成"。一家酒商灵机一动,于明仁继位的第二天推出"平成酒"。日本人一见酒名,立即产生了浓厚兴趣。加之该酒限量 1 008 瓶,更煽动了消费者的购买欲。尽管酒价昂贵,每瓶 2 500 多日元,但是买者踊跃,一上市就抢购一空。其实,该酒原名"多满多漫",是用米酿成,十分寻常。名称一变,立刻身价百倍。

为何日化用品市场需要采用广告方式打开市场?

日化用品市场是典型的垄断竞争市场。

在商品琳琅满目的情况下,厂商通过广告向消费者提供与自己的商品有关的信息,如价格、性能、出售地点等,使消费者扩大了选择的范围,节省了搜寻的成本;同时也使自身开拓了市场,增加了潜在的需求者。从整个社会来说,广告的存在使垄断竞争市场更接近完全竞争市场"信息充分"的要求,从而市场运行的效率提高了。

知识百宝箱

垄断竞争市场

一、垄断竞争市场的定义

垄断竞争市场是这样一种市场：有许多相互竞争的厂商生产和销售有差别的同种产品。

二、垄断竞争市场的特征

根据定义，垄断竞争市场的特征主要有以下四点。

第一，行业中每个厂商生产的商品都是有差别的，但是差别不大。由于存在差别，同种产品之间不能完全相互替代，这一点使得厂商的商品可以抵抗竞争对手而形成垄断能力。另外，由于商品间的差别不大，彼此是相互接近的替代品，因而厂商生产的商品的垄断能力并不完全，所以垄断市场不同于完全垄断市场，在本质属性上更接近完全竞争市场，如不同品牌的洗发水市场、计算机市场、饮料和方便面市场等。

第二，由于产品是很多相近的替代品，使得众多小规模的厂商无法控制市场价格；又由于厂商生产的产品之间存在的差别有限，从而厂商能够在一定程度上影响市场价格，是价格的影响者，而不是完全被动地接受市场价格。

第三，由于厂商的生产规模比较小，以至于每个厂商都认为其行为和决策对市场的影响很小，小到可以忽略不计，通常不会引起其他竞争对手的注意和反应，也不会受到竞争者的影响，因此垄断竞争厂商总是表现出独自行事的特征，如快餐行业、美发行业。

第四，进入和退出一个生产行业比较容易。当某行业存在超额利润时，就有厂商进入该行业；当一个行业存在亏损时，行业中的部分厂商就会退出该行业。

三、垄断竞争市场的需求曲线、平均收益与边际收益

由于垄断竞争厂商生产的是有差别的产品，因而对该产品都具有一定的垄断能力，和完全竞争的厂商只是被动地接受市场的价格不同，垄断竞争厂商对价格有一定的影响力。例如，厂商如果将它的产品的价格提高一定的数额，则习惯于消费该物品的消费者可能不会放弃该物品的消费，该产品的需求不会大幅度下降。但若厂商大幅度提价的话，由于存在着大量的替代品，消费者就可能舍弃这种偏好，转而购买该商品的替代品。因此，垄断竞争厂商所面临的需求曲线相对于完全竞争厂商而言要更缓一些，而相对于垄断厂商则需求曲线要更陡一些，即更富有弹性。

由于厂商的平均收益总是等于该销售量的价格，因此平均收益曲线就是厂商的需求曲线。需求曲线向右下方倾斜，则平均收益曲线也是向右下方倾斜的，且两线重合。平均收益递减，则边际收益必定也是递减的，并且小于平均收益。所以与垄断厂商类似，垄断竞争厂商的边

际收益曲线也是位于平均收益曲线之下且较平均收益曲线更为陡峭。

四、垄断竞争市场的竞争策略

垄断竞争厂商生产的产品或多或少存在相互替代的关系，但是它们之间存在差异，并非完全可替代的。产品差异化是垄断竞争市场上常见的一种现象，企业往往希望通过产品差异化来刺激产品的需求。

企业的上述思路又被认为是通过非价格手段进行竞争的。这种竞争也会引起对方的反应，但此时的反应比起价格竞争引起的反应要慢得多。这是因为非价格因素的变化，一般不易被对方发觉，即使对方发觉之后，到有所反应也需要一个过程（如设计新产品、训练推销人员需要时间）。非价格竞争的效果集中到一点就是改善消费者对本企业产品的看法，使本企业的产品在消费者头脑中与别的企业的产品区别开来。显然，一旦企业在竞争中取得了这种效果，对方要把顾客重新夺回去就不是很容易了，因为这需要把顾客对产品的看法再扭转过来。

企业实施差异化战略的途径大致有以下几种。

1. 产品差异化

产品差异化是指某一企业生产的产品，在质量、性能上明显优于同类产品，从而形成独自的市场。对同行业的竞争对手来说，产品的核心价值是基本相同的，所不同的是在性能和质量上，在满足顾客基本需要的情况下，通过不断的创新，为顾客提供独特的产品是差异化战略追求的目标。

2. 服务差异化

某一行业特别是服务型行业，企业应当针对不同顾客提供特殊性、个性化、情感性等特色服务。创造差别化服务对消费者的偏好具有特殊意义，是赢得用户、扩大市场占有份额、在激烈的市场竞争中站稳脚跟的重要策略。

3. 品牌差异化

品牌差异化是指企业通过实施品牌战略和形象战略而产生的差异。企业通过强烈的品牌意识、成功的形象战略，借助媒体的宣传，使企业在消费者心目中树立起优异的形象，从而培养顾客认可、购买品牌的习惯，把企业的品牌和形象根植于顾客的心目中。

4. 市场差异化

市场差异化是指通过产品的销售价格、分销渠道、售后服务等符合具体市场环境的条件而形成差异。

五、对垄断竞争市场的评价

垄断竞争市场是现实生活中普遍存在的一种市场类型。它对社会经济发展的有利影响有如下几点。

1. 有利于消费者多样性消费需求的满足

消费者消费选择的多样性，在生产同质产品的完全竞争市场中是无法实现的。而垄断竞争市场则会从制度上激发企业连续不断地生产差别产品的积极性，使市场涌现大量的差别产品。大量差别产品的不断涌现，就为广大消费者的消费偏好和消费选择的多样化提供了丰富的物质基础，使消费者的各种消费需求不断得到满足。同时，非价格竞争构成的产品差别，能促进企业保持商业信誉，提高产品质量和服务水平，也能使消费者的消费需求得到更好的满足，从而增加消费者的福利。

2. 效率低于完全竞争市场，但高于完全垄断市场

垄断竞争市场与完全垄断市场相比较，其产量水平相对较高，平均成本和价格水平相对较低，因而资源的利用水平较为充分，经济效率相对较高。而与完全竞争市场相比较，垄断竞争市场的产量水平又相对较低，平均成本和价格水平相对较高，因而对资源的利用不够充分，经济效率则相对较低。因此，垄断竞争市场的效率处于完全垄断市场的效率和完全竞争市场的效率之间，即高于完全垄断市场，低于完全竞争市场。

3. 有利于企业的竞争

在垄断竞争市场上，企业的数量多且规模较小，同时产品的替代性很强，因而彼此间的竞争很激烈，但是，每个企业生产的又都是差别产品，这又使企业有能力控制其产品的价格和产量，从而拥有一定的垄断能力。垄断竞争市场的这种特征有利于企业不断提高其竞争能力，在竞争中取胜。因此，垄断竞争企业就会在激烈的竞争中通过提高产品的质量和服务水平，生产出更多与其他企业差别更大的产品，来满足消费者的不同需求，以吸引更多的消费者购买自己的产品，扩大自己的市场占有份额。

4. 有利于鼓励创新

在垄断竞争市场条件下，每个企业必须生产出与其他企业有区别的新产品，才能生存和发展。而差别产品的生产本身就是一个创新的过程：一是产品设计创新，设计或引进与其他企业有差别的新产品，如设计或引进质量更高，而且款式、形状、颜色等方面不同的产品；二是服务创新，向消费者提供与其他企业不同的服务；三是技术创新，采用新的生产技术生产新产品；四是广告宣传创新，只有与众不同的广告宣传，才能引起消费者的关注。总的来看，垄断竞争市场有利于激发企业创新的积极性。

垄断竞争市场对社会经济发展的不利影响主要表现在以下几个方面。

1. 不能以最佳规模进行生产

在垄断竞争市场条件下，企业生产的产品产量低于平均总成本最低时的产量规模，而平均总成本则高于最低总成本，即企业不能以最佳规模进行生产。

2. 增加了产品的成本

在垄断竞争市场条件下，企业生产出产品以后，要花费大量的资金和人力，进行广告宣传和推销活动，以引导消费者来消费这些产品。巨额的广告宣传和推销费用，最终要平均摊进每件产品的生产成本中。这样一来，就大大增加了产品的成本，消费者从产品本身获得的收益并没有随广告、推销费用投入的上升而增加。

总之，在垄断竞争市场条件下，一方面，企业不能以平均总成本最低时的产量进行生产，使产品的直接生产成本高于平均最低生产成本，造成了产品的直接生产费用成本上升；另一方面，厂商需要投入大量的人力和物力进行广告宣传与推销活动，从而在较高成本的基础上又增加了广告和推销费用成本，从而使产品生产的平均成本大大上升。因此，当消费者消费这些产品时，要比在完全竞争市场条件下支付更多的货币。

模块八

读懂宏观经济，看懂经济热点

 **学习目标** ● ● ●

◎ **知识目标：**

1. 理解国民收入、国内生产总值的含义；
2. 理解居民消费价格指数的含义和意义；
3. 掌握通货膨胀的含义和类型；
4. 了解失业的种类和影响；
5. 了解财政政策和货币政策。

◎ **能力目标：**

1. 能根据宏观经济理论简单分析经济热点问题；
2. 能简单分析目前我国宏观经济的主要指标。

◎ **素养目标：**

1. 树立正确的择业观、人生观、世界观、价值观；
2. 养成对国家经济形势的正确认知；
3. 学会积极关心国家的经济、政治热点问题，树立爱国情怀。

读懂宏观经济，看懂经济热点 **模 块 八**

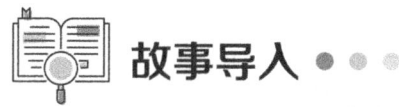 故事导入

"看不见的手"和"看得见的手"

1776年，英国有一位经济学家亚当·斯密，被称为"现代经济学奠基者"。亚当·斯密写了一本书《国富论》，并在书的扉页上写道："献给女王陛下的一本书。"他继而解释说："女王陛下，请你不要干预国家的经济，回家去吧！国家是什么？国家就是做一个守夜人，当夜晚来临的时候就去敲钟，入夜了看看有没有偷盗行为，这就是国家的任务。"市场好似一只"看不见的手"，通过自发调节，经济自然会发展起来的。

1936年英国又出现了一位经济学家凯恩斯，他在1936年写了一本书《就业、利息和货币通论》。书中有一个"挖坑理论"：雇200个人挖坑，再雇200个人把坑填上，这是创造就业机会。雇200个人挖坑时，需要发200把铁锹，于是生产铁锹的企业开工了，生产钢铁的企业也开工了，同时，还得给工人发工资，这样食品消费也都有了。等他再雇200个人把坑填上时，还得发200把铁锹，还得发工资。当一国经济萧条时，政府应该用"看得见的手"把经济拉动起来。

国家用经济学理论指导干预经济生活的历史就是从凯恩斯开始的，经济学理论也由此从微观走向了宏观，从个量分析走向总量分析，所以宏观经济学是从凯恩斯开始的。

思考：亚当·斯密"看不见的手"和凯恩斯"看得见的手"分别指什么？

亚当·斯密　　　　　　　　凯恩斯
现代经济学奠基者　　　　　现代经济学之父

一提到宏观经济学，很多人马上就会问，为什么要学习宏观经济学？宏观经济学对我有什么用？在大多数人的心目中，宏观经济学离我们的日常生活太遥远，宏观经济学太抽象、太枯燥、太空洞。但实际情况并非如此，宏观经济学与我们的日常生活息息相关，无论是做投资、理财还是工作、就业，无论是关心国家大事还是关心世界局势，我们都在潜意识里运用了宏观经济学的一些基本的方法和概念。

任务一　财富的衡量标准——GDP

▶ 案例 8-1-1

有一天，老李对女儿李梅说："今天你自己打扫房间，我给你20元钱。"李梅看了看自己的房间，心想：天哪，我的房间简直太乱了，太难打扫了。于是，她找弟弟李奇帮她打扫。李梅说："李奇，如果你今天帮我打扫房间，我就给你10元钱！"李奇很痛快地答应了："好的，你不能反悔啊！"李奇很高兴，他没想到姐姐竟然会如此大方。

随后，李奇来到了李梅的房间，当他看到李梅的房间是如此脏乱时，顿时愣住了。李奇非常后悔，他想了想后找到姐姐说："姐姐，我也有个房间想请你打扫，我可以支付你15元钱作为酬劳。"李梅心想：一定不会有比我的房间还乱的屋子了。于是，她答应了李奇。可当她来到李奇所说的房间时，却大跌眼镜，李奇要她打扫的居然正是她自己的房间。李梅心里十分不乐意，却只能硬着头皮自己收拾了房间。

老李见此情景后，哈哈大笑说："折腾了半天，虽然还是李梅自己打扫了房间，但我们也为国家创造了45元的GDP啊。"

案例思考

这个故事中，老李给女儿钱，让她打扫房间，为什么会和GDP挂上钩呢？

思路点拨

GDP是国内生产总值的英文缩写，它是指在一定时期内（一个季度或一年），一个国家或地区的经济中所生产出的全部最终产品和劳务的价值。它不仅可以反映一个国家的经济表现，还可以反映一个国家的国力与财富，通常被认为是衡量国家经济状况的最佳指标。要判断一个国家或地区的生产能力有多强，即创造了多少社会财富，必须要有一个统一的度量单位，在国家与国家、地区与地区之间进行比较，而这把统一的"标尺"就是GDP。

如果一个国家的GDP大幅增长，则说明该国经济发展蓬勃，国民收入增加，消费能力随之增强，人民的生活水平提高了；反之，如果一个国家的GDP出现负增长，则显示该国经济处于

衰退状态，消费能力降低，人民的生活水平也降低了。所以，GDP 在宏观经济中是备受关注的经济学统计数字，通常被认为是衡量国民经济发展情况最重要的一个经济指标。

知识百宝箱

经济的增长

一、国民收入

广义的国民收入是由一系列的概念构成的，通常包括以下几个总量：国内生产总值、国民生产总值、国内生产净值、狭义的国民收入、个人收入和个人可支配收入。对于这些总量的核算构成了广义的国民收入核算。国民收入核算是宏观经济学研究的基础和前提。

二、国内生产总值

在所有有关国民收入的概念中，国内生产总值通常被认为是最重要的一个概念，因为它最能够概括和反映一个国家或地区的经济运行情况。正因如此，一个国家政府的统计部门所做的国民经济统计通常也是以对国内生产总值的统计为核心的。

GDP 的作用

国内生产总值（Gross Domestic Product，GDP）指的是一个国家（或地区）在某一个时期内运用领域内生产要素所生产的所有最终产品和服务的市场价值的总和。

GDP 的计算

知识链接

对于国内生产总值这一概念的理解，应该注意以下问题。

国内生产总值是用最终产品来计量的，即最终产品在该时期的最终出售价值。一般根据产品的实际用途，可以把产品分为中间产品和最终产品。所谓最终产品，是指在一定时期内生产的可供人们直接消费或者使用的物品和服务。这部分产品已经到达生产的最后阶段，不能再作为原料或半成品投入其他产品和劳务的生产过程中。例如，农民收获了价值 50 元的小麦，被送到加工厂制成了价值 100 元的面粉，面粉随后又被做成了价值 200 元的包子。那么在计算 GDP 时，只能将最后的 200 元计入，而之前的 50 元和 100 元都不能计入，否则会造成重复计算。

国内生产总值是指某一时期内生产的最终产品和服务的市场价值，而不考虑这些最终产品是否已经售出，也不考虑以前生产尚未售出的存货。例如，某手机厂商 2020 年生产一部手机时，这部手机的市场价值将计入 2020 年度的 GDP，而不管其能否在 2020 年售出。如果该厂商在2020年度售出了一部二手手机或者是2019年生产的手机，则该手机的市场价值不计入2020年的GDP，因为它已经在其生产的年度被统计过了。

国内生产总值一般仅指市场活动导致的价值。那些非生产性活动以及地下交易、黑市交易等不计入GDP，如家务劳动、自给自足的生产等。

在通常情况下，GDP是反映一国经济增长、经济规模、人均经济发展水平、经济结构和价格总水平变化的一个基础性指标，因而是国际上普遍适用的考察国民经济发展变化的重要工具。正确认识并合理使用这一指标，对于考察和评价经济全面、协调、可持续发展的状况具有重要意义。然而，随着社会经济的深入发展，仅凭GDP这一指标评价国民经济的发展状况，并不能得出全面、正确的结论。

虽然有局限，但GDP依然是最重要的宏观经济统计指标之一。

拓展案例

2021年全国经济成绩单出炉：全年GDP突破110万亿元

2022年2月28日，国家统计局发布《2021年国民经济和社会发展统计公报》。

面对复杂国际环境、疫情和极端天气等多重挑战，国民经济持续恢复，发展水平再上新台阶。一个个新突破，见证着中国经济社会的变化。2017—2021年国内生产总值及其增长速度如图8-1所示。

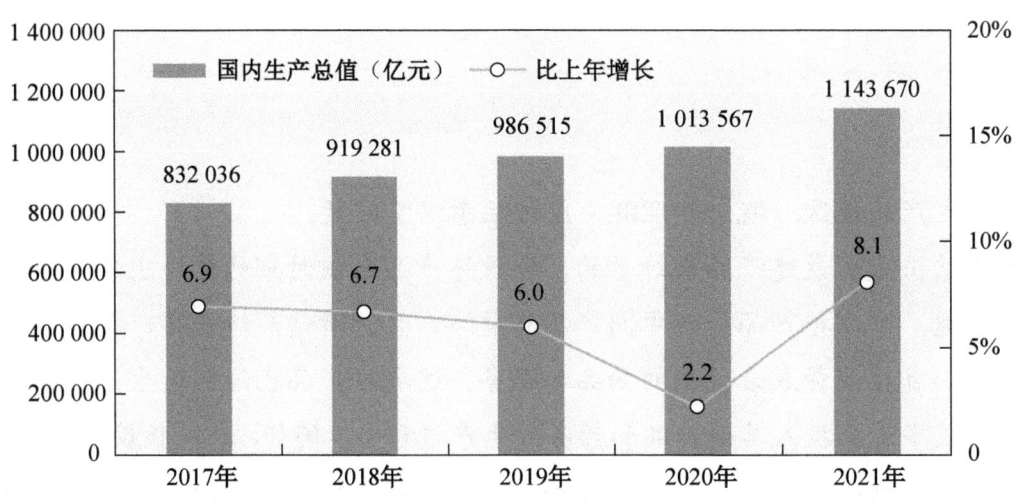

图8-1　2017—2021年国内生产总值及其增长速度

2021年，我国国内生产总值（GDP）比上年增长8.1%，两年平均增长5.1%，在主要经济体中名列前茅，经济规模突破110万亿元，达到114.4万亿元，稳居世界第二大经济体。

2021年，按年平均汇率折算，我国经济总量达到17.7万亿美元，预计占世界经济的比重超过18%，对世界经济增长的贡献率达到25%左右。

数据显示，2021年我国人均GDP达到80 976元，按年平均汇率折算达12 551美元，超过世界人均GDP水平。

国民总收入1 133 518亿元，比上年增长7.9%。全员劳动生产率为146 380元/人，比上年提高8.7%。

（来源：国家统计局网站、中国新闻网、新华社）

我国经济总量达到110万亿元，这是一个标志性事件，意味着我国的综合国力、社会生产力、人民生活水平进一步提升，意味着我国发展的基础更牢、条件更优、动力更足，也为全球发展贡献了中国力量。同时，我们应当清醒地看到，我国目前仍处于中等偏上收入国家行列，人均GDP尚未达到高收入国家下限标准，与发达国家相比还有较大差距。我国仍是世界上最大的发展中国家，中国社会主义仍然处于并将长期处于社会主义初级阶段的基本国情没有改变，发展不平衡、不充分问题仍然突出，当前还面临需求收缩、供给冲击、预期转弱的三重压力。我们要立足新发展阶段，完整、准确、全面地贯彻新发展理念，通过艰苦不懈的努力，加快构建新发展格局，着力保持经济运行在合理区间，推动高质量发展，进一步增强我国综合国力、社会生产力和人民生活水平。

任务二　牵动人心的指数——CPI

▶ 案例8-2-1

最近，小丁在菜市场的生意很不好做，不但生意难做，而且日子过得也很难受。小丁的故乡在农村，为了能够挣到更多的钱，小丁和妻子来到城里经营猪肉摊，儿子也来到了城市上学。原本很不错的猪肉生意，在最近一段时间却难做了起来，这着实让小丁不知所措。

小丁一家租住在一处简陋的小房子里，最近房东提出要涨房租，说是因为政府要征收房产税。房租上涨，小丁一家的日子一下子过得紧巴起来。为了改善这种情况，小丁决定提高猪肉的价格。很快小丁发现，市场中的猪肉价格都出现了上涨，本以为这下可以弥补房租上涨带来的生活压力，但小丁发现，市场上的青菜价格也出现了一定程度的上涨，仿佛一瞬间，与小丁生活息息相关的"柴米油盐"的价格都出现了上涨。

小丁的困惑背后隐藏着什么经济学原理？

在上面的故事中，小丁的生活水平因为房租的上涨受到了影响。而实际上，房东的日子也并不会因为房租上涨而变得好起来。因为相应地，他购买猪肉和青菜需要付出更高的价钱。对于那些卖青菜的人来说，房租和猪肉价格的上涨，也影响到了自己的正常生活，所以他们也相应地提高了青菜的价格。上面的故事看上去像是一个没法解决的闭环，很多人认为这样如故事一般的事情，在生活中并不会发生。但实际上这种现象在生活中确实是经常发生的，虽然没有像上面所描述的那样具有故事性，但实际上，这正是一种重要的经济现象，那就是CPI（消费价格指数）在起作用。在上面的故事中，房租价格上涨，猪肉价格上涨，青菜价格上涨，CPI指数也随之上涨。

 **知识百宝箱**

CPI、PPI与PMI

消费者物价指数（Consumer Price Index，CPI）又名居民消费价格指数，是一个反映居民家庭所购买的消费品和服务项目价格水平变动情况的宏观经济指标。它是在特定时段内度量一组代表性消费商品及服务项目的价格水平随时间而变动的相对数，是用来反映居民家庭购买消费商品及服务的价格水平的变动情况，是一个月内商品和服务零售价变动系数。

CPI 大家经常会在一些新闻里听到，每个月国家统计局都会发布一次，会综合地统计包括吃、穿、住、用、交通通信、教育文化、娱乐、医疗保健 8 大类、262 个小类。这些与我们生活密切相关的商品和服务的价格生成CPI，如图 8-2 所示。

CPI 代表物价普遍上涨的程度，CPI 越大，说明物价上涨越多；CPI 越小，说明物价下降越多，甚至可能为负值。

例如，某居民家上个月买菜一共花了 2 000 元，而这个月买同样的菜花了 2 200 元，这就说明这个月和上个月相比 CPI 涨幅是 10%〔（2 200-2 000）÷2 000〕。如果老百姓收入水平跟不上 CPI 涨幅的话，老百姓的生活压力就会比较大；如果 CPI 过低甚至为负值的话，对社会经济来说也不是件好事。因为 CPI 过低甚至为负值，说明商品和服务的价格在下降，会使社会上提供这些商品和服务的企业效益下降，继而可能引发这些企业的员工收入降低或者失业，导致整个社会消费动力不足等一系列的经济问题。所以国家经济政策很重要的一个目标就是把 CPI 控制在一个适度的范围，在保证经济发展的同时，又不让老百姓的生活压力太大。

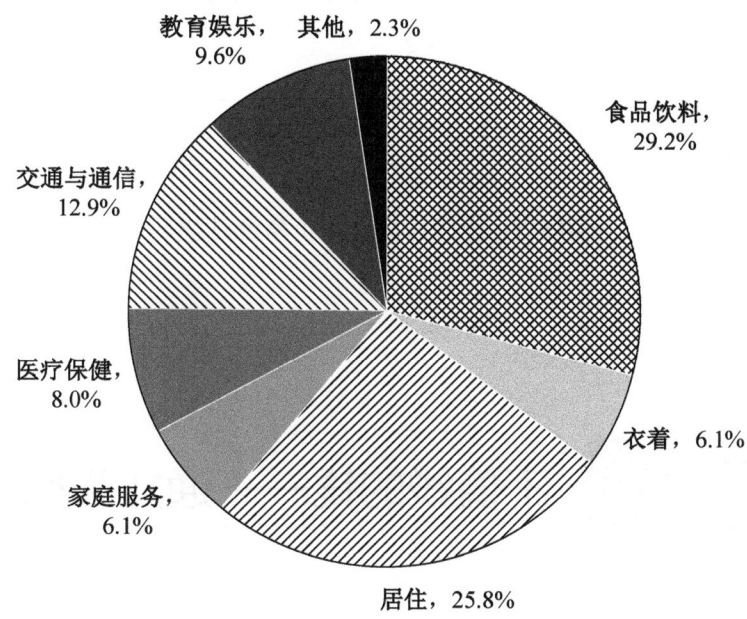

图 8-2　中国 2020 年 CPI 各大类权重估算图

CPI 除了反映老百姓的生活成本变化，还会影响国家经济政策的制定，从而间接影响投资市场的一些表现，所以我们必须关注 CPI。

拓展案例

国家统计局发布数据显示，2021 年全年，全国居民消费价格比上年上涨 0.9%，低于涨幅 3% 左右的全年预期目标。全国居民消费价格涨缺幅如图 8-3 所示。

2021 年 12 月，全国居民消费价格同比上涨 1.5%。其中，城市上涨 1.6%，农村上涨 1.2%；食品价格下降 1.2%，非食品价格上涨 2.1%；消费品价格上涨 1.5%，服务价格上涨 1.5%。

2021 年 12 月，全国居民消费价格环比下降 0.3%。其中，城市下降 0.3%，农村下降 0.3%；食品价格下降 0.6%，非食品价格下降 0.2%；消费品价格下降 0.4%，服务价格持平。

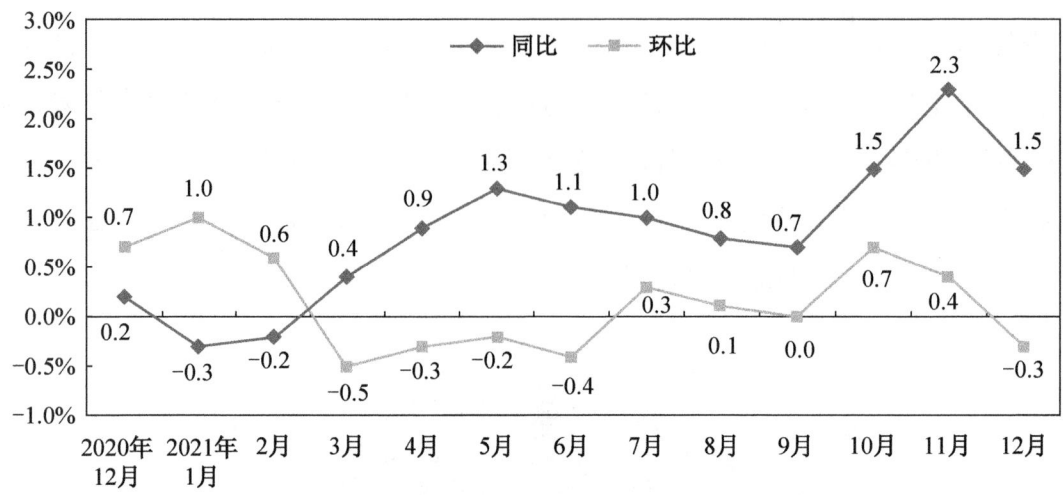

图 8-3　全国居民消费价格涨跌幅

（来源：人民网）

任务三　不值钱的钱——通货膨胀

▶ 案例 8-3-1

钱越来越"不值钱"了，这是人们对于我国经济发展最直观的感受，也是人们对于我国经济吐槽最多的一点。互联网上，有人这样吐槽道：不知道大家发现了没有，人民币上印几个人，就代表它够几个人花的。刚开始十元人民币上有一群人，那时的十块钱就够一群人花；后来的十元人民币上改成两个人了，说明只够两个人花了；到现在，连一百元人民币上都只有一个人了，看来钱是越来越"不值钱"了。这几乎是我们的切身感受，十年前的一百元在一个中小城市里够一个人一个月的吃喝，而现在的一百元，恐怕进一趟超市都不够。钱越来越不值钱了，这是社会近几年关注的一个热点话题，几乎每天，我们都能在网络上看见有人抱怨自己"活不起了"，而身边飞涨的物价也让人不由得怀念起以前那种一百元买半头猪的岁月。

案例思考

试用一句话解释"通货膨胀"。

读懂宏观经济，看懂经济热点 **模块 八**

对"通货膨胀"的理解大家要从结果入手，像柯南从案发现场入手一样，进而结合我们已学习过的微观经济学中的均衡价格，一定会有新的发现。

▶ 案例 8-3-2

从前在海上有一座神秘的孤岛，这里的集市只卖羊。岛民只能用手里的金子来买羊，羊的数量以及岛民手里的金子总量都是固定的。突然有一天岛民们发现了一座金矿，开采出来的金子被源源不断地拿到集市上交易。很快，集市上的金子数量比以前翻了十倍，但是人们手里的金子再多，也只能用来买岛上的那几只羊而已，这时候，羊自然就涨价了，原来一锭金子买一只，现在是十锭金子才能买一只，也就是说金子没有以前那么值钱了。

故事中岛上所有的羊等于我们市场上的所有商品，人们手里的金子总数相当于市场上流通的货币——也就是央行印出来的钞票。商品和货币就是在市场中流通的两个主要元素。在正常情况下，商品数量和货币流通量是相对平衡的，因此商品的价格也就相对稳定。但就像故事中突然出现金矿之后羊会涨价一样，如果银行疯狂印钞票，导致流通的货币比客观需要的数量要多，那么就会出现物价上涨、货币贬值，这种现象就是通货膨胀。

▶ 案例 8-3-3

在遥远的太平洋对面有一个神奇的南美洲国家——委内瑞拉。这个国家，看上去就这么一丁点，但它却是世界石油储量最多的国家之一，而且盛产选美冠军。之所以要说委内瑞拉，是因为这个国家最近实在是穷出了风格，穷出了水平。现在甚至连钱都印不起，因为印钱的那张纸，比印出来那张钱还要贵。这个本来应该富得流油的国家，怎么就成了这样呢？其实它现在这种异常的状态称为恶性通货膨胀。委内瑞拉有一年印发了上百亿的纸币，最夸张的时候动用了 36 架波音 747 飞机运送新印出来的钞票，以至于现在委内瑞拉人去超市买东西都要拉着一手推车的钱。

通货膨胀并不是委内瑞拉的专利，世界上很多国家都曾经经历过恶性通货膨胀的时期，比如第一次世界大战后的德国、解放战争时期的国民政府以及十年前的津巴布韦。

思路点拨

说到这儿大家可能会觉得，通货膨胀真是太可怕了。其实上面说的都属于恶性的通货膨胀，商品和货币量的比例严重失调，用案例 8-3-2 的故事来说，市场上还是那么些羊，但金子数量太多了。而如果经济本身的增长、商品的增长是与货币数量的增长相适应的，通货膨胀就没有大家想象得那么糟糕。

什么是正常或者温和的通货膨胀呢？以我国近 30 年的经济发展为例，20 世纪 90 年代初的时候，一斤大米才 7 毛钱，现在都涨到了 3 块钱，这也是一系列通货膨胀的结果，但由于我国经济本身的高速增长，这种通货膨胀就是相对温和的，甚至学术界认为适当的通货膨胀对经济发展是有利的。

 知识百宝箱

通货膨胀的原因

一、通货膨胀的含义

我们来认识一下让钱越来越"不值钱"的通货膨胀到底是什么。通货膨胀指的是在纸币流通条件下，因为货币供给大于货币实际需求，换句话说就是现实购买力大于产出供给，导致货币贬值，进而引发的一段时间内物价持续而普遍地上涨现象。通货膨胀的实质是社会总需求大于社会总供给，也就是供远小于求。用更通俗的语言解释就是，全国范围内所生产的商品和提供的服务还是无法满足全国老百姓的需求，与此同时，老百姓的工资水平随着经济发展在不断提高，也就是老百姓手里的人民币变多了，一方面是需求大于供给，另一方面人民币数量还在增加，所以相对稀缺的商品和服务的价格就会一路上扬，形成物价持续而普遍的上涨。

二、通货膨胀的类型

按照不同的划分标准，可以把通货膨胀划分为不同类型。

（一）按照物价上涨的速度和趋势划分

1. 温和的通货膨胀

温和的通货膨胀也称为爬行的通货膨胀，是指年通货膨胀率在 10% 以内的通货膨胀。此种通货膨胀下，通货膨胀率低、可预测，物价水平稍有上升。凯恩斯主义理论认为，温和的通货膨胀虽然使物价水平有所上升，但能增加社会需求，促进资源的有效利用，增加就业，对社会经济的发展是有利的。

2. 奔腾的通货膨胀

奔腾的通货膨胀也称为加速的通货膨胀，是指年通货膨胀率介于 10%～100%的通货膨胀。此种通货膨胀下，通货膨胀率较高，物价上升速度快、涨幅大，货币的实际购买力急剧下降，人们更愿意囤积商品而不愿意持有货币，经济运行混乱，政府需采取有力措施加以控制，以免造成社会动荡。

3. 恶性的通货膨胀

恶性的通货膨胀也称为超速的通货膨胀，是指年通货膨胀率在100%以上的通货膨胀。此种通货膨胀下，通货膨胀率非常高而且完全失控，物价持续上涨，金融体系与经济体系陷入崩溃，出现严重经济危机，导致社会动乱甚至政权的更迭。

（二）按照通货膨胀对商品价格影响的差别划分

1. 平衡式的通货膨胀

平衡式的通货膨胀是指各种商品的价格以相同比例上升的通货膨胀。

2. 非平衡式的通货膨胀

非平衡式的通货膨胀是指各种商品的价格上涨幅度不同的通货膨胀。

（三）按照人们对通货膨胀的预期程度划分

1. 可预期的通货膨胀

可预期的通货膨胀又称为惯性通货膨胀，是指一国政府、厂商和居民对未来某时期的通货膨胀可以在一定程度上加以预期的通货膨胀。

2. 不可预期的通货膨胀

不可预期的通货膨胀是指物价上涨的速度超出人们的预料，或者人们对未来的物价变化趋势无法预测的通货膨胀。

三、正确看待通货膨胀

通货膨胀虽然给我们的生活带来许多不好的影响，但通货膨胀绝不是"洪水猛兽"，我们需要从正反两个方面理性看待。

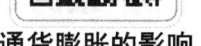

通货膨胀的影响

通货膨胀的发生是信用货币取代金银本位之后的必然结果，通俗一点说，原来大家都用金银铜这类贵金属作为货币完成交易，当市场上货币多了，大家会把一些货币藏起来，使其退出市场，这样市场上货币就减少了，单位贵金属货币能够交换的商品数量将会增加，也就是贵金属货币比原来价值更高了。由于贵金属的不可再生性和稀缺性，其所代表的价值一般不会产生太大波动，但也是因为贵金属货币的稀缺性，导致市场中商品和服务快速增加的时候，其有限的数量将制约企业的生产和老百姓的消费，对经济发展产生不利影响，因此，由国家法律规定，强制流通不以任何贵金属为基础的独立发挥货币职能的货币（纸币）就成为几乎所有国家的共同选择。纸币的价值由国家信用作为支撑，也就是纸币的价值并不是自身的价值，其价值取决于一个国家的经济发展是否稳定、经济结构是否合理等其他因素。综上所述，通货膨胀的产生是市场经济发展到一定阶段、与信用货币制度相伴共生的一种经济现象，几乎无法规避，需要理性看待、积极应对。

如何对抗通货紧缩

 拓展案例

失控的通货膨胀会给老百姓的生活带来灾难性打击

新中国成立之前，国民党统治时期，以 100 元法币为例，在 1937 年可以买到两头牛，到 1938 年就只能买到一头牛了，到 1939 年只能买到一头猪，到 1941 年只能买到一袋面粉，到 1943 年只能买到一只鸡，而到 1948 年，买一小捧大米都已经困难了。

发动内战后，国民党政府财政收入的 75% 都砸到了军费开支上，所以只能饮鸩止渴，靠疯狂加印法币来填补财政窟窿。在这样的背景下，到 1948 年，法币发行额已经令人瞠目结舌，达到了全面抗战前的 47 万倍，居然出现了这样一种窘迫景象：印刷厂刚印好的法币还没出厂，钞票面值已经在市面上一落千丈，甚至已经抵不过刚才印刷的成本了。老百姓收入增长的速度怎么可能赶得上国民党印钞机的转速，只能在如此恶劣的情况下艰难生活。

任务四 找不到工作的毕业生——失业

▶ 案例 8-4-1

在现代经济中，通货膨胀从来都不是"一个人在战斗"，它有一个"好兄弟"，名字就叫作"失业"。

2018 年 6 月，由麦肯锡研究院撰写的《2017 年中国大学生就业报告》在北京发布，对 2017 届大学生的就业状况进行全面分析。报告显示：2017 届大学生毕业半年后就业率为 91.9%，与上一年基本持平；2017 届高职高专生毕业半年后的就业率为 92.1%，首次超过本科毕业生的就业率。

在2017届大学毕业生中，78.7%的人毕业半年后受雇全职或半职工作，2.9%的人自主创业，0.4%的人参军入伍，10.8%的人升学（其中7.0%的人正在国内读研，1.1%的人正在中国港澳台地区或国外读研，2.7%的人正在读本科），7.2%的人处于未就业状态（其中1.4%的人准备读研，3.4%的人准备继续找工作，还有2.4%的人放弃了继续求职和求学）。在2017届大学毕业生的未就业人群中，大多数毕业生还在继续找工作。本科院校处于未就业状态的毕业生（7.0%）中有24%为"待定族"（不求学不求职），高职高专院校处于未就业状态的毕业生（7.5%）中有43%为"待定族"。

大学生的"就业危机"是如何引起的呢？

这主要有以下几点原因。从经济方面来看，最为主要的原因就是总体劳动力市场的供求失衡。我们国家人口众多，劳动力总体供大于求的局面在短期内是无法改变的，这种供求失衡的严峻局面，造成了大学生就业难的基本背景。当然也有大学生自身的原因。很多人明明已经拥有了工作机会，却眼高手低，主动跳槽，继续寻找新的工作；还有一些人，非自己专业的工作不找，工资太低的岗位不去，这都会引起失业现象。从社会方面来看，我国社会转型中的结构缺陷也是造成就业危机的主要原因之一。传统产业对大学毕业生的需求量减少，高新技术产业成为新的经济增长点。另外，我国各地区的经济结构很不平衡，东南部发展得较快，西北部发展则相对缓慢，所以很多大学生毕业后，都会"孔雀东南飞"，宁愿扎根在竞争激烈的大都市，也不愿去二、三线城市发展。

▶ 案例8-4-2

寒冷的北风呼啸着，一个身穿单衣的小女孩蜷缩在屋子的角落里。

"妈妈，天气这么冷，你为什么不生起火炉呢？"

小女孩在瑟瑟发抖。

妈妈叹了口气，说："因为我们家里没有煤，你爸爸失业了，我们没有钱买煤。"

"妈妈，爸爸为什么会失业呢？"

"因为煤太多了。"

案例 8-4-3

2020年受新冠病毒感染疫情影响所造成的失业危机，对于广大打工者来说比过去更加严峻。从各国汇总的失业率来看，目前仍是居高不下，以美国为例，近期公布的非农失业人数已经超过了2 000万人，失业率约为14.7%，创下了有史以来的最高纪录。

案例思考

失业就是没有工作的人，这句话对吗？

思路点拨

宏观经济学中关于"失业"的定义，是指有劳动能力，愿意接受现行工资水平但仍然找不到工作的现象。注意"愿意接受现行工资水平但仍然找不到"，换言之就是劳动者主观上想工作，而主观上选择"躺平"、不愿意去工作的人不属于失业的范畴。

知识百宝箱

一、失业的定义

失业是最重要的宏观经济变量之一。它不仅反映经济好坏，同时也反映社会贫富。根据国际劳工组织（ILO）的定义，失业是指人在某个年龄以上，在特定考察期内没有工作，而又有工作能力，并且正在寻找工作的状态。处于此种状态的劳动力被称为失业者。

二、判断失业的原则

由于对失业概念理解不同，各国对工作年龄和失业的范围有不同的规定。但从目前国际公认的情况来看，判断失业的原则包括以下三点。

1. 没有工作

没有工作是指在相应的时间内完全没有工作，甚至连1小时的工作也没有。那些被临时解雇但与原岗位仍有联系（如仍能得到一定收入或与原用人单位约定在某一天返岗）的人员不是失业人员。自谋职业者如果其企业经营活动仍在继续，也不是失业人员。但季节性生产企业自谋职业的人员，在不工作的季节性间歇期间，则属于失业人员。

2. 目前可以工作，即目前具备劳动能力

目前可以工作是指劳动者在生理体征和劳动技能方面可以适应目前劳动市场的需求，能够凭借自身的生理条件和自己掌握的劳动技能完成工作。对于大多数国家，"目前"所指的时间段是指劳动者可以在今后2周内开始工作。

3. 正在积极寻找工作

正在积极寻找工作是指一个失业人员必须在调查前一定时间段内（一般为4周）采取措施寻找工作。已做出安排，准备在将来某一天工作的人员不必满足此标准，即不管他们求职与否，都属于失业人员。

三、失业的影响

（一）对经济的影响

1. 失业对家庭的影响

失业增加使失业者的家庭收入和消费受到消极影响。失业后，家庭收入急剧下降，消费支出也随之下降。

2. 对厂商的影响

失业增加后，厂商的产品销售市场萎缩，有效需求下降，于是产出降低，生产能力闲置，利润率开始下降。厂商面临如此境况，就会减少投资需求。

3. 对国民经济的影响

失业增加后，由于家庭消费减少和厂商投资下降，整个国民经济的增长受到抑制。

（二）对社会的影响

失业不仅会给社会带来很大的经济损失，而且会给人们带来极为沉重的心理负担，这种负担是无法用金钱来衡量的。

有关美国公共健康的研究表明，失业会导致身体和心理健康的退化，较多人发生心脏病、酗酒和自杀情况。研究这个问题的杰出专家希伦纳博士估计，连续6年失业率上升1个百分点会导致3.7万人过早死亡。对许多人来说，非自愿失业会对他们造成非常严重的心理创伤。

另外，失业会导致个人的尊严受损、家庭关系紧张、生活水平下降和疾病增多；失业还会导致犯罪增多和社会秩序的混乱。

 拓展案例

疫情冲击下失业率上升 统筹政策实施将带动就业形势改善

受新冠病毒感染疫情影响，城镇就业压力加大，失业率明显上升。但就业稳定的基础条

件没变，随着统筹疫情防控和经济社会发展一系列政策措施的实施，各项稳就业政策落地见效，预计就业形势将逐渐改善。

一、新冠病毒感染疫情加大就业压力

2020年1月和2月，全国城镇调查失业率分别为5.3%和6.2%，环比分别上升0.1和0.9个百分点。1月，失业率受春节因素影响略有上升。2月，受新冠病毒感染疫情影响，企业停工停产增多，用工减少，就业人数下降，失业率明显上升。其中，批发和零售业、住宿和餐饮业、交通运输仓储和邮政业、文化体育和娱乐业等服务业行业就业人数减少较多；农民工就业稳定性较低，灵活就业人员比重高，受疫情影响也十分明显。与此同时，疫情期间企业招聘活动减少，市场就业机会不足，部分有意愿的求职者就业暂时较困难；一部分人就业意愿下降，不愿工作或不能工作，暂时退出劳动力市场。

二、保持就业稳定的基础条件没变

疫情对就业影响是短期的、可控的。要看到，我国经济具有强大的韧性、潜力和回旋余地，长期向好的基本面没有变，就业市场有条件保持稳定。近年来，我国服务业保持较快发展，吸纳就业能力还会不断增强。创业创新持续深入推进，市场主体数量持续增加，也将继续发挥带动就业的"倍增器"作用。各类新经济蓬勃发展，就业新形态和新就业机会不断涌现，创造更多就业岗位。就业形势保持稳定，有牢固的经济基础。随着疫情防控形势持续向好，复工复产有序推进，市场需求回升，经济增长逐渐恢复，劳动力需求也将陆续恢复，就业形势将逐步改善。

三、统筹政策特别是稳就业政策的实施将促进就业形势改善

党中央、国务院高度重视疫情期间稳就业工作，出台了就业优先等一系列政策措施。一是精准、稳妥地推进企业复工复产。按照分区分级原则，采取差异化防控和复工复产措施，简化审批条件，推进全产业链协同复工复产。工业和信息化部3月13日数据显示，全国除湖北以外的规模以上工业企业人员平均复岗率约为80%。二是援企稳岗、稳就业力度加大。加速稳岗返还政策落地，据人力资源和社会保障部数据，近期向47万户企业发放稳岗返还112亿元，惠及职工2 426万人。三是着力促进农民工就业。建立点对点、一站式服务通道，通过专车专列等方式组织农民工返岗，人力资源和社会保障部3月7日数据显示，返岗复工农民工已达7 800万人，占春节返乡农民工的60%；挖掘当地重大工程和重大项目用工潜力，促进就近就地就业；开发环卫保洁、防疫消杀等临时性公益岗位。四是突出抓好高校毕业生就业。引导毕业生面向基层就业，鼓励参军入伍，增加专升本、硕士研究生招生规模；扩大毕业见习规模，鼓励企业开放见习岗位；多种途径开拓招聘渠道，加大线上招聘力度。上述

政策的加速实施，将会确保就业形势保持稳定。

（来源：国家统计局网站）

在我国经济下行压力加大，外部环境不确定性、不稳定性增强的情况下，新冠病毒感染疫情的暴发给社会经济发展带来严峻考验。党中央及时采取果断措施，统筹疫情防控与社会经济发展。人力资源和社会保障部针对疫情防控不同阶段的情况，会同相关部门及时出台一系列政策措施，保障重点企业用工，为企业减负，支持重点人群就业。失业保险作为"反失业"的社保险种和就业政策的重要组成部分，积极作为，扩大失业保险基金支出，充分发挥"逆周期"调节功能，在稳企业、稳岗位、稳就业中发挥了重要作用。同时，各项失业保险政策的实施也对失业保险基金运行产生影响。

任务五　取之于民，用之于民——财政政策

通过前两个任务，我们发现在现代经济社会中，通货膨胀是不可避免的，而且恶性通货膨胀会给国家经济和老百姓生活带来极大的破坏，因此，如何让不可避免的通货膨胀在可控范围内，就是各国政府必须面对的课题。

▶ 案例 8-5-1

据了解，国家税务总局发布消息称，从 2022 年 1 月 1 日起，年终奖就要并入当年综合所得一并计算缴纳个人所得税，但 2021 年年内的年终奖收入仍可以单独计税。在这种政策下，单位今年年底发年终奖还是明年年中发年终奖，有很大的差别。比如，2021 年 12 月月底发年终奖，是单独计税的，若你今年年终奖有一万元，就在这一万元之内进行扣税，但若在 2022 年发年终奖，可就不仅这一万元之内扣税了，还需要包括你 2022 年的年度工资一起进行扣税，有的人年终奖比较多的，到手可能会差上万元。

个人所得税的调整最终会影响什么？

思路点拨

个人所得税本质上是指纳税义务人从全年收入中拿出一部分交给国家，因此纳税水平影响纳税人最终拿到手里的收入。

知识百宝箱

一、财政政策的定义

什么是财政政策呢？先看定义，财政政策是指国家根据一定时期政治、经济、社会发展的任务而规定的财政工作的指导原则，通过财政支出与税收政策来调节总需求。用通俗的语言来说，财政政策可以理解为政府通过调整自己收上来的钱和自己花出去的钱来影响国家经济发展。再具体一点来说就是，当国家经济发展放缓，政府可以用自己的钱来投资、消费，从而刺激经济发展；反之，当国家经济发展过热，表现为通货膨胀压力升高，政府可以通过税收政策把社会上的资金以税收的形式收拢回来，为经济降温，还能间接实现控制通货膨胀的目的。这里需要说明的是，控制通货膨胀的主要手段并不是财政政策。

结合案例，我们发现个人所得税的调整方向是降低纳税人整体的税赋水平，通俗地说就是，给纳税人留下更多可支配的资金，让老百姓手里的钱多起来，带动消费，促进经济平稳增长。当然财政政策不只有税收政策，还包括政府转移支付、政府预算管理等，这里希望大家了解财政政策对经济发展的影响。

二、正确认识财政政策的定位

正确认识财政政策在国民经济可持续发展中的地位和作用。在市场经济条件下，必须坚持市场第一、政府第二的原则，充分发挥市场机制的作用，政府的宏观调控只能建立在市场机制作用的基础上，政府的财政政策只是弥补市场机制的不足和缺陷，因此，对财政政策的作用既不能低估，也不能夸大。在运用财政政策实现经济发展目标时，要注意掌握好政策的力度和作用范围，保持财政政策的公共性、公平性和适度性。要通过财政政策的实施，弥补私人经济部门投资的不足，并积极引导其投资方向，而不是排挤私人经济部门投资，同其在经济领域争利。作为财政政策的决策者和执行者，要注重提高决策水平和执行水平，及时收集和掌握经济发展信息，减少和避免政策决策和政策执行的盲目性。

三、财政政策工具

（一）财政收入（主要是税收）

税收是指国家凭借政治权力参与社会产品分配的重要形式，具有无偿性、强制性、固定性、权威性等特点。税收促进财政目标实现的方式即灵活运用各种税制要素。

（1）适当设置税种和税目，形成合理的税收体系，从而确定税收调节的范围和层次，使各种税种相互配合。

（2）确定税率，明确税收调节的数量界限，这是税收作为政策手段发挥导向作用的核心。

（3）规定必要的税收减免和加成。

税收可以通过调整税率和增减税种来调节产业结构，实现资源的优化配置；可以通过累进的个人所得税、财产税等来调节个人收入和财富，实现公平分配。

（二）财政支出

财政支出是指政府为满足公共需要的一般性支出（或称经常性项目支出），包括购买性和转移性支出。这两类支出对国民经济的影响有不同之处。

购买性支出从最终用途看，行政管理支出、国防支出、文教科卫等财政支出是必不可少的社会公益性事业的开支，政府的投资能力和投资方向对社会经济结构的调整和经济的发展起着关键性的作用。

转移性支出是政府进行宏观调控和管理，特别是调节社会总供求平衡的重要工具。例如，社会保障支出和财政补贴在现代社会里发挥着"安全阀"和"润滑剂"的作用，在经济萧条、失业增加时，政府增加社会保障支出和财政补贴，增加社会购买力，有助于恢复供求平衡；反之，则相应减少这两种支出，以免需求过旺。

（三）国债

国债是国家按照信用有偿的原则筹集财政资金的一种形式，同时也是实现宏观调控和财政政策的一个重要手段。国债对经济的调节作用主要体现出以下三种效应。

1. 排挤效应

排挤效应是指通过国债的发行，使民间部门的投资或消费资金减少，从而起到调节消费和投资的作用。

2. 货币效应

货币效应是指国债发行所引起的货币供求变动。它一方面可能使"潜在货币"变为现实流通货币，另一方面可能将存于民间的货币转移到政府或由中央银行购买国债而增加货币的投放。

3. 利率效应

利率效应是指通过国债利率水平的调整以及对资本市场的供求变化来影响市场利率水平，从而对经济产生扩张或紧缩效应。

在现代信用条件下，国债的市场操作是沟通财政政策与货币政策的主要载体，同时也是它们的耦合点，因此，国债作为财政政策工具实施时，除了与其他财政政策手段协调外，还特别要与货币政策相协调。

4. 政府投资

政府投资是指财政用于资本项目的建设性支出，它最终将形成各种类型的固定资产。政府的投资项目主要是指那些具有自然垄断特征、外部效应大、产业关联度高，具有示范和诱导作用的基础性产业、公共设施，以及新兴的高科技主导产业。这种投资是经济增长的推动力，而且具有乘数作用。所谓投资的乘数作用是指每增加1元投资所引起的收入增长的倍数。

拓展案例

在新冠病毒感染疫情冲击下，百年变局加速演进，外部环境更趋复杂严峻和不确定，2022年我国经济发展面临需求收缩、供给冲击、预期转弱三重压力，做好2022年经济工作要稳字当头、稳中求进，继续实施积极的财政政策。

财政支出保持一定的强度，适度超前开展基础设施投资

2021年我国财政收入形势较好，1—10月全国一般公共预算收入181 526亿元，同比增长14.5%。综合研判，2022年上半年我国财政收入仍将继续保持较好增势。目前我国财政赤字率不高，2021年为3.2%，远低于世界上主要经济体。政府债务虽然绝对量达到46.55万亿元（2020年），但占GDP的比重（负债率）为45.8%，低于国际通行的60%的警戒线，风险总体可控。这些都为2022年实施积极的财政政策打下了良好的基础，预计2022年将迎来一个相对的财政扩张期。

与2021年相比，2022年财政支出将保持一定的强度，并且"靠前发力"，支出进度将进一步加快，以充分发挥财政政策对稳增长的支撑作用。预计2022年我国政府支出规模、债务规模将有所增加，特别是地方政府专项债仍将保持较大力度，总规模可能不低于2021年的水平。由此释放出来的巨量资金，将主要用于扩大政府支出，增加政府投资，适度超前开展基础设施投资。从投资方向上看，既包括加快城市管道老化更新改造这样的民生项目，也将重点围绕数字化转型和绿色转型这两条高质量发展的重要途径，以各类"新基建"为主体，面向未来、面向全局，突出基础性、公共性，短期为稳增长做贡献，中长期为我国经济社会高质量发展夯实基础。需要指出的是，在积极财政政策释放出巨量资金后，对各级地方政府的项目准备、实施、管理能力也将提出更高的要求。进一步加强项目策划和储备，提高项目库的"容量"和"质量"，防止"钱等项目"或资金与项目"分家"。进一步强化项目与资金之间的匹配程度，保证项目建成后有一定的收益和现金流。做好项目管理，努力提高项目的投资绩效。总而言之，坚持形成有效投资，确保形成实物工作量，切实将宝贵的财政资金用到"稳增长"的刀刃上。

继续实施减税降费政策，提高政策的精准性

自2015年以来，我国每年都推出力度不同的减税降费政策。据有关部门统计，"十三五"时期，我国累计减税降费金额达到7.6万亿元，有力支持了经济社会的发展。为了继续做好"六保""六稳"工作，2022年我国将继续实施减税降费政策，出台新的减税降费措施。但与过去相比，2022年将更加突出减税降费政策的精准性和针对性，主要瞄准中小微企业、个体工商户、制造业等国民经济运行和产业链供应链中的重点环节、薄弱环节实施有针对性的政策扶持。这主要是因为在当前疫情冲击还没有完全过去的背景下，中小微企业、个体工商户仍然是受经济下行影响最大的部分，而它们直接关系着就业和老百姓生计，是实施"六保""六稳"政策的关键环节。新冠病毒感染疫情暴发以来，制造业虽然率先恢复，但2021年受国际大宗商品价格、国际运价等大幅度上涨的影响，特别是面对全球供应链重组的压力，需要相应的政策扶持以强基固本。从方式上看，2022年减税降费政策的结构性优化、适当扩面将重于普惠式、大规模的减税。"减税"主要是进一步优化落实已经出台的政策，如研发费用加计扣除、加速折旧、增值税留抵、小微企业税收优惠等。"降费"则是进一步加大"清费"的力度，重点清理、整顿各类不合理、不合法收费，规范政府性基金、行政权力、行业协会等中介组织，切实减轻市场主体的负担，进一步提高我国营商环境的质量。

统筹好发展和安全的关系，始终保持好我国财政的可持续性

2022年是重要的结构调整期。从国际上看，当前和未来一个时期仍将处于加速演化期，全球供应链向区域供应链的调整重组已成定局。从国内情况看，我国经济数字化转型还处于起步阶段，绿色转型更是任重而道远，多年积累下来的结构性矛盾、问题风险也需要有序化解。与此同时，人民群众对美好生活的期待不断丰富，对优质教育、医疗、良好生态环境等需求愈发强烈，对实现基本公共服务均等化的呼声很高……所有这些，都将转化为对政府财力的现实需要。从中长期而言，财政的可持续性面临压力。

进一步统筹好发展和安全、长期和短期的关系，保持好我国财政的可持续性。在"稳字当头、稳中求进"的总要求下，2022年积极财政政策在扩大支出的同时，更加注重精准，更加注重提升效能。一是处理好扩支与增效之间的关系。扩大支出不是所有的支出都同步增加，财政支出结构同样要有增有减、有保有压。突出财政支出的重点,主要支持国民经济和社会发展急需,同时强化对长远发展有益的科技创新、能源转型、制造业发展、粮食安全等方面的支持。二是始终坚持近年来党政机关过紧日子的传统,原则上不增加一般性支出,继续严格控制"三公"经费,严格执行各项经费开支标准,严禁各类楼堂管所和形象工程建设支出,严禁铺张浪费和大手大脚花钱,厉行节约办一切事业。三是进一步严肃财经纪律,对财政收支中的各类违规违纪现象严格查处,坚决制止。四是实施好全面预算绩效管理,将绩效要求落实到每一分钱上,推动绩效管理向纵深发展。五是加强地方政府债务管理,坚决遏制新增地方政府隐性债务,对各类新增隐性债务行为,发现一起、查处一起、问责一起,终身问责、倒查责任;稳妥化解隐性债务存量,完善常态化监控、核查、督查机制,对各类隐性债务风险隐患做到早发现、早处置,牢牢守住不发生系统性风险的底线。六是加快预算一体化建设工作,用好大数据在财政管理中的重要作用,全面提升财政管理现代化水平,发挥好财政对于国家治理的基础和支柱作用。

(资料来源:光明网)

在现代文明国家,财政对整个社会的收入有着再分配的职能。财政税收作用的存在和完善代表了一个国家的文明程度。

我国正处于转型时期,现在网络环境的舆论相对复杂,大家长期上网,总会接触到各种各样的信息,这些信息背后传递的,往往就是复杂的社会观念,包括好的、坏的、善的、恶的。如果不加以引导,很容易使大家缺乏正确的认识和评价。

生活在中国这片土地上,我们要达成这样的共识:我们国家的政府,不仅有治理国家的责任,而且还肩负着"教化万民"的责任。就是政府还要引领好社会风气,弘扬社会正气,这也是我国社会能够文明发展、社会和谐、人民幸福的重要动力。

纳税光荣,违法逃税要不得!

任务六 牵一发而动全身——货币政策

前面我们提到,控制通货膨胀的主要手段不是财政政策,那是什么呢?答案是下面要介绍的货币政策。

读懂宏观经济，看懂经济热点 **模块 八**

案例 8-6-1

新浪财经报道称，上海多位国有大行、股份行房贷经理表示，2022 年房贷放款周期基本已恢复正常。二手房审批和放款大多在一个月内就可完成，而去年四季度基本要 4~6 个月的时间；新房速度可能更快。

据贝壳研究院日前公布的数据，2022 年 3 月，其监测的 103 个重点城市主流首套房贷利率为 5.34%，二套房贷利率为 5.60%，分别较上月回落 13 个、15 个基点，同时，本月平均放款周期为 34 天，较上月缩短 4 天。

为什么房贷利率对房地产市场影响那么大？

买房子，归根到底是需要大笔资金，降低房贷利率，购房者能以较低的成本借到购房资金，对房地产市场会有什么影响呢？

知识百宝箱

一、货币政策的定义

什么是货币政策呢？我们先看定义，货币政策是指为实现既定的经济目标（稳定物价，促进经济增长，实现充分就业和平衡国际收支）运用各种工具调节货币供应量和利率，进而影响宏观经济的方针和措施的总和。通俗地说，在经济发展中，企业和个人获得资金的难易程度（成本高低）直接影响其投资和消费意愿，国家需要做的是当经济中货币资金较少、企业和个人获取资金成本过高时，适当降低利率水平，也就是减少企业和个人借款的利息，以达到促进经济发展的效果；反之，当经济中货币资金过多，此时还会伴随着通货膨胀压力升高，国家适当提高利率水平，也就是增加企业和个人借款的利息，以达到控制通货膨胀水平，为经济发展降温的目的。由于货币政策直接针对造成通货膨胀的货币量，因此也是控制通货膨胀水平的主要经济政策。

二、运用货币政策的主要措施

第一，控制货币发行。这项措施的作用是，钞票可以整齐划一，防止币制混乱；中央银行可以掌握资金来源，作为控制商业银行信贷活动的基础；中央银行可以利用货币发行权调节和控制货币供应量。

第二，控制和调节对政府的贷款。为了防止政府滥用贷款助长通货膨胀，资本主义国家一般都规定以短期贷款为限，当税款或债款收足时就要还清。

第三，推行公开市场业务。中央银行通过它的公开市场业务，起到调节货币供应量，扩大或紧缩银行信贷，进而起到调节经济的作用。

第四，改变存款准备金率。中央银行通过调整存款准备金率，据以控制商业银行贷款、影响商业银行的信贷活动。

第五，调整再贴现率。再贴现率是商业银行和中央银行之间的贴现行为。调整再贴现率，可以控制和调节信贷规模，影响货币供应量。

第六，选择性信用管制。它是对特定的对象分别进行专项管理，包括证券交易信用管理、消费信用管理、不动产信用管理。

第七，直接信用管制。它是中央银行采取对商业银行的信贷活动直接进行干预和控制的措施，以控制和引导商业银行的信贷活动。

三、货币政策的常用工具

（一）存款准备金政策

存款准备金政策是指中央银行对商业银行的存款等债务规定存款准备金比率，强制性地要求商业银行按此准备金比率上缴存款准备金，并通过调整存款准备金主比率以增加或减少商业银行的超额准备，促使信用扩张或收缩，从而达到调节货币供应量的目的。

（二）再贴现政策

再贴现政策是中央银行最早拥有的货币政策工具。现代许多国家中央银行都把再贴现作为控制信用的一项主要的货币政策工具，再贴现是指商业银行或其他金融机构将贴现所获得的未到期票据，向中央银行转让。对中央银行来说，再贴现是买进商业银行持有的票据，流出现实货币，扩大货币供应量。对商业银行来说，再贴现是出让已贴现的票据，解决一时资金短缺。整个再贴现过程，实际上就是商业银行和中央银行之间的票据买卖和资金让渡的过程。所谓再贴现政策，就是中央银行通过制定或调整再贴现利率来干预和影响市场利率及货币市场的供应和需求，从而调节市场货币供应量的一种金融政策。

（三）公开市场业务

公开市场业务是货币政策的工具之一，是指中央银行在金融市场上买卖政府债券来控制货币供给和利率的政策行为，是目前多数发达国家（更准确地说是大多数市场经济国家）中央银行控制货币供给量的重要和常用的工具。

拓展案例

2021年以来，稳健的货币政策灵活精准、合理适度，货币信贷和社会融资规模合理增长，信贷结构不断优化，社会综合融资成本稳中有降，推动经济高质量发展取得明显成效。

信贷总量增长的稳定性明显增强。2021年下半年，人民银行前瞻引导金融机构增强信贷总量增长的稳定性，着力统筹做好信贷跨年度衔接，稳固金融支持实体经济的力度，人民币贷款实现了全年同比增长。2021年年末，人民币贷款余额为192.7万亿元，同比增长11.6%，比年初增加19.95万亿元，同比增长3150亿元。

信贷结构持续优化。制造业中长期贷款增速为31.8%，其中高技术制造业中长期贷款同比增长达32.8%，普惠小微贷款余额19.2万亿元，同比增长27.3%，普惠小微授信户数4456万户，同比增长38%。

持续深化利率市场化改革，发挥贷款市场报价利率（LPR）改革效能。2021年全年企业贷款利率为4.61%，比2020年下降0.1个百分点，比2019年下降0.69个百分点，是改革开放四十多年来最低水平。

货币供应量与社会融资规模合理增长，有力地支持了实体经济。2021年年末，广义货币供应量（M2）余额为238.3万亿元，同比增长9%。初步统计，12月末社会融资规模存量为314.13万亿元，同比增长10.3%。金融机构对实体经济发放的贷款保持平稳。2021年对实体经济发放的本外币贷款增加20.11万亿元，与2020年基本持平，比2019年增加3.36万亿元。

（资料来源：中国人民银行官网）

 **思政渗透**

习近平总书记指出："防范化解金融风险，特别是防止发生系统性金融风险，是金融工作的根本性任务"。风险与金融相伴而生，随着我国金融业发展壮大，风险种类增多，复杂性增强，风险后果也更加严重，要切实按照习近平总书记的要求，把主动防范化解系统性金融风险放在更加重要的位置，坚决守住不发生系统性金融风险的底线。

金融风险的系统性要求我们在防范对策上也要系统应对。要按照以习近平同志为核心的党中央的部署，坚持党中央对金融工作集中统一领导，以实体经济健康发展为基础，着力深化金融改革，加强金融监管，强化安全能力建设。

一是坚持党中央对金融工作的集中统一领导。一段时间以来，我国金融领域的一些部门和行业之所以出现问题和风险，一个重要原因是党的领导弱化、党的建设缺失，因此，必须加强金融系统党的领导和党的建设，坚决贯彻落实以习近平同志为核心的党中央对金融工作的重大决策部署，确保金融改革发展的正确方向，确保国家金融安全。提高党领导金融工作的专业化能力，坚持党管干部原则，培养一支政治过硬、本领高强、风险管理能力突出的金融干部队伍。加强理想信念教育和党性教育，加强党风廉政建设。这是做好金融工作，守住不发生系统性金融风险底线的重中之重。

二是发展壮大实体经济。习近平总书记强调："实体经济健康发展是防范化解风险的基础。"要坚持以供给侧结构性改革为主线，大力推动实体经济健康发展，在"巩固、增强、提升、畅通"八个字上下功夫，深化供给侧结构性改革。要加快淘汰落后产能，大力发展新兴产业，推动互联网、大数据、人工智能同实体经济深度融合。要推动制造业高质量发展，加大技术创新投入，采取有效措施推动制造业企业创新发展，提高企业创新力和竞争力。同时要处理好实体经济和虚拟经济的关系，采取有效的措施防止资金"脱实向虚"，引导资源要素向实体经济集聚。

三是深化金融体制改革。要稳步推进利率、汇率市场化改革，发挥市场在金融资源配置中的决定性作用。要继续推进金融机构改革，完善现代金融企业制度，完善公司法人治理结构，建立有效的激励约束机制，强化风险内控机制建设，加强外部市场约束，扎好防范化解金融风险的第一道防线。要加快建设一个规范、透明、开放、有活力、有韧性的多层次资本市场，提高直接融资比重，优化金融体系结构。

四是健全金融监管体系。系统性金融风险需要系统性金融监管，要加强货币政策和金融监管之间的协调，加强不同监管部门之间的监管协调，防止监管套利、监管空白可能引发的风险。充分发挥中央和地方两级积极性，明确地方政府维护金融稳定的职责。加强和国际监管机构以及其他国家金融监管机构之间的协调，防止外部金融动荡引发系统性金融风险。要强化人员管理，管住金融机构中的关键少数；要强化资金管理，使所有资金流动都置于金融监管机构的视野之内。

五是强化安全能力建设。加强对系统性金融风险的研究，准确把握系统性金融风险的演化规律。加快金融市场基础设施建设，确保金融基础设施稳定可控。做好金融业综合统计，做到对重大风险心中有数。加强人员培训，提高金融行业重要岗位人员防控风险的能力。要努力构建系统性金融风险防控体系，建立贯穿风险识别、风险评估、风险监测、风险控制、风险处置的全流程风险防控体系，争取实现早识别、早预警、早发现、早处置。

参 考 文 献

[1] 徐教道.经济学基础[M].上海:上海财经大学出版社,2017.

[2] 唐树伶.经济学基础:第3版[M].北京:高等教育出版社,2018.

[3] 孙晶晶,黄志勇.经济学基础[M].北京:高等教育出版社,2021.

[4] 董志勇.生活中的行为经济学:修订本[M].北京:北京大学出版社,2018.

[5] 高鸿业.西方经济学:第4版[M].北京:中国人民大学出版社,2007.

[6] 罗伯特·弗兰克.牛奶可乐经济学[M].闾佳,译.北京:中国人民大学出版社,2008.

[7] 曼昆.经济学原理:第7版[M].梁小民,梁砾,译.北京:北京大学出版社,2017.

反侵权盗版声明

电子工业出版社依法对本作品享有专有出版权。任何未经权利人书面许可，复制、销售或通过信息网络传播本作品的行为；歪曲、篡改、剽窃本作品的行为，均违反《中华人民共和国著作权法》，其行为人应承担相应的民事责任和行政责任，构成犯罪的，将被依法追究刑事责任。

为了维护市场秩序，保护权利人的合法权益，我社将依法查处和打击侵权盗版的单位和个人。欢迎社会各界人士积极举报侵权盗版行为，本社将奖励举报有功人员，并保证举报人的信息不被泄露。

举报电话：（010）88254396；（010）88258888
传　　真：（010）88254397
E-mail： dbqq@phei.com.cn
通信地址：北京市万寿路 173 信箱
　　　　　电子工业出版社总编办公室
邮　　编：100036

职业教育一体化新形态教材

经济学基础

（工作手册）

主　编◎张　彬　赵龙祥
副主编◎张丽娟

目 录

模块一　走进经济学 ·· 1
　　同步训练 ··· 3
模块二　谁在左右着价格 ·· 5
　　任务一　欲望的经济体现——需求和需求定理 ··· 5
　　任务二　厂商的力量——供给与供给定理 ··· 7
　　同步训练 ·· 10
模块三　价格的平衡术 ·· 13
　　任务一　供求的较量——均衡价格及其变动 ·· 13
　　任务二　看得见的手——价格政策 ··· 14
　　同步训练 ·· 17
模块四　神奇的价格弹性 ··· 20
　　任务一　打折的魔力——需求弹性 ··· 20
　　任务二　明智的企业——供给弹性 ··· 22
　　同步训练 ·· 24
模块五　消费背后的学问 ··· 26
　　任务一　为什么"第一口最香"——基数效用论 ··· 26
　　任务二　把钱花在刀刃上——序数效用论 ··· 29
　　同步训练 ·· 31
模块六　拒绝"拍脑门"决策 ·· 33
　　任务一　"多多"真的"益善"吗——生产 ·· 33
　　任务二　千万别忽略我们放弃的选择——成本 ·· 35
　　同步训练 ·· 37

模块七　垄断还是竞争 40
　　同步训练 45
模块八　读懂宏观经济，看懂经济热点 49
　　任务一　财富的衡量标准——GDP 49
　　任务二　牵动人心的指数——CPI 50
　　任务三　不值钱的钱——通货膨胀 51
　　任务四　找不到工作的毕业生——失业 52
　　任务五　取之于民，用之于民——财政政策 53
　　任务六　牵一发而动全身——货币政策 54
　　同步训练 56

模块一

走进经济学

 练习

调查稀缺性与选择等经济现象

稀缺性是指现实中人们在某段时间内所拥有的资源数量不能满足人们的欲望时的一种状态。稀缺性是普遍现象,请同学们就这个主题展开分组调查。

 **动手做**

请大家分组行动,就同学们面临的稀缺性问题展开调查,并分析他们是如何解决这些稀缺性问题的。

要求每组至少调查 15 位同学,并根据调查结果,分组讨论,就人类如何解决稀缺性问题完成总结报告。

 原理应用

1. 如果给你一小时时间,你可以用来学习,或睡眠、娱乐,或打工赚钱等。请问你做出选择的同时是否有所放弃?

2. 制定要求企业减少污染的法令的机会成本是什么?请具体分析。

3. 描述以下各种情况所面临的权衡取舍。

　　A. 一个家庭决定是否购买一辆车。

B．政府决定对交通部门的支出。

C．一个公司总裁决定是否开一家新厂。

D．一个教授决定花费多少时间备课。

4．某地造纸厂排出的污水污染了下游水域，造成下游渔业减产。请分别用实证分析法和规范分析法进行分析。

5．姚明同休斯敦火箭队签了 3 年 2 000 万美元的工作合同，加上做广告的收入，每年的实际收入都在 1 000 万美元之上。可以想象，如果姚明选择上大学，放弃到 NBA 打球的机会，一年就少收入至少 1 000 万美元。请运用"机会成本"概念进行分析。

生活案例库

1．请大家收集案例分别说明为什么资源稀缺性意味着我们必须做出选择，说说对你有何启示。

2．在合理分配资源方面，家庭和社会都面临许多决策，请举例说明。

同步训练

一、概念题

1. 稀缺性

2. 机会成本

3. 生产可能性曲线

二、单项选择题

1. 经济中的永恒矛盾是（   ）。

    A．宏观与微观之间的矛盾

    B．个人与集体之间的矛盾

    C．资源的有限与欲望的无限之间的矛盾

    D．理论与现实的矛盾

2. 时间（   ）。

    A．不是稀缺资源，因为永远有明天

    B．与资源分配决策无关

    C．对生产者是稀缺资源，但对消费者不是

    D．对任何人都是稀缺资源

3. 稀缺性问题（   ）。

    A．只存在于依靠市场机制的经济中

    B．只存在于依靠中央计划机制的经济中

    C．只存在于发展中国家

    D．存在于所有经济中

4. 当资源有限而欲望无限时，人们必须（   ）。

    A．做出选择　　　　　　　　B．节制欲望

    C．保障公共利益高于个人利益　D．自给自足

5. 作为经济学的一个分支，微观经济学主要研究（   ）。

    A．通货膨胀和失业　　　　　B．一国的经济增长

C．消费者和生产者的经济行为   D．国际贸易

三、多项选择题

1．经济学要解决的基本经济问题包括（   ）。

    A．生产什么

    B．如何生产

    C．为谁生产

    D．何时生产

2．下列命题中哪些是实证经济学命题（   ）。

    A．1982年8月，美联储把贴现率降到10%

    B．1981年，全球失业率超过9%

    C．美国所得税对中等收入家庭是不公平的

    D．美国社会保险税的课税依据现已超过20 000美元

3．以下哪些问题不属于微观经济学所考察的问题（   ）。

    A．一个厂商的产出水平

    B．失业率的上升和下降

    C．营业税高税率对货物销售的影响

    D．某行业中雇用工人的数量

四、简答题

1．你正计划星期六去从事业余工作，但一个朋友请你去溜冰。去溜冰的机会成本是什么？现在假设你已计划这天在图书馆学习，那么溜冰的机会成本又是什么？

2．你得到了500元奖学金。你选择现在花掉它或者在银行账户中存一年。现在花掉500元的机会成本是什么？

3．指出下列哪些属于规范经济学，哪些属于实证经济学？

    A．税收应当是累进的。

    B．税收削弱了工作积极性。

    C．低失业水平与高通货膨胀常相伴而行。

    D．通货膨胀的危害小于失业的危害。

    E．限制污染的成本是减少就业机会。

    F．值得支付成本以限制污染。

模块二

谁在左右着价格

 任务一 欲望的经济体现——需求和需求定理

 练习

绘制需求曲线、需求变动曲线及需求量变动曲线

打折的橙汁是生活中比较常见的情况，除此之外，我们还能遇到手机降价、蔬菜涨价等情况。结合生活中的实际情况，商品的价格会影响我们购买某种商品的数量，也是经济学中比较常见的需求现象和规律。

动脑想

1. 请大家分析生活中橙汁打折、涨价的情况，思考你需要的橙汁通过降价和涨价，需求是否有变化。

2. 假设有变化的话，它们是如何变化的？

价格（元/瓶）	你的需求量（瓶）	市场需求量（瓶）
15		
12		
10		
8		
5		
0		

3．请根据生活经验举出类似的例子，并和同学们一起讨论分享。

 动手画

1．请以横轴表示橙汁的需求量，纵轴表示橙汁的价格，根据上表数值描点作图，观察总结需求曲线的变化体现出怎样的规律。

2．根据上表中的价格变化以及价格之外的非价格因素变化，再描点作图，绘制曲线，观察这两条曲线（需求变动曲线与需求量变动曲线）变化有什么规律？又有什么不同？你有哪些发现呢？

任务二 厂商的力量——供给与供给定理

练习

绘制供给曲线、供给变动曲线及供给量变动曲线

2020年年初，疫情刚刚在武汉暴发时，出现了"一罩难求"的局面。而周杰伦那首《彩虹》又一次登上热搜，因为那句歌词"有没有口罩一个给我"。市场上的口罩供不应求，口罩价格疯涨，甚至出现了50多块钱一个的"天价口罩"。

动脑想

1. 请仔细思考，假设你作为口罩生产商，疫情期间口罩价格上涨，人们的需求量剧增，你会加大口罩的生产量吗？供给量会发生怎样的变化呢？

2. 假如口罩价格下降，供给量又会发生怎样的变化呢？

政府补贴又会导致这个家庭整月的能源开支或消费发生怎样的变化呢？

口罩价格（元/个）	你的供给量（个）	市场供给量（个）
0		
2		
5		
10		
20		
50		

 **动手画**

1．请以横轴表示口罩的供给量，纵轴表示口罩的价格，根据上表数值描点作图，观察总结供给曲线的变化体现出怎样的规律。

2．根据上表中的价格变化以及价格之外的非价格因素变化，再描点作图，绘制曲线，观察这两条曲线（供给变动曲线与供给量变动曲线）变化有什么规律？又有什么不同？你有哪些发现呢？

 原理应用

1．你一直想买的芭比娃娃降价了，并且这个娃娃在你经济能力承受范围之内，你会去购买吗？为什么？请说明理由。

2．如果你有每周吃 2 包薯片的习惯，某一天，你发现在超市里你最喜欢吃的薯片打折了，第二件多加 1 块即可购买，那么，你会在自己的需求范围内多购买几包吗？

3．你平时经常买的水果涨价了，那么，最近这几天你还会购买吗？

4．为了共同保护地球环境，减少白色污染，我国实行了"限塑令"。为了能够更好地实施限塑令，改变广大消费者的消费习惯，将塑料袋从无偿提供变为有偿购买。同学们请思考：这一政策的实行，广大消费者对于塑料袋的需求量是否有影响？请画图说明。

5．在我国实行限塑令后，超市及商场如果推出价格稍微贵一些的"环保帆布购物袋"，可以反复利用，那么消费者对这种商品的需求量有什么变化？

6．假如毕业后，你自己成立了一间服装营销店铺，你看到今年的时装秀有很多亮眼的元素，你预计带有这种元素的衣服应该会受到大家的追捧，那么，你会提前囤这类衣服的货物吗？

7．如果很多商场或者商家得知"限塑令"后，一些帆布包的价格上涨了，那么你作为帆布包的生产厂商，会增加还是会减少生产量？请作图说明。

8．肯德基每年都会出新品，不管是甜品还是汉堡。今年，肯德基推出了新品桃桃多福蛋挞，并喊出"桃桃多福，点挞成金"的口号，并为新品赋予了这样的寓意：加点福气——原切大块桃桃果肉，大有福气；加点金运——金黄葡式蛋挞酥脆甜暖，金运自来。新年伊始，满载福气与金运的桃桃多福蛋挞就此诞生，它的价格也比市面上的普通蛋挞要高一些。

请根据我们本节课的课程内容思考：

（1）如果你作为生产厂商，看到价格上涨的"桃桃多福"新品蛋挞，会不会也趋之若鹜地生产呢？

（2）如果蛋挞价格一直上涨，你会生产吗？如果后期价格下降，你会投入生产吗？

（3）在生产过程中，作为生产厂商，你应该做到哪些呢？（比如遵纪守法、合理定价等）

生活案例库

1. 请大家收集案例分别说明身边生活中有关"需求定理""供给定理"应用的案例，给我们的生活带来了哪些启示。

2. 最近的喜茶降价了，而且是在茶产品大多涨价的情况下降低的价格。芝芝芒芒和纯绿妍由降了4元，芝士也降低了价格。对此，喜茶官方回应：确实已经对公司部分产品的价格进行了调整，其中，纯茶类产品降价3~5元、芝士降价1元、几款水果茶降价2~3元。很多喜欢喜茶并且对于价格比较敏感的消费者，争相购买。在其他品牌茶产品涨价的情况下，喜茶却降低产品价格销售，并且保证原有品质，也是在打价格战，利用价格优势挽留住消费者。

（1）请大家在日常生活中收集类似案例，说明作为消费者，我们是否应该购买物美价廉的商品（当然即使价格再优惠，也应该学会合理消费、理性消费）。

（2）商家是如何利用"需求定理"来吸引顾客的？

同步训练

一、概念题

1. 需求

2. 供给

3. 需求定理

4. 供给定理

二、单项选择题

1. 小红对薯片的需求表示（　　）。

   A．小红买了薯片

   B．小红没有买薯片，而买了面包

   C．薯片每包卖 6 元时，小红准备用现有的收入买 3 包；而每包为 10 元时，准备买 1 包

   D．小红准备买 5 包，但钱没带够

2. 当滴滴的出行价格上涨后，我们对公交车或者地铁服务的（　　）。

   A．需求增加 　　B．需求量增加

   C．需求减少 　　D．需求量减少

3. 下列哪一项会导致汉堡的需求向右移动？（　　）。

   A．面粉的价格上涨

   B．番茄酱的价格上涨

   C．收入的下降

   D．沙拉酱的价格下降

4. 某一时期，空调的供给曲线向右移动的原因可能是（　　）。

   A．空调的价格下降

   B．生产者对空调的预期价格上涨

   C．生产空调的要素成本上涨

   D．消费者的收入上涨

三、多项选择题

1. 当出租车出行价格下调后，对公共汽车服务的（　　）。

   A．需求量减少 　　B．需求量增加

   C．需求曲线左移 　　D．需求无法确定

2. 供给量的变动是指（　　）。

   A．由于价格变动引起的供给量的变动

   B．非价格因素引起的供给量的变动

   C．同一条供给曲线上点的移动

   D．供给曲线的移动

3．某一时期电视机的需求曲线向左平行移动的原因可能是（　　）。

  A．电视机价格下降　　　　　　　B．消费者对电视机的预期价格上涨

  C．消费者的收入水平下降　　　　D．消费者对电视机的预期价格下降

4．在一般情况下，供给曲线（　　）。

  A．向右上方倾斜　　　　　　　　B．向右下方倾斜

  C．斜率为正　　　　　　　　　　D．斜率为负

5．影响一种商品需求数量的因素包括（　　）。

  A．商品本身的价格　　　　　　　B．消费者的收入水平

  C．相关商品的价格　　　　　　　D．消费者的偏好

四、判断题

1．正常物品的需求量与消费者的收入水平呈同方向变动。（　　）

2．任何情况下商品的需求量与价格都是反方向变化的。（　　）

3．当消费者的收入发生变化时，会引起需求曲线的移动。（　　）

4．当商品本身的价格不发生变化时，由于生产技术等其他非价格因素变动，引起供给量的变化，称为供给的变动。（　　）

模块三

价格的平衡术

任务一 供求的较量——均衡价格及其变动

 练习

根据"讨价还价"后买卖双方成功达成交易的情形,请绘制曲线图,帮助大家更好地了解价格是如何形成的。

 动脑想

"谷贱伤农"这个成语在中国流传已久,它描述了一种情况:在粮食丰收的年份,农民的收入与荒歉的年份相比不升反降。农民朋友辛辛苦苦一年,丰收了,收入反倒不如荒歉的年份,这是困扰了我们很多年的问题。

1. 已知粮食的弹性很小,请用价格理论解释为何出现这一现象。
2. 请思考我们怎么做以帮助解决"谷贱伤农"这一困境呢?
3. 请根据经验列举生活中相似的实例,和大家一起分享并讨论。

动手画

1．市场处于动态的平衡中，某年因天气提前变暖，商场的风扇和空调等商品短时间内供不应求，请画图说明这种情况将如何影响市场呢？均衡价格可能会发生什么样的变化？

2．2021年的冬季蔬菜疯狂上涨了一波，请查找资料搜集信息，并画图分析这些变化对价格和未来的供求可能会产生哪些影响？

3．某歌手受到很多歌迷的喜欢，她于近期在某城市举办商业演唱会，假设供求表如下

演唱会门票（元）	需求量（张）	供给量（张）	演唱会门票（元）	需求量（张）	供给量（张）
200	12 000	10 000	800	6 000	10 000
400	10 000	10 000	1 000	4 000	10 000
600	8 000	10 000	1 200	2 000	10 000

（1）请绘制需求曲线和供给曲线，说明供给曲线的形状特征。

（2）根据上表中的数据，门票的均衡价格和均衡数量是多少？

任务二 看得见的手——价格政策

 练习

绘制曲线分析最低价格、最高价格与均衡价格和均衡数量的关系。

 **动脑想**

我国像大多数国家一样，对农产品实施最低价格政策，在某些时期对一些生活必需品

实施最高价格政策，大家对这种外在的价格调节机制的看法不完全一致。根据所学回答以下问题。

1．我国为什么对农产品实施保护性价格政策？为什么有时要对某些生活必需品实施限制性价格？

2．你对最低价格和最高价格是赞同还是反对呢？请说明你的理由。

3．请举例说明价格政策的实施对供求关系的影响，思考如何避免可能产生的问题。

动手画

1．请以横轴表示农产品的数量，纵轴表示价格，作图说明在实施最低价格政策的情况下，最低价格与均衡价格的关系，以及可能产生的问题。

2．请以横轴表示农产品的数量，纵轴表示价格，作图说明在实施最高价格政策的情况下，最高价格与均衡价格的关系，以及可能产生的问题。

原理应用

1．小明来到喜欢的某家专卖猪蹄的小店，门口依然排着长长的队伍，刚要上前，就听到已售罄，请明天再来，第二天小明发现猪蹄又涨价了，请用供求与价格的关系理论解释这种现象。

2．小明最近牙疼，他通过平台进行挂号，发现一周内都没号了，于是他在某论坛发帖求助，很快就有一个人联系他，表示可以帮他挂上号，只是需要花高价，小明陷入纠结中，因为正常挂号也就几十元，而通过"黄牛"拿号至少要几百元。请问：

（1）如果你遇到小明这样的情况，会怎么选择？

（2）请用价格理论解释为什么会产生"黄牛"号？如何解决这个问题？

3．最低工资政策是最低价格在劳资领域的典型代表，请用所学分析实施最低工资政策的利与弊。

4．运用所学知识，分析价格理论与价格政策两者的关系。

生活案例库

请大家收集案例说明供求和价格形成的关系，在动态的市场均衡中，运用价格理论认识和分析有关经济现象和经济行为。

同步训练

一、名词解释

1. 市场均衡
2. 均衡价格
3. 供求定理
4. 最低价格
5. 最高价格

二、单项选择题

1. 在一定的价格水平下，需求量超过供给量，那么（　　）。

   A．需求量增加，供给量不变　　B．该种商品的价格趋于下降

   C．供给量增加，需求量不变　　D．该种商品的价格趋于上涨

2. 如下图所示，市场的均衡价格和数量是（　　）。

   A．5元和10单位　　　　　　B．5元和30单位

   C．10元和20单位　　　　　 D．18元和30单位

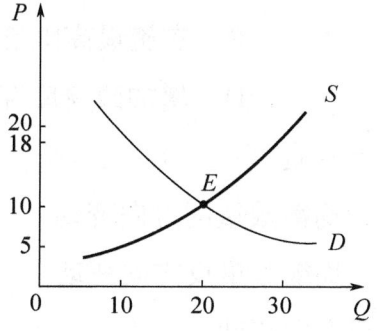

3. 根据下图所示，在5元的价格水平下（　　）。

   A．市场达到均衡，因为生产者能够销售完他们生产的数量

   B．价格会上涨，因为消费者想购买的数量超过生产者愿意销售的数量

   C．价格会下降，因为消费者购买的数量和生产者预期的销售数量不一样

   D．生产者不能销售完他们预期的销售数量

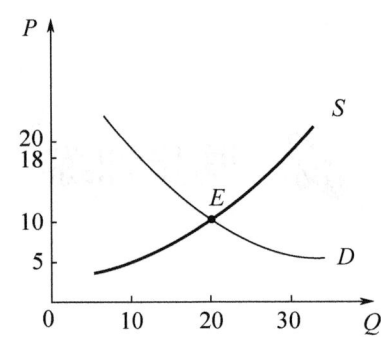

4．假设研究表明反式脂肪酸摄入过多可能让人变傻，那么含有反式脂肪酸食品的市场情况可能是（　　）。

　　A．均衡价格下降，均衡产量上涨

　　B．均衡价格下降，均衡产量下降

　　C．由于需求减少，均衡价格将上涨

　　D．由于供给减少，均衡价格将上涨

5．以纵轴代表价格，横轴代表产量，绘制某产品的需求曲线和供给曲线。假设其他条件不变，当生产成本上涨时，供给曲线左移，这时形成新的均衡价格。与原来的均衡价格相比，新的均衡价格（　　）。

　　A．上涨　　　　　　　　　　B．下降

　　C．不变　　　　　　　　　　D．不确定

6．当某种基本生活必需品（如盐、粮食等）的市场价格上涨幅度过大，有可能影响城镇居民的生活水平时，政府一般可以采取的干预方式是（　　）。

　　A．限制进口　　　　　　　　B．实施最高限价

　　C．实施保护价格　　　　　　D．增加政府库存

7．根据供求定理，供给的变动引起（　　）。

　　A．均衡价格反方向变动，均衡数量同方向变动

　　B．均衡价格同方向变动，均衡数量反方向变动

　　C．均衡价格和均衡数量反方向变动

　　D．均衡价格和均衡数量同方向变动

三、多项选择题

1．当政府对部分重要产品（如肉类、禽蛋等）实施最高限价政策时，通常会发生的情况有（　　）。

　　A．刺激生产增加

　　B．增加经营者收入

C．增加生产者成本

D．出现市场短缺

E．如果政府监管不力，会产生黑市

2．一般情况下，政府对农产品实施保护价格会产生的结果有（　　）。

A．供给短缺

B．生产者变相涨价

C．市场供给过剩

D．生产者收入下降

E．生产增长

3．下列关于最高价格的说法，正确的是（　　）。

A．其目标是保护消费利益或降低某些生产者的生产成本

B．属于政府对价格的干预

C．最高价格高于均衡价格

D．最高价格低于均衡价格

4．下列关于最低价格的说法，正确的是（　　）。

A．最低价格的顺利实施需要政府建立收购和储备系统

B．最低价格总是低于均衡价格

C．最低价格总是高于均衡价格

D．实施最低价格有可能导致市场过剩

E．实施最低价格有可能导致配给制

四、判断题

1．均衡价格随着需求的增加和供给的减少上涨。（　　）

2．均衡价格就是供给量等于需求量时的价格。（　　）

3．供求不变时，需求增加引起均衡价格上涨，均衡数量增加。（　　）

4．最低工资政策只对部分人有影响，与大多数人没关系。（　　）

模块四

神奇的价格弹性

任务一　打折的魔力——需求弹性

练习

1. 假定某种物品价格从 5.5 元上涨为 6.5 元，需求量从 12 500 单位减少为 11 500 单位。在这段需求曲线范围内，需求的价格弹性为多少？

2. 蓝天公司生产消毒液，现价 40 元，2020 年每月销售量为 10 000 瓶。2021 年 1 月它的竞争对手白云公司把消毒液价格从每瓶 42 元降到 38 元。该年蓝天公司的销售量减少到 8 000 瓶。假设蓝天公司消毒液的价格弹性为-1，再假设白云公司把消毒液价格保持在 38 元，蓝天公司想把销售量恢复到每月 10 000 瓶的水平，试问其消毒液的价格要降至多少？

动脑想

弹性的公式是否是唯一的呢？我们一起做一个验算。

1. 假设某商品的价格从 5 元上涨到 10 元，会使消费者的购买量从每月 100 个减少到 80

个,求该商品的需求价格弹性。

如果假设的价格从 10 元降低到 5 元,会使消费者的购买量从每月 80 个增加到 100 个,求该商品的需求价格弹性。

2．通过计算对比,你会发现什么情况?在同一条需求曲线上,涨价和降价产生的弹性系数值相等吗?

3．为了解决同一条需求曲线上某一段的需求弹性值不同的问题,还有其他的好方法吗?查资料探求究竟吧。

动手画

调研市场商品情况,将几种类型的商品价格需求曲线分别画出来,并标出价格以及需求量的变化情况。

任务二 明智的企业——供给弹性

练习

1. 假定某种物品价格从 5.5 元上涨为 6.5 元，供给量从 11 500 单位提升为 12 500 单位。在这段供给曲线范围内，供给的价格弹性为多少？

2. 供给函数 $Q_s = -32 + 2P$，求价格在 3 元和 5 元之间的供给的价格弹性是多少？

3. 已知 $Q_d = 14-3P$，$Q_s = 2 + 6P$，试求该商品的均衡价格，以及均衡时的供给弹性。

动脑想

供给弹性的公式是否也是唯一的呢？我们一起做一个验算（以前面练习 2 为例）。为了解决同一条供给曲线上某一段的供给价格弹性值不同的问题，还有其他的好方法吗？查资料探求究竟吧。

动手画

调研市场商品情况，将几种类型的商品价格供给曲线分别画出来，并标出价格以及供给量的变化情况。

原理应用

1．运用基本原理分析需求富有弹性的商品价格策略。

假设手机的需求是富有弹性的，其弹性系数为1.5，如果价格为2 800元/部时，需求量为200部，现在降价10%，总收益会发生什么变化？如果价格上调10%，总收益会发生什么变化？通过原理分析，富有弹性的商品，其经营策略应当是怎样的呢？

2．运用基本原理分析需求缺乏弹性的商品价格策略。

假设鸡蛋的需求是缺乏弹性的，其弹性系数为0.6。当价格为8元/千克时，销量为400千克，现在降价10%，总收益会怎么变化？如果价格上调10%，总收益会怎么变化？通过原理分析，缺乏弹性的商品，其价格策略应当是怎样的呢？

3．某类电影现行平均票价为4元，对该类电影的需求的价格弹性为1.5，经常出现许多观众买不到票的现象，这些观众大约占可买到票的观众的15%，如果想使所有想看电影而又能买得起票的观众都买到票，商家应该采取何种方法呢？

4．运用基本原理分析对于供给价格富有弹性以及缺乏弹性的商品，供应商的生产策略都有哪些？

生活案例库

1. 请大家收集案例分别说明消费者和生产者如何应用价格需求弹性从而调整购买或者销售策略，说说对你有何启示。

2. 请大家收集案例分别说明生产者如何应用供给价格弹性从而调整供给策略，说说对你有何启示。

同步训练

一、名词解释

1. 需求价格弹性

2. 供给价格弹性

3. 需求的交叉价格弹性

4. 需求收入弹性

二、单项选择题

1. 一条垂直的需求曲线表示的是（　　）。

   A. 单位弹性　　　　　　　　B. 缺乏弹性

   C. 需求有无限弹性　　　　　D. 需求的价格弹性为 0

2. 下列三种商品中，（　　）的需求价格弹性最大。

   A. 面粉　　　　　　　　　　B. 房屋

   C. 食盐　　　　　　　　　　D. 电脑

3. 如果一种商品的需求价格弹性是 2，价格从 1 美元上涨至 1.02 美元，则需求量（　　）。

   A. 上涨 4%　　　　　　　　D. 下降 4%

   C. 上涨 2%　　　　　　　　D. 下降 2%

4. 如果企业降低商品价格后收入也下降，则该商品需求（　　）。

　　A．缺乏价格弹性　　　　　　B．富有价格弹性

　　C．具有单位价格弹性　　　　D．曲线向右下方倾斜

5. 如果小麦市场是缺乏弹性的，小麦的产量等于销售量且等于需求量，由于气候原因使小麦产量下降20%，则（　　）。

　　A．小麦生产者的收入减少，因为小麦的产量下降20%

　　B．小麦生产者的收入增加，因为小麦的价格上涨低于20%

　　C．小麦生产者的收入增加，因为小麦的价格上涨超过20%

　　D．以上都不对

6. 表示在一定时期内一种商品的需求量的变动率对于它的相关商品的价格的变动率的反应程度是需求的（　　）。

　　A．需求价格弹性　　　　　　B．供给价格弹性

　　C．交叉价格弹性　　　　　　D．价格弹性

三、计算题

1. 某商品的需求价格弹性系数为0.15，现价格为1.2元，问该商品价格上涨多少元才能使其消费量减少10%？

2. 当某商品价格为8元/个时，需求量为50个，若价格为10元/个，需求量下降10件，求该种商品的需求价格弹性，该商品的价格弹性属于哪一种？

3. 在某地市场，当居民的平均收入水平为每月3 000元时，人均购买A商品的数量是20千克，人均收入水平为5 000元时，人均购买量为25千克，该种商品的需求收入弹性是多少？请问该商品属于哪一种需求收入弹性？这种商品属于生活必需品还是耐用品？

四、分析题

1. 运用弹性理论分析"薄利多销"和"谷贱伤农"，并举出生活中的相似事例。

2. 公共交通、自来水公司会一再要求召开听证会议，提高价格，请以需求价格弹性的有关理论来说明其理由。

模块五

消费背后的学问

任务一 为什么"第一口最香"——基数效用论

练习

绘制边际效用曲线和总效用曲线

《吃面条》是一个深受观众喜爱的小品。演员在小品中吃面条的过程展现了现实版吃饭中一碗一碗地吃下去的场景,也就是连续消费同一种商品出现的经济学现象和规律。

动脑想

1. 请大家观看小品片段,归纳关键词来描述演员吃每一碗面条的状态。

2. 假设满分为 10 分的话,请你为每一碗面条带来的满足感赋值打分。

碗　数	台　词	动　作	情　绪	评　分
第 1 碗				
第 2 碗				
第 3 碗				
第 4 碗				
第 5 碗				

3. 请你根据生活经验举出类似的例子,并和同学们一起讨论分享。

 **动手画**

1．请以横轴表示面条消费量，纵轴表示消费面条的边际效用分值，根据上表数值描点作图，观察总结边际效用的变化体现出怎样的规律呢？

2．根据上表中边际效用值计算总效用值，再描点作图，绘制曲线，观察这两条曲线是什么关系？你有哪些发现呢？

 原理应用

1．你愿意连续为自己购买完全相同的服装吗？你愿意每天吃完全相同的菜肴吗？为什么？请说明理由。

2．假设你手中有四瓶水，你将分别用它们满足什么需求？假设你不小心丢失了一瓶水，那么你将怎样调整剩下三瓶水的分配，什么需求将被暂时放弃？

3．临近年底，各大购物平台、商超打折促销活动不断来袭，不少"囤货族"控制不住自己"买买买"，只要觉得能用上，就往家里囤，结果这些东西不仅占用空间，而且长期放置还会过保质期。你如何看待这种盲目囤货的行为？你觉得应该如何理性消费？

4．在通信市场上，各个商家为了在竞争中取胜、获取市场的占有率而不断地增加手机的功能，更新手机的款式和型号。企业这样做的意义何在？

 生活案例库

1．炎炎夏日，麦当劳的外卖橱窗贴着一张漂亮的海报，黑加仑圆筒冰激凌第二份半价，你不由得心动，即使身边的朋友正在减肥不想吃，你也要她承担1个，感觉这样才赚了。但是通常情况下，你一般不会再出手2份、4份甚至更多了，因为同样的冰激凌带来的清凉和美味感，已经不像最初那么打动你了。边际效用递减规律的存在，即同一商品带给消费者的满足感逐渐减小，也就减少了消费者很多冲动消费和重复购买，避免非理性囤货造成的浪费。

（1）请大家在生活体验中收集类似的案例，说明我们应该怎样理性消费。

（2）商家采用了怎样的定价策略来规避"边际效用递减规律"？请大家收集类似案例。

2．飘柔、潘婷、海飞丝、沙宣等洗发水都是宝洁公司旗下的产品，其实这些并不是同质化的产品。同一商品消费越多，同样的消费体验不断重复，消费者对同一产品的需求就会越来越少，公司就不能多赚钱了。因此，开发和生产差异性和多样化产品成为生产商尽量减少"边际效用递减规律"影响的对策。

请大家查找案例，并归纳生产商规避"边际效用递减规律"的各种对策。

3．请大家收集案例分别说明消费者和生产者如何应用或规避"边际效用递减规律"，谈一谈对你有何启示。

4．吃自助餐的学问也是在资源有限的情况下，追求效用的极大化。吃自助餐时胃是可以利用的资源，其容量有限，自助餐怎么吃才能够实现最大的满足呢？请运用相关经济学原理分析。

任务二　把钱花在刀刃上——序数效用论

练习

绘制预算线和无差异曲线

某家庭原来每月天然气开支60元，天然气的某些用途如取暖费等可以用电替代，现在天然气价格上涨了100%，其他商品价格保持不变，假设消费者得到60元的政府补贴。

动脑想

1．请仔细思考，假设该家庭能源方面仅消耗天然气和电力两种资源，天然气价格的上涨会导致这个家庭整月的能源开支或消费发生怎样的变化呢？

2．政府补贴又会导致这个家庭整月的能源开支或消费发生怎样的变化呢？

3．请依据题意分析消费者的处境是改善了还是恶化了？

动手画

1．请以横轴表示天然气消费量，纵轴表示电消费量，作图体现此家庭能够购买的天然气和电这两种商品的全部组合。

2．天然气价格上涨100%，在上图中如何体现这一变化？政府支付相应补贴，又将引起怎样的变化？请通过作图体现。

3．请根据消费者均衡条件，借助预算线和无差异曲线判断消费者处境的变化情况。

原理应用

1. 请结合生活实际经验，分别举例说明偏好的可比性、传递性和不饱和性。

2. 对消费者实行补助有两种方法：一种是发给消费者一定数量的实物补助，另一种是发给消费者一笔现金补助，这笔现金额等于按实物补助折算的货币量。试用无差异曲线分析法，说明哪种补助方法能给消费者带来更大的效用。

3. 一位学生即将参加三门课程的期中考试，他能够用来复习的时间仅有6天，假设每门功课占用的复习时间和相应会有的成绩见下表，试运用消费者行为理论分析该同学怎样分配复习时间才能使三门功课的总成绩最高？

天数	经济分数	金融分数	会计分数
0	30	40	70
1	44	52	80
2	65	62	88
3	75	70	90
4	83	77	91
5	88	83	92
6	90	98	93

 生活案例库

请大家收集案例分别说明消费者如何运用"消费者均衡"进行选择，谈一谈对你有何启示。

一、概念题

1．效用

2．边际效用

3．消费者均衡

4．消费者剩余

二、单项选择题

1．当某消费者对商品甲的消费达到饱和点时，则边际效用为（　　）。

    A．正值　　　　　　　　　　B．负值

    C．零　　　　　　　　　　　D．不确定，需视具体情况而定

2．总效用达到最大时，（　　）。

    A．边际效用为最大　　　　　B．边际效用为零

    C．边际效用为正　　　　　　D．边际效用为负

3．某消费者逐渐增加某种商品的消费量，直至达到了效用最大化，在这个过程中，该商品的（　　）。

    A．总效用和边际效用不断增加

    B．总效用不断减少，边际效用不断增加

    C．总效用不断增加，边际效用不断减少

    D．总效用和边际效用不断减少

4．"萝卜青菜，各有所爱"体现了效用的（　　）。

    A．相对性　　　　　　　　　B．同一性

    C．主观性　　　　　　　　　D．客观性

5．影响消费者行为的因素中，（　　）使得"甲之砒霜，乙之佳肴"成为可能。

    A．欲望　　　　　　　　　　B．偏好

    C．预算约束　　　　　　　　D．价格

6. 根据无差异曲线与预算线相结合的分析，消费者均衡是（　　）。

　　A．无差异曲线与预算线的相切之点

　　B．无差异曲线与预算线的相交之点

　　C．离原点最近的无差异曲线上的任何一点

　　D．离原点最远的无差异曲线上的任何一点

三、多项选择题

1. 边际效用是指（　　）。

　　A．消费者在一定时间内连续消费某种物品所得到的全部满足

　　B．消费者每增加一单位物品或劳务所得到的新增加的满足

　　C．消费最后一单位物品所提供的效用

　　D．每增加一单位物品的消费所引起的总效用的增量

2. 预算线的位置和斜率取决于（　　）。

　　A．消费者的收入　　　　　　B．消费者的边际效用

　　C．商品的价格　　　　　　　D．消费者的偏好

3. 无差异曲线的特征包括（　　）。

　　A．任意两条无差异曲线可以相交

　　B．一般来说无差异曲线具有负斜率

　　C．一般来说无差异曲线具有正斜率

　　D．任意两条无差异曲线不能相交

4. 消费者剩余是指（　　）。

　　A．需求曲线以上、价格曲线以下部分

　　B．供给曲线之上、均衡价格以下部分

　　C．需求曲线以下、价格曲线以上部分

　　D．消费者从消费中获得的满足程度大于他实际支付的价格部分

四、辨析题

1. 同一杯水具有相同的效用。

2. 如果边际效用递减，则总效用相应下降。

3. 在同一条无差异曲线上，效用水平是相同的。

4. 预算线与无差异曲线都是向右下倾斜的直线。

5. 消费者均衡点就是预算线和无差异曲线的交点。

模块六

拒绝"拍脑门"决策

任务一 "多多"真的"益善"吗——生产

练习

绘制边际效用曲线和总效用曲线

根据教材中的案例,试着通过下面的表计算边际产量。

化肥施用量	总 产 量	边 际 产 量
0	0	0
1	10	
2	25	
3	45	
4	60	
5	70	
6	75	

 **动脑想**

1. 请仔细思考，生活中大家有没有遇到过在某件事上消耗的时间很多，但效果却越来越差的情况？

2. 为什么我们要提倡"劳逸结合"？

3. 边际产量递减与边际效用递减有什么联系？

动手画

1. 请根据"练习"中的表格，画出总产量曲线和边际产量曲线。

2. 根据"练习"中的表格，能否计算平均产量？

3. 如果能够计算平均产量，试着在总产量曲线和边际产量曲线基础上加入平均产量曲线，并与教材中的图形进行对比。

任务二 千万别忽略我们放弃的选择——成本

练习

试着计算下面案例中的机会成本

假设春节假期最后一天你得到一张《水门桥》的免费电影票，注意不能转售。可同一时段还有一部你想看的电影《狙击手》，票价为80元。当然，换个时间看《狙击手》也没问题，但心理承受价格是80元。换言之，要是《狙击手》票价高过80元，就情愿不看了，哪怕没别的事要做。除此之外，看这两部电影并无其他成本。试算，去看《水门桥》的机会成本是多少？

动脑想

1．请仔细思考，在大家居住的小区周围有没有类似"全时"的便利店，大家有没有注意24小时便利店的门上是否有锁？

2．为什么古人说"少壮不努力，老大徒伤悲"？

动手画

我们在生活中经常会看到电商平台的各种促销活动,特别是"双十一"和"618",活动期间很多商品的价格折扣确实非常低,结合教材中对商品价格与各类成本的关系,你认为上述打折销售中价格与成本的关系属于哪一种情况?并画出对应的图形。

原理应用

1. 为什么旅游旺季的时候酒店房价几乎不打折,而旅游淡季的时候却折扣很低?
2. 我国古人讲"鱼与熊掌不可兼得",蕴含着什么样的经济学思维?
3. 请同学们从经济学视角思考"小不忍则乱大谋"的含义。
4. 我们为什么要控制刷抖音、微博和朋友圈的时间?

生活案例库

1．为什么超市的牛奶大部分用立方体容器，而可乐却装在圆柱体容器里？请大家在生活体验中收集类似的案例，说明我们应如何运用成本收益原则。

2．为什么富士康不选择一直扩大自己的工厂规模和生产线规模？

3．请大家查找案例，并归纳生产厂商实现规模经济的各种对策。

4．请大家收集案例分别说明机会成本和成本效益原则，谈一谈对你有何启示。

同步训练

一、名词解释

1．机会成本

2．边际产量

3．可变成本

4．固定成本

二、单项选择题

1．总产量曲线达到最高点时，（　　）。

    A．平均产量曲线仍在上升

    B．边际产量曲线与平均产量曲线相交

C．边际产量曲线与横轴相交

D．边际产量曲线在横轴以下

2．总产量达到最大时，（   ）。

  A．边际产量为最大   B．边际产量为 0

  C．边际产量为正   D．边际产量为负

3．某厂商逐渐增加某种生产要素的投入量，直至达到了产量最大化，在这个过程中，生产该商品的（   ）。

  A．总产量和边际产量不断增加

  B．总产量不断减少，边际产量不断增加

  C．总产量不断增加，边际产量不断减少

  D．总产量和边际产量不断减少

4．下列说法中，错误的一种说法是（   ）。

  A．AC 曲线最低点处于 AVC 曲线最低点的右上方

  B．MC 曲线上升时，AC 曲线可能在下降

  C．MC 曲线下降时，AC 曲线肯定也下降

  D．AC 曲线上升时，MC 曲线可能在下降

5．会计账目一般无法反映（   ）。

  A．显性成本   B．可变成本

  C．沉没成本   D．机会成本

6．下列哪一项明显地说明了机会成本的重要性？（   ）。

  A．不经一番寒彻骨，怎得梅花扑鼻香

  B．不患寡而患不均，不患贫而患不安

  C．书山有路勤为径，学海无涯苦作舟

  D．过了这个村，就没这个店

三、判断题

1．边际产出下降必定带来平均产出下降。（   ）

2．MC 曲线必与 AC 曲线的某一点相切。（   ）

3．AVC 曲线的最低点总是位于 AC 曲线最低点的左下方。（   ）

4．在短期，企业只能在既定生产经营规模的基础上去选择产量；而在长期，企业可以根据目标产量去选择和调整生产经营规模。（   ）

四、生活中的经济学视角

1. 我国有一句谚语"赔本赚吆喝",如何从经济学视角解读?
2. 为什么许多NCAA球员在大学未毕业的情况下就参加NBA选秀?

模块七

垄断还是竞争

 能力训练

一、你能为他做些什么？

某一电视生产商认为他所在的行业是完全竞争行业。他觉得同其他电视制造商之间存在激烈的竞争，其他电视制造商一旦大做广告，采取降价措施或提高服务质量，他也得做出反应。请你根据所学的有关完全竞争知识判断电视制造商所在的行业是完全竞争市场吗？如果你否定了他的结果，请组织一个2~5人的团队，进行市场调研，运用所学的知识，给这位失望的电视制造商提出一套竞争方案吧。

以小组为单位，提交一份竞争策略报告。

二、请同学们利用课余时间分组调查学校附近的农贸市场，判断其接近的市场结构，并总结该种市场结构的特点。

三、辩论赛——是垄断好，还是竞争好？

目的：通过对于垄断与竞争孰好孰坏的讨论，让学生更加深入地理解市场结构的概念，正确评判垄断和竞争给市场与社会带来的影响。

内容：学生分组，在查阅资料的基础上进行讨论，开展辩论。

步骤：

（1）全班学生分成两组，课下查找资料，准备辩论素材。

（2）每组学生选出四位思路比较清晰、语言表达能力较强的学生进行辩论。

（3）根据辩论的程序，依次让每组辩手进行发言。

（4）教师进行点评，并总结垄断和竞争带来的不同影响。

（5）各组在班内进行交流、讨论。

成果形式：每名学生针对辩题和辩论过程写出心得报告，500字左右。

  原理应用

一、手机市场

据统计，全球每年智能手机的出货量在 10 亿台左右，其中 80% 的手机从配置到外观有着惊人的"雷同"之处。智能手机最重要的性能部件为处理器、显示屏、摄像头、操作系统等。各品牌智能手机的设计，在处理器方面，一般都使用高通、联发科、苹果、华为、三星研发的产品，这占据了 90% 的市场份额。在显示屏方面，一般都使用 IPS 屏幕、LCD 屏幕、AMOLED 屏幕、NOVA 屏幕等。在摄像头方面，一般采用前后各一个、前一个后两个、前后各两个的设计。在操作系统方面，Android 和 iOS 占到了 99% 的市场份额。在手机的外观方面，各品牌手机基本上也像一个模板刻出来的，毫无创新可言。

思考：

1．购买智能手机，你首先考虑什么因素？

2．智能手机市场竞争激烈，面对苹果等传统强势手机品牌，中国华为、OPPO、vivo、小米、金立等国产手机异军突起。请查询最新资料，分析手机厂商面临什么样的竞争市场，并选择你最熟悉的手机品牌，分析其成功的原因。

二、电信市场

2017 年，中国移动用户数达 8.87 亿户，营业收入为 7 405 亿元，净利润为 1 142.79 亿元。中国电信用户数为 2.5 亿户，营业收入为 3 662 亿元，净利润为 186.17 亿元。中国联通用户数为 2.84 亿户，营业收入为 2 748 亿元，净利润为 4.3 亿元。三大运营商营业收入共计 13 815 亿元，净利润为 1 333.26 亿元，平均日赚约为 3.65 亿元。

思考：

你如何看待三大电信运营商之间的竞争？

三、餐饮市场

商务部《中国餐饮行业发展报告 2017》显示：2016 年，全社会提供正餐、快餐、饮料及冷饮、其他餐饮服务的餐饮业经营单位为 365.5 万个，从业人数为 1 846 万人，比上一年增加 5.7%。2016 年，全国餐饮收入为 35 799 亿元，同比增长 10.8%。2016 年，餐饮百强企业营业收入仅占全国餐饮收入的 6.1%，这说明作为市场化程度较高的行业，餐饮产业集中度并不高。

讨论：

1．普通餐厅面对的是一种什么类型的市场？

2．若让你来筹办一家餐厅，你会重点考虑哪些因素？

四、中国的啤酒市场

中国已经成为世界啤酒第一产销大国，啤酒市场进入成长期。越来越多的国际资本正势不可挡地涌入中国，与急需增强资本优势开拓国际、国内市场的中国啤酒企业展开合作，形成优势互补，共同开拓中国啤酒市场。外资第一次大规模进入中国啤酒市场是在 20 世纪 90 年代初期，50 多家外资啤酒品牌全面进军中国，当时国内大多数大中型啤酒企业被外资控股或收购，市场出现大量外资啤酒品牌。到 20 世纪 90 年代中后期，由于中国啤酒市场地方保护、价格战等一系列恶性竞争出现，导致绝大多数外资啤酒企业水土不服，开始大规模撤出中国市场。中国加入 WTO 以后，外资企业又纷纷重新抢滩中国啤酒市场。现在，外资企业在策略上已经比较成熟和现实，找到了更为可行的介入方式——"改用资本说话"，绝大部分采用参股控股国内强势企业的策略。目前，我国三大啤酒品牌（青岛、燕京和珠江）都有外资参股控股。这样，啤酒市场在外资推动下，新一轮的品牌整合将渐次展开，寡头垄断竞争格局有可能出现。分析人士指出，就啤酒业而言，国际啤酒市场趋于饱和，近 10 年增长缓慢。而国内啤酒市场有很大潜力，每年仍有 5%～10%的增长幅度。目前国内人均啤酒消费量约为 19 升，如果要达到国际中等人均消费 30 余升的水平，意味着到时我国啤酒产量需要达到 4 000 万吨的规模，可见，市场空间巨大。另外，随着国内啤酒产品结构的改善和西部、农村地区消费需求的进一步挖掘，啤酒市场尤其是中低档啤酒市场将会迎来春天。

讨论：

1．啤酒市场的竞争可以看作什么类型的竞争？为什么？

2．20 世纪 90 年代中后期，进入中国啤酒行业的外资为什么大规模撤出中国？

3．中国加入 WTO 以后，为什么越来越多的国际资本涌入中国？

五、牛奶市场

在北方的牛奶市场中，基本上是三家的天下：蒙牛、伊利和三元。南方的牛奶市场情况是蒙牛、伊利和光明三足鼎立。相似的产品，是寡头市场的一大特征。不管什么牌子的牛奶，成分高度一致，产品的内在属性是一致的。生产牛奶，似乎不是什么了不得的科技，为什么新牛奶品牌很难出现？

思考：

请用经济学理论分析其中缘由。

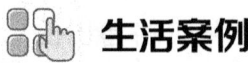

生活案例库

一、他们的薪资为什么这么高？

近年来，行业收入差距，特别是某些垄断行业收入偏高的现象引起不少人关注。

国家有关部门的统计显示，目前我国行业间收入差距较大，特别是某些垄断行业员工工资过高、增长过快的问题比较突出。其中电力、电信、金融、保险、水电气供应、烟草等行业职工的平均工资是其他行业职工平均工资的2～3倍，如果再加上工资外收入和职工福利待遇上的差异，差距更大。

想一想：他们的薪资为什么这么高呢？请运用所学的经济学知识进行解释。

二、农场主和工人

一个生产小麦的农场主向他的工人发布了这样一则坏消息："今年的小麦价格很低，我从今年的粮食中最多只能获得3.5万元毛收入。如果我付给你们与去年相同的工资（3万元），我就会亏本，因为我3个月以前已经为种子和化肥花了2万元。如果为了那些仅值3.5万元的粮食而让我花上5万元，那么我一定是疯了。如果你们愿意只拿去年一半的工资（1.5万元），我的总成本将为3.5万元（2万元+1.5万元），至少可以收支相抵。如果你们不同意降低工资，那么我也就不打算收割这些小麦了。"

于是，工人们围坐在一起以投票来决定是否同意降低工资。这时，有一位略懂一点经济学知识的工人很快进行了一番计算，然后，他肯定地说："农场主在吓唬我们，即使我们不同意降低工资，他也会让我们为他收割小麦的。"

想一想：为什么他会这样说？

三、王大爷的故事

王大爷刚过完他的60岁生日，这天，他带着孙女去看电影。他很高兴地发现他可以得到老年人50%的电影票折扣，但是他也很惊讶地发现，在他买爆米花时却必须付全价。王大爷的经历引起了两个关于厂商定价决策的问题：

（1）对老年人实行折扣是慷慨之举，还是一种利润最大化手段？

（2）如果对老年人的电影票实行折扣价是明智的，为什么爆米花实行折扣价就不明智呢？

电影票的老年人折扣价格并不是一种慷慨之举，而是为了增加利润设计的定价策略的一部分。老年人愿意支付电影票的意愿往往比其他人低，因此电影院将消费者分为两部分——老年人和其他人，并为老年人提供折扣。应用价格歧视策略通过向老年人提供折扣，实际增加了电影院的利润。而与电影票不同，爆米花很容易售出。如果老年人可以以正常价格的一半购买到爆米花，那么很多年轻人就会请老年人替他们购买爆米花，这样以正常价格售出的爆米花的数量就会下降。这种情况下应用价格歧视策略就无利可图。

想一想：生活中还有哪些应用价格歧视策略定价的事例？

四、自然界的竞争

一位动物学家对生活在非洲大草原奥兰治河两岸的羚羊进行过研究。他发现东岸羚羊群的繁殖能力比西岸羚羊群的繁殖能力强；奔跑速度也不一样，东岸羚羊群的奔跑速度每分钟要比西岸羚羊群的奔跑速度快13米。

对这些差别，这位动物学家曾百思不得其解，因为这些羚羊的生存环境和属类都相同，饲料来源也一样，全以一种叫莺萝的牧草为主。

有一年，在动物保护协会的协助下，这位动物学家在东西两岸各捉了10只羚羊，把它们送往对岸。结果，运到西岸的10只来自东岸的羚羊一年后繁殖到14只；运到东岸的10只来自西岸的羚羊一年后仅剩下3只，另外7只全被狼吃了。

这位动物学家终于明白了，东岸的羚羊之所以强健，是因为在它们附近生活着一个狼群；西岸的羚羊之所以弱小，是因为缺少这么一群天敌。竞争对手是发展之源，没有对手，就没有竞争；没有竞争，就没有发展。

想一想：在经济学的世界里，是否存在自然界的竞争关系？

同步训练

一、单项选择题

1. 根据完全竞争市场的条件，以下（　　）最接近完全竞争市场。
   A．家电市场　　　　　　　B．汽车市场
   C．服装市场　　　　　　　D．玉米市场

2. 作为市场价格接受者的厂商是（　　）。
   A．完全竞争厂商　　　　　B．完全垄断厂商
   C．垄断竞争厂商　　　　　D．寡头垄断厂商

3. 垄断竞争厂商所面对的需求曲线（　　）。
   A．是平行于横轴的直线　　B．是垂直于横轴的直线
   C．是向右下方倾斜的　　　D．以上结论都正确

4. 垄断竞争市场形成的条件是（　　）。
   A．产品有差别　　　　　　B．厂商数目极多
   C．厂商生产规模比较小　　D．产品无差别

5. 经济学中产品的差别是指（　　）。
   A．熊猫电视机与康佳电视机的区别
   B．电视机与收音机之间的差别
   C．产品品牌的差别
   D．产品质量的差别

6. 厂商之间关系最密切的市场是（　　）。
   A．完全竞争市场　　　　　　B．寡头垄断市场
   C．垄断竞争市场　　　　　　D．完全垄断市场

7. （　　）又称为差别定价，是指企业为了获取最大的利润，对同一产品规定的不同价格。
   A．价格歧视　　　　　　　　B．批量作价
   C．完全价格歧视　　　　　　D．三级价格歧视

8. 下列行业中哪一个最接近完全竞争模式？（　　）。
   A．飞机　　　　　　　　　　B．卷烟
   C．水稻　　　　　　　　　　D．汽车

9. 下列条件中的哪一条不是垄断厂商实行价格歧视所必须具备的条件？（　　）。
   A．消费者对垄断厂商的产品具有不同的偏好且这些偏好可以被区分
   B．垄断厂商所面临的是一个巨大的无弹性的总需求
   C．消费者对垄断厂商的产品具有不同的需求价格弹性
   D．具有不同偏好的消费者群体是互相隔离的

10. 中国铁路总公司作为垄断企业存在的主要原因是（　　）。
    A．资源独占　　　　　　　　B．专利和版权
    C．规模经济　　　　　　　　D．许可证制度

二、多项选择题

1. 市场类型的划分标准是市场上的（　　）。
   A．买者数量　　　　　　　　B．卖者数量
   C．产品差异度　　　　　　　D．竞争程度

2. 一个垄断竞争的市场结构，必须具备的条件是（　　）。
   A．市场上有很多生产者和消费者
   B．行业中厂商生产的产品是有差别的
   C．进入市场的障碍较少
   D．行业中厂商生产的产品是无差别的

3. 按竞争与垄断的程度，我们将市场分为（　　）。
   A．完全垄断市场　　　　　　B．垄断竞争市场
   C．寡头垄断市场　　　　　　D．完全竞争市场

4. 价格歧视分为（ ）。

   A．一级价格歧视　　　　B．二级价格歧视

   C．三级价格歧视　　　　D．四级价格歧视

5. 一般来说，垄断存在的缺点是（ ）。

   A．缺乏效率

   B．缺乏公平

   C．与完全竞争或垄断竞争相比，产品价格高、产量低

   D．不利于竞争

6. 下列完全垄断市场的定价策略中，属于三级价格歧视的是（ ）。

   A．厂商制定高价少销的策略

   B．医生对每个患者收取不同的医疗费

   C．自来水公司对每月超过一定量的消费后的水收取更高的费用

   D．铁路公司制定火车票学生优惠价格

7. 在完全垄断市场上，对于任何产量，厂商的平均收益总等于（ ）。

   A．边际收益　　　　B．市场价格

   C．边际成本　　　　D．平均成本

8. 下列属于完全垄断市场特征的有（ ）。

   A．整个市场只有一个生产者

   B．该产品没有替代品

   C．该厂商拥有制定价格的权利

   D．该厂商可以随意提高价格

9. 垄断的来源有（ ）。

   A．专利权　　　　B．特许权

   C．资源独占　　　D．规模经济

10. 价格歧视是完全垄断厂商利用其垄断地位，尽可能多地赚取超额利润的定价策略。下列关于价格歧视的说法正确的有（ ）。

   A．完全垄断厂商都采用价格歧视的定价策略

   B．价格歧视是利用消费者对商品的需求价格弹性不同而对其制定不同价格的

   C．价格歧视可以分为一级价格歧视和二级价格歧视两种类型

   D．有效的价格歧视策略必须能够将不同消费者区分开来

三、判断题

1．各寡头厂商所生产的产品既可以是同质的，也可以是有差别的。（   ）

2．在完全竞争市场上，企业提高价格能增加利润或减少亏损。（   ）

3．由于寡头之间可以进行勾结，所以他们之间并不存在竞争。（   ）

4．有差别的产品之间并不存在竞争。（   ）

5．在完全竞争和完全垄断市场上，厂商实现长期均衡时，都可以获得经济利润。（   ）

6．由于垄断会造成低效率，所以各国都反对垄断。（   ）

7．在一个垄断竞争厂商的长期均衡点上，长期平均成本曲线一定处于下降阶段。（   ）

8．完全竞争市场的产品买方没有差别，但产品是有差别的。（   ）

9．在完全垄断市场上，一家厂商就是一个行业。（   ）

10．在完全竞争条件下，厂商所面临的需求曲线是一条水平线。（   ）

11．完全竞争市场一定比垄断更能保证生产资源的有效利用。（   ）

12．在市场经济中，完全垄断是普遍存在的。（   ）

13．垄断行业由于有规模经济存在，可以比竞争行业产量更高、价格更低。（   ）

四、简答题

1．如果有两家小企业，一家是养鸡场，另一家是服装厂，请问这两家企业哪一家是完全竞争厂商？哪一家是垄断竞争厂商？为什么？

2．为什么说垄断竞争市场相比完全竞争市场和完全垄断市场更有利于技术创新？

3．完全竞争在现实经济生活中存在吗？为什么经济学家首先需要研究完全竞争模型？

4．为什么完全竞争中的厂商不愿为产品做广告而花费任何金钱？

5．娱乐市场竞争激烈，可是每位歌星、影星都有自己的粉丝群体。你认为娱乐市场属于什么类型的市场结构？根据这一市场特点，你认为歌星、影星应该采取什么样的竞争模式？

模块八

读懂宏观经济，看懂经济热点

任务一　财富的衡量标准——GDP

 练习

分析国内生产总值（GDP）数据资料

宏观经济学把总体经济活动作为研究对象，衡量总体经济活动的一个基本总量是 GDP，它既是国民经济核算的核心指标，也是衡量一个国家或地区经济状况和发展水平的重要指标。

 动手做

请大家分组行动，收集近五年来世界各主要国家及经济实体的 GDP 数据资料以及我国近五年来政府工作报告 GDP 增长目标，并绘制我国 GDP 年度增长率曲线图，分析世界主要国家 GDP 的变动趋势以及我国 GDP 目标的实现情况，并进一步探析我国国民经济的运行情况。

要求记录资料来源，并形成书面分析报告。

任务二 牵动人心的指数——CPI

练习

分析消费者物价指数（CPI）数据资料

消费者物价指数（CPI）又名居民消费价格指数，是一个反映居民家庭所购买的消费品和服务项目价格水平变动情况的宏观经济指标。它是在特定时段内度量一组代表性消费商品及服务项目的价格水平随时间而变动的相对数，是用来反映居民家庭购买消费商品及服务的价格水平的变动情况，是一个月内商品和服务零售价变动系数。

动手做

请大家分组行动，收集我国近两年来的CPI统计数据，根据最新月份的CPI数据进行同比和环比计算，并解读相应数据，分析变化原因。

要求记录资料来源，并形成书面分析报告。

任务三　不值钱的钱——通货膨胀

练习

计算通货膨胀率

通货膨胀是指整体物价水平持续上涨，而 CPI 是度量通货膨胀的重要指标之一。

动手做

请大家分组行动，查阅《中国统计年鉴》等相关资料，找出 1990—2020 年间各年的居民消费价格指数，计算 1990—1995 年、1996—2000 年、2001—2005 年、2006—2010 年、2011—2015 年、2016—2020 年等不同时间段内的通货膨胀率，并分析高通货膨胀率阶段中通货膨胀产生的原因。

要求记录资料来源，并形成书面分析报告。

任务四 找不到工作的毕业生——失业

 练习

测算失业率

最早研究通货膨胀与失业关系的经济学家是菲利普斯,因此,最早描绘通货膨胀率与失业率关系的曲线命名为菲利普斯曲线。通货膨胀与失业之间存在怎样的关系呢?政府能否通过提高通货膨胀率来解决失业率?

 动手做

请大家分组行动,查阅《中国统计年鉴》等相关资料,找出1990—2020年间各年的城镇登记失业率,根据查找的资料和数据,分析通货膨胀与失业的关系。

要求记录资料来源,并形成书面分析报告。

读懂宏观经济，看懂经济热点 **模块八**

任务五 取之于民，用之于民——财政政策

练习

了解我国的财政政策

财政政策是国家制定的指导财政分配活动和处理各种财政分配关系的基本准则。它是客观存在的财政分配关系在国家意志上的反映。在现代市场经济条件下，财政政策又是国家干预经济，实现宏观经济目标的工具。

动手做

请大家分组行动，查阅财政部网站、国家统计局网站及其他相关资料，收集2010年以来我国中央政府的财政收支状况，根据查找的资料和数据，绘制我国财政收入来源比重图、财政支出曲线和GDP增长折线图，评析我国的财政政策。

要求记录资料来源，并形成书面分析报告。

任务六 牵一发而动全身——货币政策

练习

了解我国的货币政策

货币政策也就是金融政策,是指中央银行为实现其特定的经济目标而采用的各种控制和调节货币供应量和信用量的方针、政策和措施的总称。货币政策的实质是国家对货币的供应根据不同时期的经济发展情况而采取"紧"、"松"或"适度"等不同的政策趋向。

动手做

请大家分组行动,查阅中国人民银行网站及其他相关资料,收集 2010 年以来我国货币政策的执行情况,根据查找的资料和数据,结合对应年份的 GDP 增长情况,评析我国的货币政策。

要求记录资料来源,并形成书面分析报告。

原理应用

1. 如何理解经济软着陆？
2. 能给每人一份工作吗？请使用失业理论进行分析。

 生活案例库

课外了解资本主义世界经济大萧条的危机状况，理解凯恩斯提出国家干预经济的背景。

同步训练

一、概念题

1. 国内生产总值

2. 国民生产总值

3. 消费价格指数

4. 消费者剩余

5. 失业

6. 通货膨胀

7. 财政政策

8. 货币政策

二、单项选择题

1. 下列哪项不列入国内生产总值的核算？（   ）。

   A．出口到国外的一批货物

   B．经纪人为一座二手房买卖收取的一笔佣金

   C．政府给贫困家庭发放的一笔家庭财产保险

   D．保险公司收到一笔家庭财产保险

2. 下列产品中能计入当年 GDP 的有（   ）。

   A．纺纱厂购入的棉花

   B．某人花 10 万元买了一幢二手房

   C．家务劳动

   D．某企业当年生产没有卖掉的 20 万元产品

3. 用 GDP 来衡量经济好坏的不足之处是（   ）。

   A．GDP 不包括生产对环境的破坏

   B．GDP 忽略休闲时间的增加

   C．GDP 不能反映一国的真实产出

   D．以上说法都正确

4. 下列项目中，（   ）应计算在中国的GDP中。

   A．韩国三星公司在中国生产的手机

   B．中国的格力空调设在巴西的工厂生产的空调

   C．在英国工作的家人汇回的美元

   D．美容店为居民提供美容服务

5. 居民消费价格指数是指（   ）。

   A．消费物价指数   B．效用指数

   C．遗憾指数   D．生产者价格指数

6. 某人正在等待着某项工作，这种情况可归类于（   ）。

   A．就业   B．失业

   C．非劳动力   D．就业不足

7. 下列人员中，不属于失业人员的是（   ）。

   A．调动工作的时间在家休养者

   B．半日工

   C．季节工

   D．对薪水不满意而待业在家的大学毕业生

8. 通货膨胀是（   ）。

   A．一般物价水平普遍、持续地上涨

   B．货币发行量超过流通中的黄金量

   C．货币发行量超过流通中的商品的价值量

   D．以上都不是

9. 宏观经济政策的目标是（   ）。

   A．充分就业和物价稳定

   B．物价稳定和经济增长

   C．同时实现充分就业、物价稳定、经济增长和国际收支平衡

   D．经济增长和国际收支平衡

10. 当经济过热时，政府应该采取（   ）的财政政策。

    A．减少财政支出   B．增加财政支出

    C．扩大财政赤字   D．减少税收

11. 中央银行在公开的证券市场上买入政府债券会使货币供给量（　　）。

　　A．增加　　　　　　　　　　B．减少

　　C．不变　　　　　　　　　　D．难以确定

12. 衡量经济增长的速度一般用（　　）。

　　A．国内生产总值　　　　　　B．国民生产总值

　　C．国民产出指数　　　　　　D．经济增长率

13. 充分就业的含义是（　　）。

　　A．人人都有工作，没有失业者　B．消灭了周期性失业的就业状态

　　C．消灭了自然失业的就业状态　D．消灭了自愿失业的就业状态

三、简答题

1．如何正确看待 GDP 指标？

2．为何许多国家都热衷于申办奥运会、世博会？

3．常用的宏观经济政策有哪些？

4．财政政策和货币政策的主要工具分别包括哪些？

5．简述通货膨胀的成因。

6．国内生产总值与国民生产总值有何区别？

职业教育一体化新形态教材

经济学基础

责任编辑：王志宇
封面设计：创智时代

定价：45.00元